师范生教学技能训练用书
教师编制考试、教师资格认证指导用书
特岗教师考试用书

教学技能训练与测评

JIAOXUE JINENG XUNLIAN YU CEPING

李继秀 主编

北京师范大学出版集团
BEIJING NORMAL UNIVERSITY PUBLISHING GROUP
安徽大学出版社

图书在版编目(CIP)数据

教学技能训练与测评 / 李继秀主编. —合肥:安徽大学出版社,2010.6
ISBN 978-7-81110-778-4

Ⅰ. ①教… Ⅱ. ①李… Ⅲ. ①课堂教学—教学法—师范大学—教材 Ⅳ. ①G424.21

中国版本图书馆 CIP 数据核字(2010)第 103964 号

教学技能训练与测评 **李继秀 主编**

出版发行:北京师范大学出版集团
安 徽 大 学 出 版 社
(安徽省合肥市肥西路 3 号 邮编 230039)
www.bnupg.com.cn
www.ahupress.com.cn
印　　刷:中国科学技术大学印刷厂
经　　销:全国新华书店
开　　本:184mm×260mm
印　　张:14.5
字　　数:350 千字
版　　次:2010 年 6 月第 1 版
印　　次:2010 年 6 月第 1 次印刷
定　　价:29.50 元
ISBN 978-7-81110-778-4

责任编辑:姜 萍 江 琛　　**装帧设计**:孟献辉
责任印制:陈 如 韩 琳

导　言

一

21世纪即将过去10年了，教育在社会各个领域发挥了并将继续发挥巨大的作用。随着教育事业的发展尤其是基础教育课程改革的深入，社会对教师的要求越来越高，掌握科学、先进、规范的，融技术与理念、感情为一体的教师职业技能是对一名教师的基本要求。

从教学的理论体系来看，大致有三个基本组成部分：课程与教学论、教学艺术论（教学技能）、学科教学论。教学技能是教学理论体系中一个重要的组成部分或门类。

教学技能有多种定义，一般而言，教学技能是指：教师依据教学理论，运用专业知识和教学经验，有效完成教学目标所采用的教学行为方式。这一定义的理解可包括以下几层含义：(1)教学技能是教师认知活动构成的一个复杂的心理过程，涉及教师利用既有的认知结构对知识的理解、对教学情境的把握、对教学行为的选择等；(2)教学技能是由具体、可操作、可观察、可测量的各种外显性行为表现构成的；(3)教学技能最终是熟练的、自动化的、完善的教学行为方式，是经过练习、训练形成的。

教师教学技能是教师素质的重要组成部分，是教师的职业性向、职业态度、知识能力、品位的外在表现；教学技能也是教师专业成长的起点和路径，众多的教学技能及其提升为教师的教学研究、专业发展留下了空间；教学技能是连接教学理论与实践的桥梁，也是教师们将教育理想、理念变成现实的桥梁；教学技能是有效教学、提高教学质量的保证。

二

教学技能是每一位教师必备的职业技能之一，也是高等师范院校各专业学生必修的内容。加强教师教学技能的训练与研究是当前教师教育改革的热点与趋势，我国教师资格认定和教师入编考试中增加教师技能也是适应这一形势变化的需要。从世界范围来看，如果说传统的教学研究主要是沿着教学是一门科学这一路径展开的话，那么20世纪80年代以来，教学研究已经转向了同时重视教学的科学性与艺术性，重视教学技能的研究。提出“教师同医生、律师一样，也是一种专门的职业，教师应当成为教学方面的‘临床专家’，能像医生那样诊断、分析、假说和开具处方，解决学生的各种问题”，[①]根据这种认识，美国从20世纪中叶开始起提出了能力本位和效果本位的教师培养模式。1963年，斯坦福大学率先把微格教学用于教学技能训练，与此同时，伊利诺斯大学成立了“教学技能实验室”，对教学技能进

---

① 钟启泉：《现代教学论发展》，第523页，北京：教育科学出版社，1988。

行研究和训练。他们都取得了显著成效,今天以微格教学训练方式提高教师教学技能的方法遍布世界各地。微格教学创始人之一,美国教育学博士德瓦埃·特·爱伦认为,微格教学"是一个缩小了的、可控制的教学环境,它使准备成为或已经是教师的人有可能集中掌握某一特定的教学技能和教学内容"。微格教学实际上是提供一个练习环境,使日常复杂的课堂教学得以精简,并能使练习者获得大量的反馈意见。

三

教学技能包括:钻研教材,确定教学目标、教学情境、教学活动,进行教学设计的技能;导入、讲授提问、板书、演示、强化、结课的技能;布置和批改作业、辅导、学生学业成就测试与评价、自我教学反思、教学语言的技能,以及操作现代教学技术手段的技能,等等。

《教学技能训练与测评》是以新课程理念下课堂教学的有效性为前提;以总结、研究教师教学技能及其训练的内在发展变化为宗旨,以教学过程为线索,沿着教学技能的三大核心部分:教学设计技能、教学组织技能和教学实施技能的理论分析和实际训练展开的。

全书分两大部分。第一部分:课堂教学一般技能训练与测评,是各学科教学的共性部分。分第一章:教学设计技能,包括教学目标设计、教学过程设计、教学设计方案的撰写;第二章:课堂教学组织技能,包括导入技能、结课技能、教学语言技能;第三章:课堂教学实施技能,包括提问技能、讲授技能、教学板书技能;第四章:教师招考面试与教学能力测试,包括无生上课技能、说课技能、招考面试答辩技能;第五章:教学技能训练与测评,包括课堂教学技能微格训练等。第二部分:学科课堂教学技能训练与测评。这一部分突出学科特点,强调实践运用,分别由语文、数学、英语、思想政治(品德)四个学科组成。从体系上看,各学科遵循完整性原则,即既保持与第一部分系统承接,又显示自己学科的体系与特点。四个学科分别为第一章:新课程理念解读;第二章:教学设计(学科教学设计要素);第三章:学科教学技能训练与测评(包括导入、讲授、提问、结课、板书技能),各学科在阐述每一种技能时分别从基本模式、案例与评析、微格训练与测评入手,注重模仿和训练的价值。全书的思路是:从共性到个性,从一般到学科,从"观念—行为系统"的整体认知、构建,到学科的"行为—技能"形成、训练,再到"技能的测试—评价—反思、增进、提高"。力求简洁明快,可借鉴模仿,使高师学生在理论学习的基础上迅速掌握技能,适应课堂教学实践。

四

本书遵循教师成长规律,内容以高师学生教学技能的形成、增进、提高为宗旨,目的是使读者学习新的教育理论,对自己已有的教育教学观念或教学印象进行改造,认同现代教学理念、教学行为。通过学习、模仿和训练逐步形成教学技能:从无到有,从局部到系统,从生疏到成熟,从认知到体悟,从模仿到创造,进而形成一名高师生最基本的教学能力,同时增强职业应聘能力和就业竞争力。

教师成长的过程证明,要成为一名合格、优秀的教师,不仅需要外部环境、机会,更需要练内功,形成自身内在的本领。只有这样,才能适应环境、抓住机遇、获得成功。

如果把教师发展阶段分为"培养、任用、培训"三个阶段,那么高师学生属于"培养"阶段,在这个阶段他们关于未来教师角色是模糊的，仅仅是自己中小学学生时代留下的印象。复杂的教育理论对于师范生来说是抽象的，如果没有吸收消化的“根基”，就难以建立起有效的知识体系，更谈不上应用。进入实习前阶段，学生们开始接触教学工作，开始关注自己的能力，诸如如何走向讲台、教什么、怎么教。甚至直接关注起自己未来的职业竞争力、就业应聘能力等问题。此时师范生培养开始进入正规、有效的“教学技能训练”阶段，整个学习生活发生了重大变化：从只关心专业学科知识到关注中小学教材；从关心教材内容到熟悉课标，把握教材重点、难点；从关注学的方法到关注教的方法；从书本知识到教案的内容，从自己懂到学生懂；从知识技能到过程方法、情感态度价值观；从理论到经验、生活、动手实践；从知识本位到学生本位；从结果到过程；从只关注如何在有限的时间内把知识讲完，是否能控制课堂，是否能被学生接受、受学生欢迎、自己课堂上的表现到关注把内容讲全、讲透、讲活，关注教学情景的创设、教学活动的设计，关注学生的主动主体、参与互动，等等。虽然这些要求、环节要在“培养、任用、培训”几个阶段有重点地逐步实现，但是对于高师生来说，这个过程来得很快，脚步急促。因为只要走上讲台，只要扮演起教师的角色，就必须具备教学的一系列技能：教学设计、组织教学、实施教学，形成教学技能行为体系，就希望自己的课成功、有效、优质。

本书适应高等师范院校教师教育课程改革趋势，适合我国基础教育改革有目的、有计划地训练和提高高师生的课堂教学技能，引导学生将教育理论知识和学科专业知识有效地转化为具体的课堂教学能力，提高职业应聘能力的需要。本书也是教师资格证、教师编制以及特岗教师考试中“教学实践”部分的主要内容。

目　录

第一部分　课堂教学一般技能训练与测评

第一章　教学设计技能

教学设计(Instructional Design),也称“教学系统设计”,是运用系统论的方法,分析教学中的问题和需求,确定教学目标,设计解决问题的步骤,选择教学策略和教学媒体,分析评价其结果,使教学效果达到最优化的过程。教学设计包括课程设计、单元教学设计、课堂教学设计、教学媒体设计等等,本章着重探讨课堂教学设计,分析教学目标设计、教学过程设计、教案设计等内容。

第一节　教学目标设计

一、教学目标设计概述

教学目标设计是教学设计的重要环节。通过对学习需要、学习内容和学习者的分析,了解了整体情况之后,就可以进行教学目标的设计:确定通过学习每一项从属知识和技能,学习者将达到一种什么样的行为状态,并将学习者通过学习后所达到的最终行为状态用具体的、明确的和能够操作的目标表述出来。

(一)教学目标的概念

什么是教学目标,目前尚未达成共识。一般认为,教学目标是教师通过教学活动要预期实现的学生行为变化。这种行为变化包括认知、技能、情感、态度等方面。它是教学活动实施的方向和预期达成的结果,是教学活动的出发点和最终归宿。

(二)教学目标的系统与分类

1. 教学目标的系统

教学目标从纵向上看,可分为教学总目标(教育目的、培养目标)、课程目标、单元目标、课时目标,每一个下位目标是上位目标的具体化。教学总目标是期望受教育者达到的最终结果,体现在教育目的和培养目标中;课程目标是指课程标准中所规定的该课程要达到的目标;单元目标是指各门学科中相对完整的组成部分要实现的目标;课时目标是教学活动基本单位(1～2 节课)的目标。认清教学目标系统,有利于设计者小处着眼,放眼全程,使教学设计更具有计划性、系统性。

2. 教学目标的分类

教学目标的分类是运用分类学的理论把各项具体教学目标,按由简单到复杂、由低级到高级连续递增的分类体系进行有序的排列与组合,使之系列化。[①]

---

① 吴也显主编:《教学论新编》,第 333 页,北京:教育科学出版社,1991。

进行教学目标设计，必须掌握教学目标的分类。布卢姆和他的学生们认为，教学目标包括三个主要方面：认知领域、情感领域和技能领域。其中认知领域目标包括知识、理解、运用、分析、综合、评价；情感领域目标包括接受、反应、形成价值观念、组织价值体系、形成价值情绪（意即渗透到个性心理之中）；技能领域目标包括观察、模仿、练习、适应。国内研究者根据布卢姆教学目标分类的理论，结合我国教学实际，对各个领域中的亚领域进行了调整，并且对各个部分所要求达到的结果作出了具体的规定。“调整”、“规定”后的教学目标能有效地指导中小学教师编制教学目标。（见《国家课程标准中的学习水平与行为动词》）

二、教学目标编制的要求与方法①

对于教师来说，编制教学目标是一项艰苦细致的工作，不但要有扎实的学科专业知识和相关学科知识，还需要掌握一些教学设计的基本原理、方法和技能。教学目标设计的步骤和方法是：分解目标、分析任务、确定起点、表述目标。

（一）分解目标

教学目标是一个多层次、庞大的系统，包括教学总目标、课程目标、单元目标、课时目标，目标从上到下逐渐分解，具体化、明确化，从左到右，互相关联、沟通（如图1—1）。教学目标分解就是要求教学设计者——教师熟悉国家、专家们制定的各层次目标的内容、要求，并且掌握各目标之间的内在联系，找到自己设计教学目标的指导思想，为目标设计提供依据。以新课程中语文课程目标为例：

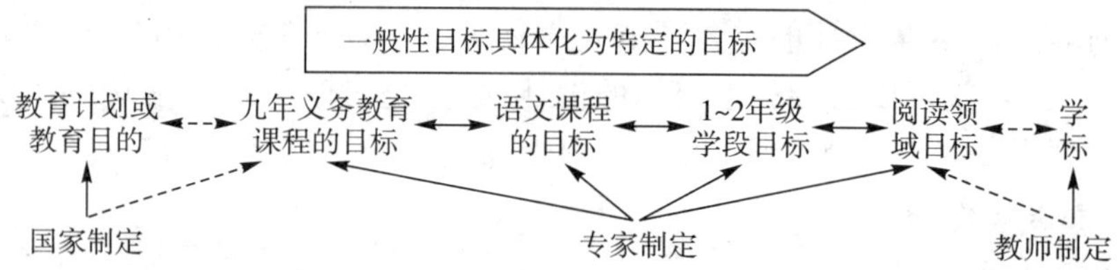

图1—1 课程目标具体化过程

（二）分析任务

分析任务就是分析教学起点和即将确立的教学目标之间的差距，为了完成教学目标，应完成哪些任务。具体做法如下：从已确定的教学目标开始提问和分析，要求学习者获得（形成）教学目标规定的能力，他们必须具备哪些次一级的从属能力；而要培养这些次一级的从属能力，又需具备哪些再次一级的从属能力。这种提问和分析一直进行到教学起点为止。

（三）确定起点

确定教学起点，直接关系到教学目标和课堂教学的有效程度。起点过高，学习者感到吃力、跟不上；起点过低，学习者不感兴趣，得不到应有的知识和发展。这两种情况都会降低学习者的学习热情，造成低效或无效的课堂教学。因此，正确发挥课堂教学指导作用的教学目标应当是建立在对学习起点充分分析的基础上的。可以通过观察、访问、调查（摸底测试、作业）、谈话等方式，了解学习者的学习习惯、态度、方法，学习者个人的知识能力储备状况，了解班集体的整体状况与水平（包括班风、学风），同时还应分析某一个年龄阶段学习者应该能够达到的一般水平，教学内容、课程目标的规定性，最后确定教学目标的起点。

① 钟启泉等主编：《为了中华民族的复兴，为了每位学生的发展》，第176页，上海：华东师范大学出版社，2001。

（四）表述教学目标

在完成教学目标分解、任务分析、确定起点之后，教学设计者就可以根据教学目标的分类，在知识技能、情感态度、方法过程领域内，设计、表述出不同水平的教学目标，虽然教学目标没有一个统一的格式，但是，教学目标在表述中应满足以下基本要求：

第一，教学目标的行为主体必须是学生而不是教师。

教学目标是评价学生的学习结果有没有达到，而不是评价教师有没有完成某项工作。以往在制定“教学目的”时，教师们习惯用“通过学习……”、“使学生……”、“提高学生……”、“培养学生……”。例如：“通过本节课的学习，提高学生的英语听说能力。”当学生成为教学目标的行为主体时，一般可采用“通过学习……学生能够……”等表述方法。

第二，可采用结果性目标的方式和体验性目标的方式表述。

教学目标陈述的基本方式可以分为两类：结果性目标的方式和体验性目标的方式。所谓“结果性目标的方式”就是明确告诉人们学生的学习结果是什么，主要用于“知识与技能”领域，如“能在地图上识别不同的地形”、“能在5分钟内默写出本节课所学的8个生字”。所谓“体验性目标的方式”是描述学生自己的心理感受、体验，或明确安排学生表现的机会，所采用的动词往往是体验性的、过程性的，主要用于“情感态度与价值观”和“过程与方法”，如：“用自己的语言叙说学习《×××》文章的感受”、“经历通过分析寻求不同的相等关系的过程，体验解决问题策略多样性”、“培养一丝不苟、认真负责的态度”，等等。

第三，行为化的教学目标的行为动词必须是具体的、可评估的。

与课程目标、单元目标相比，课时目标应当是小而具体、可操作、可评估的，而不是模糊的、抽象的。有一位教师在写《海燕》这篇课文的教学目标时写了“培养学生革命的大无畏精神；提高学生的写作技巧”。这种写法不仅主体不对，而且也无法评价“革命的大无畏精神”和“学生的写作技巧”到底“进步”了多少。

第四，必要时，附上产生目标指向的结果行为的条件。

行为条件是指影响学生产生学习结果的限制或范围，为评价提供参照的依据，如“根据地图，指出我国首都北京”、“通过这节课的学习，了解环境保护从我做起的道理”、“在10分钟内，全班大多数学生能完成15道简单的计算题”，等等。

第五，要有具体的表现程度。

表现程度是指学生学习之后预期达到的最低表现水准或学习水平，用以评价学习表现或学习结果所达到的程度。如“就提供的某一道应用题，学生至少能写出3种解题方案”、“通过这一堂课的学习，学生至少能记住4个单词”，等等。

根据上述的几点要求，有人提出认知类目标表述的ABCD表述方法。

A：即audience，n. 听众，观众。引申为“学习者”。要有明确的教学对象，是目标句子中的主语。

B：即behavior，n. 行为举止。要说明通过学习，学习者应能做什么，是目标句子中的谓语和宾语。

C：即conditions，n. 意为“条件”。要说明上述行为在什么条件下产生，是目标句子中的状语。

D：即degree，n. 程度。应明确上述行为的标准。

例：“给予20个要填写形容词的未完成的句子，学生能在15分钟内分别写出带形容词的完整句子。”

为了目标编制的方便，现提供结果性目标和体验性目标的学习水平与行为动词。[①]

附：学习目标学习水平与行为动词

一、结果性目标的学习水平与行为动词

1. 知识

学习水平	行为结果	行为动词
了解	包括再认或回忆知识，识别、辨认事实或证据，举出例子，描述对象的基本特征等	说出、背诵、辨认、回忆、选出、举例、列举、复述、描述、识别、再认等
理解	把握内在逻辑联系，与已有知识建立联系，进行解释、推断、区分、扩展，提供证据，收集、整理信息等	解释、说明、阐明、比较、分类、归纳、概述、概括、判断、区别、提供，把……转换、猜测、预测、估计、推断、检索、收集、整理等
应用	在新的情境中使用抽象的概念、原则，进行总结、推广，建立不同情境下的合理联系等	应用、使用、质疑、辩护、设计、解决、撰写、拟定、检验、计划、总结、推广、证明、评价等

2. 技能

学习水平	行为结果	行为动词
模仿水平	在原型示范和具体指导下完成操作，对所提供的对象进行模拟、修改等	模拟、重复、再观、模仿、例证、临摹、扩展、缩写等
独立操作水平	独立完成操作进行调整与改进，尝试与已有技能建立联系	完成、表现、制定、解决、拟定、安装、绘制、测量、尝试、试验等
迁移水平	包括新的情境下运用已有的技能，理解同一技能在不同情境中的适用性等	联系、转换、灵活运用、举一反三、触类旁通等

二、体验性目标的学习水平与行为动词

学习水平	行为结果	行为动词
经历（感受）	独立从事或合作参与相关活动，建立感性认识等	经历、感受、参加、参与、尝试、寻找、讨论、交流、合作、分享、参观、访问、考察、接触、体验等
反应（认同）	在经历基础上表达感受、态度和价值判断，作出相应的反应等	遵守、拒绝、认可、认同、承认、接受、同意、反对、愿意、欣赏、称赞、喜欢、讨厌、感兴趣、关心、关注、重视、采用、采纳、支持、尊重、爱护、珍惜、蔑视、怀疑、摒弃、抵制、克服、拥护、帮助等
领悟（内化）	具有相对稳定的态度，表现出持续的行为，具有个性化的价值观念等	形成、养成、具有、热爱、树立、建立、坚持、保持、确立、追求等

① 钟启泉等主编：《为了中华民族的复兴，为了每位学生的发展》，第180～181页，上海：华东师大出版社，2001。

附：教学目标设计技能测评表

评价内容	评价等级				权重
	优	良	中	差	
1. 符合课标要求的教学内容					0.15
2. 三维目标					0.15
3. 突出本节课的重点、难点					0.2
4. 是教学活动指南性程序					0.1
5. 能激励学生行为的变化					0.15
6. 行为动词表述准确					0.15
7. 具体可操作、可评价					0.1
总　分					

评价等级说明：90～100 分为优秀，80～90 分为良好(不含 90 分)，65～80 分为中等(不含 80 分)，65 分以下为差(不含 65 分)。

第二节　教学过程设计

教学过程设计有广义和狭义之分。广义的又称“课堂教学设计”，是在目标体系的基础上，在分析教学内容和教学对象之后，确定教学策略，包括教学程序(环节、结构)、时间划分、教学方法、教学组织形式、教学媒体、板书等等；狭义的是指课堂教学过程程序设计，是对一节课或某一个知识点(重点、难点)进行教学的过程设计。它又是课堂教学设计的核心部分，是教学目标实现与否的保证，可从多视角进行，即：从课堂教学结构(模式)、知识类型结构和思维类型结构进行教学过程设计的分析与构建。

一、以课堂教学结构为线索的教学过程设计

一般来讲，根据学生认识规律，课堂教学结构(环节)包括感知教材、理解教材、练习巩固、系统小结等。新课程理念下，教师在设计整堂课的教学程序时应在重视基础知识技能的同时，处理好传授知识与培养能力的关系，注重培养学生的独立性和自主性，引导学生质疑、调查、探究，促进学生在教师指导下主动、富有个性地学习。以下是几种常用的课堂教学模式(结构)。

(一)传递—接受式

指导思想：主要是使学生在较短的时间内系统地掌握较多的知识、信息。

操作程序：复习旧课—导入新课—上新课—巩固练习—总结下课。

策略：①时间的划分；②每个环节做什么？怎么做？教师的活动，学生的活动；③设计意图；④教学方法、手段；⑤板书。

效果评价：优点：①符合学生认识的一般规律；②有利于学生掌握系统的科学文化基础

知识,形成技能技巧;③有利于教师发挥主导作用。

缺点:①客观上使学生处于被动的状态,学生学习的积极性、主动性、创造性都受到了一定的限制;②容易出现“满堂灌”的现象;③容易造成机械训练、学生学业负担过重的现象。当然,如果教师在教学过程中能处理好讲什么、怎么讲、什么时候讲、讲多长时间等问题,运用这种教学模式也不失为好的选择。

(二)自学—辅导式

指导思想:培养学生的自学能力和习惯,实现教师以“讲”为主向以“导”为主的转变。

操作程序:自学—讨论—启发—巩固练习—总结布置作业,下课。

策略:同上。

效果评价:优点:①学在导前,可以提高学生学习的积极性、主动性,培养学生的主体意识;②有利于学生自学能力和学习习惯的培养;③培养学生创造性思维能力;④符合新课程的要求:师生互动、生生互动,个性化的教学。

条件:①教师们将凭着自己的责任心和悟性认真备课,精心设计、精彩生成。采用这一教学模式,虽然教师少讲了,只起点拨、解疑的作用,但对教师的要求却更高了;②如果教师不能更好地发挥指导作用,学生的自学就会变成自流,这种教学模式的优越性就难以体现。

(三)引导—发现式

指导思想:引导学生手脑并用,运用创造性思维去获得亲自实证的知识;培养学生善于发现问题、分析问题和解决问题的能力;养成学生探究的态度和习惯,逐步形成探索的技巧,学会学习。

操作程序:问题—假设—验证—总结归纳。

策略:同上。

效果评价:优点:①培养学生学会学习:如何发现问题,怎样加工信息,对提出假设如何推理、论证等;②有利于培养学生科学的学习态度和探索能力。

条件:①这种模式比较适合问题比较明显的教学内容;②它需要学生有一定的经验储备;③注意知识的系统性、基础性。

(四)情景—陶冶式

指导思想:通过情感和认知的多次交互作用,学生的情感不断得到陶冶、升华,个性得到健康发展,同时又学到知识。

操作程序:创设情境—参与各类活动—总结转化。

策略:同上。

效果评价:优点:①陶冶学生的个性和培养学生的人格,通过设计某种与现实生活同类的意境,让学生从中领悟到怎样对待生活、对待他人;②增强学生的自主意识和合作意识。

条件:①这种教学模式较适用于思想品德课、外语课、语文课的教学,还可以广泛适用于课外各种文艺兴趣小组和社会实践活动等教学活动,它也可以用于自然科学的教学,以提高教学效率;②注意教学过程中的活动设计和控制。

(五)示范—模仿式

指导思想:训练和培养学生的基本技能。

操作程序:定向—参与性练习—自主练习—迁移。

策略:定向阶段教师的主要职责是向学生阐明所要掌握的行为技能,并说明完成技能的操作原理和程序，同时向学生演示示范动作；参与性练习是指教师指导学生练习，边练习边指导；自主练习是当学生掌握了动作的要领时，给学生加大活动量，让学生自主练习，使技能、动作更加熟练；迁移是动作的举一反三。

效果评价：这种教学模式应用范围很广，很多学科的技能训练都可使用。在这种模式中，由于技能的形成主要是学生自己练习的结果，因此，教师只是起到组织者的作用。

上述五种教学模式是目前我国中小学常用的教学模式，应用面广，容易掌握，深受教师欢迎。实践中还可以以一种教学模式为主，融合其他模式中的有效环节，创造性地形成其他教学模式。另外，五种教学模式具有综合性的特点，适合各类学科，是学科教学模式的抽象化；学科教学模式则是对这些模式具体化、学科化的表述。

二、不同知识类型的教学过程设计

现代认知心理学把知识概括为陈述性知识、程序性知识和策略性知识三类。根据这三类知识的特点，可以进行具有不同侧重点的教学过程设计。

（一）陈述性知识

陈述性知识，主要是有关“是什么”的知识。这类知识主要包括有关事物的名称与符号、命题以及基本原理。如数理化各科中的概念、命题、原理，体育课中的动作要领，历史课中的人物、事件等。

由于陈述性知识的特征是关于“是什么”的知识，它对学生的学习要求重在理解记忆。因此，教师在进行陈述性知识的教学过程设计时，应将重点放在如何帮助学生有效地理解、掌握这类知识上，注重学生对其符号或词语意义的获取。在教学设计时，遵循以下程序构成教学过程：

(1)提供新知识。

(2)确立新旧知识之间的联系，找准联系点。

(3)讲清二者之间的相互关系，以帮助学生在理解的基础上有效吸收、同化新知识。

(4)通过关键点的提问引起学生的关注与思考。

(5)要求学生口头或书面叙述学到的有关知识，运用及时的反馈进行针对性的补救等。

（二）程序性知识[①]

程序性知识是有关“怎么办”的知识。例如向学生呈现各种各样的动物，要求他们把哺乳动物挑出来。它主要涉及概念或规则的应用，即对事物进行分类和进行一系列运算、操作。语文中的句子规则，数学、物理、化学中的大部分知识，体育中的动作技能等都属于程序性知识。

由于程序性知识的特点是关于“怎么办”的知识，在头脑中以产生式表征，形式为“如果……则……”，例如哺乳动物的产生式为：如果动物是胎生的，且是哺乳的，则它是属于哺乳动物类。正如命题可以组成网络结构一样，产生式也可以组成产生式系统，或称“控制流”。产生式系统中前一个产生式中的结果可成为后一个产生式的条件。经充分练习后，产生式系统的一系列动作能自动发生，不需要清晰地回忆每个动作产生的条件。

根据程序性知识的特点进行教学过程设计时，教学目标应定位为应用概念规则解决问

① 以下内容主要参考张大钧《教育心理学》（全国教育硕士专业学位试用教材）第378页，北京：人民教育出版社，2002。

题的能力。检验这种能力的行为指标不是学生能告诉我们学到了什么，而是学生面对各种不同的概念与规则的运用情境，能顺利地进行识别、运算和操作。如将事物分类，进行问题解决，运用已有的概念和规则解释新情境中出现的自然和社会现象。在教学过程设计时，应做到以下几点：

(1)应让学生理解概念和规则。如果教学内容是概念，在讲上位概念时，主要应唤起、充实下位概念；在讲下位概念时，主要应帮助学生将其同相应的上位概念联系起来，把新知识顺利地纳入相应的知识网络中。

(2)概念的讲解与练习要注意正反例的运用。正例有助于概括和迁移，但也可能导致泛化；使用反例有助于辨别，使掌握的概念达到精确。

(3)如果教学内容是规则，应着重引导学生将新习得的规则广泛运用于新情境，做到一旦见到恰当的条件（“如果”），便能立即作出反应（“则”）。

(4)对于那些由一系列产生式组成的较长的程序性知识，应考虑练习内容与时间的分散与集中、部分与整体的关系，一般先练习局部技能，然后进行整体练习。

（三）策略性知识

策略性知识也是回答“怎么办”问题的知识，例如，如何在较短时间内记住尽可能多的英语单词。它与程序性知识的主要区别在于，它所处理的对象是个人自身的认知活动和个体调控自己认知活动的知识。策略性知识是渗透在各科学习中的，没有专门和具体的学科内容。

根据策略性知识的特点进行教学过程设计：

(1)确立策略性知识的地位。在新课程理念下教学目标定位中，必须有检查“学生学会学习”的教学目标。如要求学生学会设计图表，系统归纳所学的某个单元、某章、某节、某个知识点的内容；学会用比较法鉴别事物、事件等的异同；能总结自己学习中的有效方法等。传统教学目标常常仅有检查陈述性和程序性两类知识的教学目标，而忽略了对策略性知识的要求与检测。

(2)教学内容应结合陈述性知识和程序性知识的教学，突出学习方法的教学，或者专门开设学习方法课，教给学生如何预习、复习、记笔记，以及如何学会选择性注意、如何反思等具体学习方法。

(3)教师要学会如何教策略性知识，要善于内隐思维活动的调节、控制。

三、归纳和演绎思维方式下的教学过程设计

归纳和演绎是人类认识过程中两种思维运动形式，作为认识的方式已被人们广泛应用于各学科领域，教学实践是人类认识的一种形式，是对人类智慧的结晶的分解、还原、再现的过程。运用归纳和演绎的思维方式进行教学设计，是中小学教师常用而有效的教学过程设计。

（一）归纳式

归纳是从个别事实中概括出一般概念、结论的思维方法，是从个别到一般的思维运动。用归纳式设计教学过程就是让学生在老师引导下完成相应的归纳推理过程，得出结论，获得知识，形成能力。

归纳式主要用于显示特征、建立概念的教学，适用于事实、概念的学习。其教学过程的设计一般包括：教师提供若干有关科学现象、形态、结构和文献等客观事实，或提供有关情

景，以便建立共同经验，形成表象；教师借助事实，进行概括归纳，显示事物的特征，建立概念；学生观察事实、现象，认识事物特征，识记事实，理解概念。

（二）演绎式

演绎是从一般原理、概念推出个别结论的思维方法，是从一般到个别的思维运动。这种类型的教学主要适用于原理的学习，教师借助典型的事实，进行分析、推理、演绎，使学生知识迁移。如由旧的结论推出新的结论，由量的关系推出质的关系，或原理与现象之间的相互推理。

其教学过程设计一般包括：教师提供某一事物运行、成长、发展的完整过程；借助典型事例，揭示事物发生、发展的原因和规律，并通过演绎推理或类比的方法，使学生的知识迁移；学生认真观察，思考原因，探究规律，理解原理，推广运用。

上述教学过程设计的分类，是从整体到局部、从面到点的分析，主要是为了分析的方便、深入。事实上教学过程（特别是上新课）是一个问题的提出、分析、解决的过程，选择第一类教学模式中的任何一种都必然会涉及知识类型、思维方式，换言之，三类教学过程设计是相互交叉的。

除此之外，根据课的类型还可以有不同的教学过程设计。例如：复习课基本教学流程包括概括导入、确认目标—梳理知识落实“双基”—典题引导、点拨深化—达标练习、提升能力—反思总结、布置作业五个环节。讲评课的基本教学流程是：错题统计、找准错因—自主纠正、反思内化—思维展示、暴露问题—重点点拨、方法指导—变式训练、二次达标。根据教学组织形式，面向全班讲授、小组教学、合作教学也都有不同的教学设计。

附：教学过程技能测评表

评价内容	评价等级				权重
	优	良	中	差	
1. 教学结构（程序）合理是教学内容					0.1
2. 各环节时间分配恰当					0.5
3. 各环节设计意图明确					0.15
4. 重点突出，难点分散					0.2
5. 教师指导思路清晰					0.1
6. 学生活动可行、有效					0.15
7. 教学方法、手段选择得当					0.15
8. 有创意					0.1
总　分					

评价等级说明：90～100 分为优秀，80～90 分为良好（不含 90 分），65～80 分为中等（不含 80 分），65 分以下为差（不含 65 分）。

第三节　教学设计方案的编制

在分析教学目标和教学过程设计后，本节讨论课堂教学设计方案的编制，简称“教案的编制”。

一、教学设计方案编制的基本内容和程序

编制教案是教师创造性的劳动，是教师教学才能展示的平台。任何一位有理想、有才华的教师都会重视这一理想实现的起点，犹如一流工程师之重视图纸设计，军事家之运筹帷幄之中。这一环节透视出的是教师们的理想、智慧、才能与品位。一位年轻教师说：这是我教学工作中最兴奋的时刻，我时而苦思冥想，时而豁然开朗，时而为一记妙招而兴奋不已，兴奋之后则是对上课的期待。编制教案要求教师研究教学对象，钻研课程标准及教材，查阅资料，确定重点、难点，制定教学目标，选择适当的课堂教学类型，设计教学过程(模式)、方法和手段，编写教案。

(1)确定教学内容。即本节课以教材为原始资料的主要内容。

(2)分析学生情况。对学生基础知识、能力、兴趣、爱好、特点的分析。

(3)确定重点、难点。重点、难点是教材最基本、最核心、最重要的部分，教师要在充分备课标、备教材、备学生的基础上找到它、理解它。

(4)建立教学目标。教师要站在学生的立场，考虑学生作为公民所必需的基本知识与技能以及情感态度价值观。一位特级教师说得好：现在我们教学不仅要知道学生有没有掌握知识，还要知道学生是怎样掌握的，掌握的过程中有什么样的体会。

(5)确定课的类型。课的类型是根据一节课的主要任务确定的，一般来讲，中小学课的类型分为两大类：单一课、综合课。前者是指一节课中教学任务比较单一，如：练习课、实验课、实习课、检查知识和技能技巧的课、自学课等等；后者又称“混合课”，是指一节课内要完成几项教学任务的课，包括：复习旧知识、学习新知识、巩固练习、形成技能技巧、检查知识技能的掌握状况等等。一般来讲，新课也是综合课。课的类型是由教学目标决定的。

(6)设计教学过程。教学过程是教案编制的核心部分，在这一过程中，需要考虑的因素是，在确定的教学目标后，先做什么，后做什么，再做什么；怎么做，教师的活动、学生的活动；各教学活动环节的时间安排、如何衔接、设计意图。值得注意的是，教师应以引导者的身份进入学生的学习世界，设计有利于培养学生探索精神和能力的教学模式。

(7)选择教学方法。即在三类九种教学方法中——以语言文字为传递媒介的教学方法：讲授法、谈话法、问答法、读书指导法；以直接知觉为主的教学方法：演示法、参观法；以实际训练为主的教学方法：练习法、实验法、实习法，选择恰当的教学方法。

(8)准备教具、学具。教师对教学中所涉及的各种教具、学具，如实物、图表、挂图、模型、多媒体课件、网络资源、音像资料；教师和学生用的实验仪器材料，以及学生学好本课内容所需的操作用品和学生收集的生活素材等等，要进行认真的准备，教具、学具不仅要较齐全，还要保证正确、有效、安全的使用。

(9)设计板书。板书是学生通过视觉获得知识信息的一种方式。它可以把复杂的、抽象的、难以理解的、隐含的内容直观、清晰地表现出来。好的板书能突出重点、难点，便于学生理解和掌握知识；能体现知识的内在结构，引导学生形成发现问题、解决问题的思路，进而发

展学生的智力、情感、能力；能成为一节课的总结。

(10)教学反思。教案设计时，可以在教案最后留下“教学反思”一栏。教学反思是执教者对本节课教学效果的反思、评价和总结记录。全面审视教学过程的得与失：意外发现、点滴收获、个别疏漏、补充办法等；教学目标是否实现、教学方法是否得当、时间安排是否恰当；学法指导是否有效、学生的创造性表现在哪里、自己感觉最成功的地方在哪里，成功的因素是什么；以后再上这一课时应注意的问题，等等。

二、教学设计方案的格式

严格地说，教案没有统一的格式，只要把上述内容、程序和要求表达出来，保证课堂教学有效地进行就可以了。但是教师的角色容不得太多的错误，科学、正确、准确、全面是教师言行的指南，因此教师需要写教案(尽管有人提倡“0”教案)。以下分析几种常用的教案：

(一)讲稿式(详案)

一般来说，讲稿式(详案)有助于教师科学、准确地控制教学进程，发挥主导作用；帮助教师组织教学语言，使语言准确、精练、生动有趣，避免信口开河、杂乱无章、枯燥无味；促进教师对教学内容娴熟掌握，不致在教学过程中遇到新问题时束手无策；对在最短的时间取得最佳的教学效果，提高教学效率能起到保证作用。但是，讲稿式(详案)往往会限制课堂教学中教师、学生的行为，因为教师事先多把课堂将要发生的事“预设”好了，变动的空间较小。但这是年轻教师的基本功。

(二)纲要式(简案)

纲要式(简案)就是用纲要的形式把一节课的主要内容提纲挈领地表现出来，以表现授课者对教学内容的理解与领悟。简案，言简意赅，在客观上能促进教师去钻研教材，熟练地掌握教学内容，可以节省时间用以熟悉教材、研究教法，把课上得生动活泼。同时它一目了然，便于教者熟记，可以促进教师不断提高教学能力，避免目中无人(学生)，照本宣科。

(三)表列式

表列式是将一节课的主要内容、环节、程序设计一张“教案一览表”，用以表达授课者的教学设计理念、思路，指导课堂教学。表列式也是教学简案的一种，但主要环节和程序是完整、清晰的，如：教学目标、重点难点、课的类型、时间安排、教学方法、教具学具、教学过程、板书、实例、教学反思等等。表列式教案有利于执教者在上课前的备课和上课中拿起教案就能一目了然，迅速开动脑筋，理清思路，开展每个环节下的具体活动，有利于教师创造性地工作。与讲稿式的教案相比，表列式简单明了。(见附表教学设计方案模版1、2)

(四)习题式教案

习题式教案是指在综合课上教师根据不同的教学程序选择习题，教案是由一系列“小而实”、“少而精”的习题组成，恰到好处地完成了教学各个环节以及整节课的教学目标。如某一节数学课上，其教学主要环节：复习旧课导入新课、上新课、巩固练习、总结归纳、布置课外作业等活动分别是以一系列既相互独立、又相互联系，教学目的、功能各异的习题构成。整个教学活动层层推进、环环相扣，引发学生对问题本身的高度兴趣和求知欲，显示出教师的经验与专业素养。

附表:教学设计方案模版 1

课题	
教学内容与学生分析	
教学目标	
重点难点	
教学方法	
教学准备	
教学过程	
板书设计	
教学反思	

附表:教学设计方案模版 2

学科			课题		课时	
班级			教材		课的类型	
学习内容分析						
学生情况的分析						
教学目标						
教学重点						
难点						
教学环节	时间	教师指导	学生活动	设计意图	教学方法	板书
教学反思						

三、综合设计弹性化的教学方案

教案是教师教学权利和创造性的集中表现，每一份教案应体现出教师的教学理念、聪明才智，透露出教师独具匠心的灵气。

在促进学生主动发展健康价值观要求指导下的学科教师，在教案设计方面要完成的最后一个综合，就是将每节课的具体要求与教学的内容和教学过程的事先策划结合起来，构成"弹性化的教学方案"。新课程教学过程中强调课的动态生成，但并不主张教师在课堂上信马由缰地展开教学，而是要求"精心设计、精彩生成"。在教学方案设计时为学生的主动参与留出时间与空间，为教学过程的动态生成创设条件。在教学方案中，要设定教学目标，但目标不局限于认知，它还涉及学生在这节课中可能达到的其他目标。目标的设定要建立在对教学内容和学生状态分析、对可能的期望发展分析的基础上。目标有"弹性区间"，这既是为了顾及学生之间的差异性，也考虑到期望目标与实际结果之间可能出现的差异。教学过程的设计重在如何开始、如何推进、如何转折等的全程并联式策划。至于终点，何时停止，并不是绝对的，重要的是水到渠成。最后形成综合的、有弹性的教学方案。不能硬性规定步子大小与全班齐步进行。过程的设计也要有"弹性区间"，可以通过不同的作业、练习、活动来体现。过程设计还要策划教学过程中的教师活动，相应的学生活动，组织活动的形式与方法，活动效果的预测和期望效果的假设，师生间的互动方式等。

附：教学过程技能测评表

评价内容	评价等级				权重
	优	良	中	差	
1. 教案结构完整、规范教学内容					0.15
2. 教学目标明确					0.2
3. 教学过程清晰、可实施					0.1
3. 教学重点突出、难点分散					0.15
4. 教学方法、手段适当					0.15
5. 板书规范					0.15
6. 文字简洁流畅					0.1
7. 有创意					
总　分					

评价等级说明：90～100 分为优秀，80～90 分为良好(不含 90 分)，65～80 分为中等(不含 80 分)，65 分以下为差(不含 65 分)。

第二章　课堂教学组织技能

第一节　导入技能

一、导入技能的功能

导入技能是教师在一项新的教学内容或教学活动开始前，引导学生做好心理准备和认知准备，并让学生明确学习目标、学习内容以及学习方式的一种教学行为方式。德国教育家第斯多惠指出："教学的艺术不在于传授本领，而在于激励，唤醒，鼓舞。"理想的导入是教师经验、学识、智慧、创造的结晶。它好比一把钥匙，可以开启学生的心扉，营造愉悦的学习氛围，诱发学生的求知欲望和学习兴趣，达到"课未始，兴已浓"的愤悱状态。

（一）引起注意，激发兴趣与动机

导入的首要任务是使与教学无关的学生活动得到抑制，让学生迅速投入到新的学习中来。注意是人的心理活动对一定对象的指向和集中，是进行学习活动的前提条件。俄国著名教育家乌申斯基把"注意"形象地比作通向心灵的"唯一的门户"。导入时，教师必须首先对学生的注意进行唤起和调控，调动学生的认知注意和情绪注意。兴趣是力求认识某种事物或爱好某种活动的心理倾向，这种倾向是和愉快的体验相联系的。别具匠心、引人入胜的一段新课导入，是激发学生学习兴趣的关键环节。学习动机是推动学生学习的内部动力，是激励和指引学生进行学习的一种需要的心理状态，也就是学生要学习的愿望、意愿。早在春秋时期，孔子在《论语·述而》中就说："不愤不启，不悱不发。"在导入时，教师最主要的工作之一就是使学生进入"愤悱"的状态。学生一旦进入了这种状态，就能产生强烈的学习动机，主动、自觉地投入到学习中去，变被动的"要我学"为主动的"我要学"。

（二）承上启下，明确学习目标

导入是课与课之间的桥梁和纽带，具有承上启下的作用，既是先前教学的自然延伸，也是本节课教学的开始。巧妙地导入，可以在复习与新知识相关的旧知识的基础上，使新旧知识之间建立一种非人为的、实质性的联系，为深入学习新的知识打下基础。学习目标是教学活动所要达到的预期结果或标准。学习目标对教师是教授目标，对学生是学习目标。通过导入，教师把教学目标转化为学生的学习目标，学生知道了学习目标就能明确学习的方向，自觉地以目标来规范自己的行为，主动地逼近目标。同时，教学目标还有激发学生学习动机，使学生产生强烈学习愿望的作用。所以，在导入时，教师应该清晰地阐明本次课的教学目标。

（三）激情入境，启发思考

课堂导入还具有渲染气氛、创设情境的作用。学生的学习情感直接影响学习效果，引发学生的情感，使学生进入教学内容中的情境，并与教师一起就教学内容产生情感上的共鸣，从而达到师生情感相通，心理相融，共同探索，积极思考，为学习新知识奠定基础，并获得切身的学习体验。

二、导入的结构

（一）引起注意

导入的构思与实施，要把学生的心理活动保持在教学行为上；使与教学活动无关的甚至有害的活动能迅速得到抑制。学生注意的特点是：同学们举目凝视、或侧耳细听、或思考、或顿时寂静、或紧张屏息……导入活动的强度、差异、变化和新颖，都会立刻引起学生的无意注意。

（二）激起动机

创设引人入胜的情境，能促使学生产生学习的兴趣，一方面可提出严格的要求，另一方面要说明学习这部分知识和技能的意义。只有学生清晰地意识到自己学习的意义，才能产生学习的自觉性，焕发出学习的极大热情，表现出听课、学习的坚毅精神。

（三）组织指引

导入要给学生明确任务，安排学习进度。这样可以引导学生定向思维，使学生有目的、有意义地开展学习。要提出学生进行学习活动的方法，例如，说明本节课是先要使问题具体化，接着做实验，再共同归纳、订正，最后结合新问题进行练习、运用。使学生对学习过程做到心中有数。

（四）建立联系

导入的设计，要充分了解并利用学生原有的知识和能力，要以其所知，喻其不知。从学生实际出发，通过教师的主导作用和学生的主体作用最佳的结合，能以较少的精力和时间，有效地达到教学目标。温故而知新的方法很多，教师可设计提出问题，学生逐步解答，随着答题的深入，旧知识同新知识建立了联系，从而引出新课。教师也可以通过对学生已有知识进行概括描述和启发之后，再讲新课。

三、导入的基本要求

导入是一个重要的教学环节，它直接影响学生学习的情绪和效果。

（一）目的性

无论采取何种导入方式，都应保证设置的问题情境指向课题内容的总目标。要有助于激发学生的学习兴趣，使学生初步明确将学什么、怎么学、为什么要学。设计导入时，要考虑教学内容的整体，要服从整体。导入仅是开头，它的作用是为教学打开思路，如果脱离课堂整体，即使再精彩的导入也会失去它的作用。

（二）相关性

在导入阶段要善于以旧抓新，温故知新，使导入的内容与新课的重点紧密相关，能揭示新旧知识的关系。要从新知识的生长点出发导入，要从知识的结构出发导入，采用最佳教学方法，便于学生接受和牢固掌握。

（三）启发性

教师设计的导入要能激发学生思考，活跃他们的思维，调动他们的求知欲和进取心，以便学生实现知识的正迁移。导入的启发性还表现在使学生理解学习该课的重要性和必要性，产生学习的强烈欲望，从而提高学习的自觉性和积极性。

（四）趣味性

导入要有趣，做到情趣盎然、妙不可言、引人入胜、余味无穷。心理学研究表明，如果学生对所学内容感兴趣，就会积极主动和自觉地学习，学习也会轻松愉快，不会造成心理负担，学习效率就高。因此，教师要使学生处于渴望学习的心理状态，使学生以最佳的心态投入到学习活动中去。

（五）艺术性

教师需要讲究导入的语言艺术，以使课的开始扣人心弦，吸引学生注意，激起其思维的浪花。语言的准确性、科学性和思想性是语言艺术的前提。通俗易懂、生动活泼、饶有趣味的导入，在吸引学生兴趣的同时，更给学生以深刻的启迪。

（六）时效性

导入阶段要以最少的时间取得最好的学习效果，必须做到过程紧凑，各环节之间既层次清楚，又安排合理，使学生尽快进入学习情境。一般课堂导入要控制在5分钟之内。

四、导入方法

（一）直接导入

直接导入是指直接阐明学习目标和各个重要部分的内容及教学程序的导入方法。教师一上课直接板书课题，然后围绕课题，以简捷、明快的讲述或设问来激起学生的有意注意，诱发其探求新知的兴趣，使学生迅速地进入学习情境。这是最常用的一种导入方法。开门见山，直接点题的导入，可以使学生迅速进入主题，节省教学时间。但这种导入方法如把握不好，容易平铺直叙，流于平淡，难以让学生在短时间内集中注意力。

（二）旧知导入

旧知导入是指以复习、提问、做习题等教学活动开始，提供新、旧知识联系的支点，注意引导学生温故而知新的导入方法。使用这种导入方法，教师一定要注意学生原有的知识水平，要精选复习提问时新旧知识联系的“支点”。这种导入方法能够使学生从已知领域自然地进入未知领域，从而使学生回顾旧知识，获取新知识。需要注意的是，这里所讲的旧知识不一定是指前一节课的知识，而是指与即将学习的新知识有联系的知识。

（三）设疑导入

设疑导入是指在章节教学之始，编拟符合学生认知水平、形式多样并富有启发性的问题，引导学生回忆、联想，或渗透本课学习目标、研究的主题。需要注意的是，提出的问题要有一定的难度，要使学生暂时处于一种“愤悱”状态，并且要以疑激思，使学生的思维尽快活跃起来。

（四）情境导入

情境导入是指教师通过音乐、图画、动画、录像，或者满怀激情的语言创设新奇、生动、有趣的学习情境，使学生展开丰富的想象，产生如闻其声、如见其形、置身其中、身临其境的感受，从而唤起学生情感上的共鸣，使学生情不自禁地进入学习情境的一种导入方法。情境导入以“情”为纽带，给学生以情感的体验和潜移默化的影响，收到“随风潜入夜，润物细无声”的效果。此外，情境导入还能陶冶情操，净化学生的心灵，提高学生的审美情趣和素养。这种导入方式一般用于人文与艺术学科。

（五）直观导入

直观导入是指教师通过实物、标本、挂图、模型、图表等直观教具，以及幻灯、投影、电视、录像、电脑等媒体对与教学内容相关的信息进行演示的一种导入方法。这种导入以强烈的视听效果、逼真的现场感受，吸引学生进入学习情境。在课的开始，展示直观教具和媒体教材，为学生提供生动直观的感性材料，能够化抽象为具体，有助于学生加深对所学知识的理解。直观导入具有生动形象、具体感性的特点，它在吸引学生注意力、激发学生学习动机、培养学生学习兴趣、丰富学生表象、发展学生想象、培养学生观察力、帮助学生理解抽象知识、加深学生对知识的印象等方面具有重要作用。在进行直观导入的同时，教师应该不失时机地提问或叙述，以指明学生思考的方向。采用这种方法需注意实物、模型、幻灯和电视等内容必须与新教材有着密切的联系。在观察过程中，教师要及时地、恰如其分地提出问题，以指明学生观察中的思考方向，为学习新教材做好准备。

（六）实验导入

实验导入是指教师通过演示生动有趣的实验，引导学生认真观察、积极思考实验中的各种现象，使学生进入学习情境的一种导入方法。实验导入能够有效地吸引学生的注意力，激发学生学习的兴趣和愿望，促进学生仔细观察、积极思考，培养学生科学研究的态度。在实验导入时，教师应根据具体情况，尽量让学生自己动手操作，增强学生的参与程度，变教具为学具，以调动学生学习的积极性，培养学生进行科学探索的兴趣。

（七）活动游戏导入

活动游戏导入是指教师通过组织学生做与教学内容密切相关的活动或游戏，激发学生的学习兴趣，活跃课堂气氛，使学生在既紧张又兴奋的状态下不知不觉地进入学习情境的一种导入方法。

第二节　结课技能

一、结课技能的功能

结课和导课一样，是衡量教师教学技能高低的重要标志。一堂好课，犹如一首婉转悠扬的动听乐曲，“起调”扣人心弦，“主旋律”引人入胜，“终曲”余音绕梁，不仅有良好的开端，还应该有耐人寻味的结尾。教师应当合理安排课堂教学的结尾，做到善始善终，给课堂教学画上完整的句号。结课技能是在完成一项教学内容或活动时所采用的特定的教学行为方式。结课是教师有目的、有计划的行为，不仅应用于一节课的结束，也应用于一个相对独立的教学阶段的结束。结课的功能概括起来有以下几个方面：

（一）突出重点，增强记忆

结课是对本节课的中心内容提纲挈领地加以强调、梳理、总结归纳，是对知识的再次重复、深化的过程。它能够突出重难点，使学生对所学新知识有着更加清晰、准确、牢固的把握。教育心理学研究表明，课堂“及时性回忆”的记忆效率更高。

（二）知识系统，承前启后

学生所学知识好比一张网，有着严密的逻辑性和系统性。网上的结点就是重点。这些重点直接影响下一个知识点的学习，有些重点又是难点。结课就是在强化、梳理的过程中帮助学生回忆和整理，理清知识脉络，突出重点，将所学知识系统化，形成知识网络，同时也为新课创设教学意境埋下伏笔，使前后内容衔接严密，过渡自然，承前启后。

（三）质疑问难，发展智力

中小学时期是学生逻辑思维、抽象思维形成的重要阶段。结课的主要形式是总结归纳、比较概括和拓展延伸，虽然只有很短的时间，但是有利于发展学生的观察力、思维力、记忆力、想象力和创新力。

（四）指导实践，培养综合能力

结课时，以本课学习内容为基础，向学生推荐相关的资料，布置作业，指导学生参加课外实践活动，提出课后自学、预习、课外学习的要求，不仅可以巩固所学知识，还能够在这个过程中培养学生发现问题、提出问题、收集整理资料、合作交流等综合实践能力。

（五）反馈信息，改进课堂教学

结课时，教师设计一些问题、练习、实验操作，通过学生交流、提问、回答问题、改错评价等活动，可以及时了解学生学习中的困难和对知识掌握的程度以及体会，以便改进教学。

二、结课技能的基本方式

结课的方式虽然很多，不同的学科具有不同的结课方式，概括起来有以下几种基本方式：

（一）归纳式

归纳式是指经过详细具体的讲解、分析，严密精确的推理论证、精彩生成、抒情之后，在课堂教学过程中或结束阶段，教师对本节课所教授的知识进行整理、归纳，使之条理化、系统化，以达到巩固知识、发展学生能力的目的的一种方法。既可以简明扼要地重复重点，强调掌握主要概念和原理，也可以用重读课文重点、句段，强化印象；既可以利用几个数字巧妙地设计导语，提纲挈领，使学生在饶有兴趣的学习中巩固知识，也可以归纳概括中心；归纳可以教师为主，也可以学生为主、教师补充；既可以在课中、课后进行，也可以在几节课结束后进行。

（二）比较式

比较式是教师采用辨析、比较、讨论等方式结束课堂教学的方法，意在引导学生将新学概念与原有认知结构中的类似概念或对立概念，进行分析、比较，既找出它们各自的本质特征，又明确它们之间的内在联系和异同点，使学生对内容的理解更加准确、深刻，记忆更加牢固、清晰。

（三）练习式

练习式结课是教师通过让学生完成练习、作业的方式结束课堂教学的方法。它是最常用、最简单的一种方式，主要包括总结巩固和布置作业两个方面。总结巩固是总结所学的内容，然后运用提问或做练习巩固新课，检查学生掌握的情况，发现问题及时反馈解决。家庭作业对加深理解、巩固运用知识、培养学生综合素质有着重要的作用。因此，精心地布置家庭作业，提出要求，也是教师结课时常用的方法。

（四）发散式

发散式是指课堂结束前，教师依据教学要求和教学内容的特点，引导学生对教学过程中得出的结论、命题、定律等，进行进一步的发散性思考，以拓宽知识的覆盖面和适用面，并加深学生对已讲知识理解的结课方法。这种结课法可以使教学的主题、内容得到进一步拓展，激发学生求知欲，培养发散的创造性思维。

（五）悬念启发式

悬念启发式是指课结束时，教师选择时机设置悬念，引发学生探究欲望的方法。课堂教学在扣人心弦处戛然而止，教师打出“欲知后事如何，且听下回分解”的招牌。这种结课方法，可以把学生的思绪调动起来，使他们产生渴望、期待等心理，从而达到引导学生探索、寻根究底的教学效果。

（六）拓展延伸式

拓展延伸式是指教师在总结归纳所学知识的同时，与其他科目或以后将要学到的内容或生活实际联系起来，把知识向其他方面扩展或延伸的结课方法，以拓宽学生的知识面，激发学生学习、研究新知识的兴趣。

（七）激发感情式

激发感情式是在一堂课结束时，教师根据课程的特点，用充满感情而又具有鼓舞、激励性的语言激发学生的情感，打动学生的心扉，给学生以启迪的结课方式。这种结课方式，既能加深学生对教学内容的理解，又能激励学生，使学生受到强烈的感染。

一般而言，结课需经过以下几个环节：

(1)简单回忆。对整个教学内容进行简单回顾，整理思路。

(2)提示要点。指出教学内容的重点、难点，必要时可作进一步的说明，进行巩固和强化。

(3)提出问题或采用其他形式检验学习结果。

(4)巩固应用。引导学生把所学知识应用到新的情境中去，在应用中解决新的问题，巩固知识，并进一步激发思维。

(5)拓展延伸。有时为了拓展学生的思路，开阔学生的视野，把前后知识联系起来，形成系统，需要在结课时对教学内容进行必要的扩展延伸。当然，结课和教学过程中某个知识点的结束对上述环节要求的侧重点是不一样的。

三、结课技能的基本要求

（一）体现目标

结课是教学过程的重要环节，课堂一切教学行为都必须紧紧围绕教学目标展开。在这个环节中，无论教师是对知识结构的梳理、回忆，还是强化重点、难点；无论是设计问题、练习、实验操作，还是对教学内容的进一步延伸、拓展学生的知识面，总是要体现教学目标，偏离了这个方向，就会影响课堂教学的效果。

（二）首尾呼应

结课要与导课相呼应，导课往往是沿着一节课的主要内容进行的，而有些结课实际就是对导课时设置的疑问的总结性回答，或者是导课思想的进一步拓展和升华。因此，结课也不能离开主题太远。成功的结课，能够对教学内容或教学活动起到系统概括、画龙点睛和提炼升华的作用，也能够拓展延伸教学内容，激发学生的求知、探新欲望。但是如果偏离主要内容，偏离主题，结课的功能就难以实现了。

（三）干净利落

结课干净利落主要包括两个方面，一是结课的语言，二是结课的时间。课堂教学结束的语言一定要少而精，紧扣本节课教学的中心，梳理知识，总结要点，形成知识网络结构，干净利落地结束全课，使之做到总结全课，首尾呼应，突出重点，深化主题。那种冗长的、拖泥带水的、唠叨的话语不如一语破的的语言有效。结课要严格控制时间，按时下课。

（四）形式多样

结课的功能是多样的，其形式也应该是多种多样的。教师应当根据不同学科、不同课型、不同年级的学生，采用不同的结课方式，精心设计结课，充分发挥结课的功能，也充分展示教师的教学水平和风格。

第三节 教学语言技能

教学活动就是围绕着讲述、讲解、讲读、演讲、叙述、描绘、解释、推理、论证、讨论、提问、回答、写作、聆听等一系列的语言活动展开的。教学语言技能是教学过程必不可少的技能之一。

一、教学语言的概念及作用

教学语言技能是教师运用教学语言作为信息载体，以正确、准确的，具有科学性、逻辑性、形象性的语言对教学内容加以表述，完成教学任务的教学行为方式。广义的“教学语言”包括教学口语（有声教学语言）、书面语言、体态语言（无声教学语言），狭义的“教学语言”是指教学口语，本节讨论教学口语和体态语言技能。

教学口语的类型多种多样，从表达方式看，可以分为：说明性语言、叙述性语言、描述性语言、论证性语言、抒情性语言。从课堂教学功能看，可分为：导入的语言、讲授（讲述、讲解、讲读、演讲）的语言、提问的语言、强化的语言、调控的语言、结束的语言。

教师主要是以叙述、问答、使令、教诲、解释（陈述）、手势、神态等语言活动表达方式来传递经验、交流思想，实现教学目标的。一般情况下，有声语言（口头语言）占用了课堂教学的大部分时间（美国学者佛兰德（Flander）研究发现绝大多数课的三分之二时间用于谈话）。前苏联教育家马卡连柯说过，“同样的教学方法，因为语言的不同，结果就可能相差20倍”。语言是思维的工具，教学语言能力的提高必然会促进教师思维和教学能力的提高。清晰、流畅、富有感染力的教学语言会取得好的教学效果，其教师一定受到学生的尊敬与喜爱。

二、教学口语的特点和要求

教学口语语言不同于书面语言，也不同于一般口头语言，它是书面语言的通俗化、大众化，具有形象性、启发性、灵活生动的特点；又是对一般口头语言的提炼、升华，具有科学性、逻辑性、思想性的特点。

（一）科学性

课堂教学是通过教师的语言把人类长期积累起来的经验的精华有效地传递给年青的一代，并促进其发展。因此，教师的教学语言必须做到正确、准确，具有科学性、逻辑性。

所谓“正确、准确”，就是指在遣词、造句、叙述、例举、推导、证明、归纳过程中必须用精确的词语，周严的、不产生歧义的语句来表达科学基础知识。

所谓“科学性”，就是指在正确、准确、规范的基础上，教师能够严格按照学科本身的逻辑体系，课标、教材的逻辑顺序，学生认知的心理顺序，组织教学语言，使学生完整、准确地把握客观事物的本质，形成正确的认知结构。那种含混不清、模棱两可，甚至字、词、句、音、叙述、例举、推理等本身就错误的教学语言，只能使学生将信将疑，思维混乱，判断错误，把错误的东西当成真理，形成错误的认知结构，影响学生的基础学力。

所谓“逻辑性”，是指教师的教学语言要前后一致，句句连贯，环环相扣，层层推进，具有内在的逻辑力量和高度的概括水平。那种前后矛盾，经不起推敲的讲解，反反复复、絮絮叨叨式的说教，只能浪费学生宝贵的时间，使学生越听越糊涂，消磨其意志，涣散其精力，引起他们的反感。

（二）启发性

在课堂教学中，如果教师能够用具有潜在意义的语言材料唤起学生的旧知，调动学生学习的积极性，使他们能够积极主动地吸收新知识的话，那么这种“具有潜在意义的语言”就是寓意深刻、具有启发性的教学语言。运用启发性教学语言可以激发学生的学习动机，使其产生强烈的学习需要；培养学习兴趣，不断激发求知欲；激发思维活动，培养主动探求、主动学习的意识；培养自学习惯、掌握科学的学习方法。

但是，正像不是所有的教学都能促进学生发展一样，不是所有的课堂教学语言都具有启发性。只有那种精心设计、精彩生成的教学，那种重点突出、难点分散、抓住关键（切入点），以问题的形式出现，讲思路、讲方法、少而精，给学生思维留有充分余地的教学语言，那种以饱满的热情、真挚的感情、具有启发性的语调，进行含蓄深邃的设问、反问、比喻、形容的教学，才具有启发性。而那种抓不住重点难点、眉毛胡子一把抓的教学，上堂就讲，开板就唱，把自己定位在“教教材”而不是教人、发展人，使学生学会学习的教学，那种点点滴滴都怕遗漏、处处不放心的教学，那种平铺直叙，缺乏激情，使人昏昏然的教学，当然没有启发性。

（三）艺术性

教学过程是通过教学语言，实现师生双方对面交流、理解的过程。为了突出重点，解决疑难，加深理解，减少信息流失，准确把握教材的内容情感，就要使教学语言生动活泼，具有艺术性，即具有情感性、形象性、通俗易懂性、抑扬顿挫，从而集知识与趣味于一体，增强教学的感染性，提高教学效率。

情感性是指教师用饱含深情、充满激情的教学语言去表达对自然、对社会、对书本知识、对学生的理解与感受。书本知识不表现感情，但它蕴涵着美、蕴涵着思想感情，文学有文学的美、哲学有哲学的美、数学有数学的美……教师若能发掘、提炼这些美，并能用“动于中、形于外”、声情并茂的语言表达出来，课堂教学就有感染力，就能叩击学生的心弦，点燃学生智慧的火花，引起学生的共鸣，从而激发学生的学习兴趣，提高教学效果。

形象性是指教师上课的语言要生动活泼、直观形象，借助于学生已有的生活经验、知识储备，通过形象的语言，使学生获得生动的表象和联想，增强直接经验，缩短直接经验与间接经验之间的距离，并在此基础上，进行分析、综合、抽象、概括，形成科学概念。机械的、呆板乏味的从理论到理论、从概念到概念、使人感到玄而又玄的说教式的教学语言，是最无效的，也是不可取的。

通俗易懂是指教师上课要深入浅出、明白流畅、平易近人，用大众化的语言。学生每天都要学习间接的书本知识，要接触大量的概念、原理、公式、定律，这些知识既是教学的重点，也是教学的难点。如果教师在进行课堂教学时从抽象到抽象，从难点到难点，充满了新的名词、概念、学术用语，必然使学生感到晦涩难懂，影响教学目标的实现，也使学生丧失了学习的积极性。年轻教师往往会比较多地重视讲课的科学性、逻辑性，而忽视了深入浅出、通俗易懂，而这一点恰是对教师更高层次的要求。通俗易懂要求教师课堂用语要规范——讲普通话，减少口头习惯语（嗯、啊、这个、那个等），不生造词语，符合语法习惯，同时还要注意“通俗”不等于“庸俗”，杜绝群众日常口语中的糟粕进入课堂，保持教师的形象。

抑扬顿挫、张弛有度的教学语言主要表现在两个方面，一是语调，二是节奏。所谓“语调”是指语音的高低、强弱、轻重缓急。一般情况下，教师课堂教学应该声音宏亮、语音标准、吐词清晰、音色圆润、音量适中、平直自然，但也要根据内容要求、表达上的感情需要，有高有低，抑扬起伏，错落有致。首先，主要内容、重点难点要加强语气、高亢、字正腔圆，一句一顿，句句入耳，必要时还要适当重复，给学生留下突出印象。而对于那些非重点的、次要的、学生一听即懂的地方，只需轻描淡写，一带而过。这是文理科教学都常用的。其次，为了准确地表达教材内容的思想感情，要运用语调变化。一般地说，高音常用来表示兴奋、喜悦或恼怒，低音则常用来表示平静、舒缓或忧郁、悲伤的情感。愉快时应当语调明快轻松；愤怒时则应语沉字重，铿锵有力；悲壮时则低沉厚重。教师要精神饱满，语调随教材内容思想感情的变化而变化。

所谓"教学语言的节奏"是指教师语速的快慢、节拍的强弱、力度大小的交替交换，以及句子长短抑扬有规律的变化。鲜明的节奏，增强了语言的形象性、表现力、感染力。

讲话速度太快，学生应接不暇，大脑皮层来不及对信息进行分析处理，造成理解障碍，听不清楚，也无法做笔记。讲话速度太慢，则使前后信息脱节，使学生的大脑活动处于等待状态，则会使学生急不可耐，那种一字一顿，半天才能说完一句话，会使学生注意力涣散。理想的速度是班上绝大多数学生都能听明白，都能思考，都能做笔记。

三、体态语言的特点和要求

体态语言也称"非语言表达"或"非语言行为"，主要包括眼神、手势、头姿、步态、表情、仪表等等。在课堂教学中，无声语言和有声语言（口头语言）一样，起着传情达意、沟通心灵的作用，它是口头语言的重要补充，起辅助作用，有时还能对那些"不可言谈，只可意会"、"一切都在不言中"的意境起特殊作用。恰当地运用无声语言，是教学具有艺术性的表现，也是课堂有成效的表现。心理学的研究表明，信息交流的总效果＝7％的言语＋38％的音调＋55％的面部表情。可见像面部表情这样的无声语言在有效的课堂教学中占有十分重要的位置。课堂教学中无声语言的特点和要求是：

（一）简朴、大方、适时——仪表语汇美

仪表语汇是指教师外表等所传达的信息。仪表是学生对教师的第一印象，俗话说第一印象很重要，那些穿戴整洁、合体、简朴大方、合乎潮流、不落俗套、略有新意的老师，当然为青少年学生所接受、所欣赏。教学是一门艺术，但教师不同于一般演员，用不着浓妆艳抹，珠光宝气，油头粉面，场场更新。要知道，教师是人类灵魂的工程师，有一定的社会形象，同社会上其他服务性、窗口性行业不一样，教师的形象、魅力美是深层次的、永久的，取决于教师自身的"实力"。当然，教师的服饰、发型虽不需领导"新潮流"，但也要适时，不落伍，不需要一天三变，但也要有新意，美丽、漂亮、帅气、酷，必要时化个淡妆，这也是当今青少年对班主任、任课教师的要求。

（二）认真、真实、和蔼、自然——表情语汇美

"做教师的绝不能够没有表情，不善于表情的人就不可能做教师"。[①] 表情即面部表情，是教师在与学生交流过程中面部呈现的状态，是"由脸的颜色、光泽、肌肉的收与展，以及脸面的纹路和脸部各器官的动作所组成的"。[②] 它的每一个细节的变化、组合，都蕴涵着教师的喜怒哀乐。教师的脸部表情往往是学生注意力最集中的地方，表情所表达的信息对学生的心理和行为都会产生重要的影响。因此，教师要学会恰当地运用表情语汇。

① ［苏联］马卡连柯：《论共产主义教育》，第442页，北京：人民出版社，1954。
② 黄甫全主编：《现代教学论学程》，第391页，北京：教育科学出版社，1998。

教师的表情要自然、真实，就是指这种表情不是死板的、机械的、装腔作势的、矫揉造作的，而是灵活的、表里一致的真实自然流露。正所谓"清水出芙蓉，天然去雕饰"。教师应该把"形与色"的外部表情与真实的内心体验结合起来，该喜则喜、该怒则怒、该哀则哀、该乐则乐，使学生在接收到教师由眼角、嘴角、额头、面部肌肉收展等传递出来的各种表情信息后，迅速调整自己的心理和行为，跟上教学节拍和要求。对待不同性格的学生应该有不同的表情。

喜怒哀乐各有特色和功能，但是一般情况下，教师的面部表情是亲切和蔼、和颜悦色的，那种因工作忙、累，或生活中的哀愁、不愉快而整天拉着长脸和板着面孔的教师，非但不能很好地完成任务，还会造成学生的压抑、恐慌，甚至是抵制、对抗。

(三)镇定、信任、相通——眼神语汇美

眼睛是心灵的窗户，眼神即眼睛的神态，是人的内心世界自然的、最敏捷的流露。有调查问学生："当新教师走进教室，你首先注意的是什么？"结果62%的学生回答是，注意新教师的眼睛。①

课堂教学中教师的眼神是多种多样的，它所传递的信息和情感也是多种多样的。关注的是看，冷漠的是瞥，热切的是凝视，讨厌的是冷眼，睁大眼睛是惊喜或惊讶、叹息，眯成小眼是沉思、追忆、联想，眼神可以用来表示表扬、赞同、默许、期望、信任，也可以用来表示批评、反对、否定、怀疑。教学中，教师的眼神首先应该是沉着、镇定、自信的，对待学生是激励、期望、信任的。

所谓"相通"是"心有灵犀一点通"，师生双方，通过眼神、语汇进行心灵的碰撞与交汇。在长时间的教学活动中，学生自然读懂教师的眼神：微笑的眼神使学生感到温暖；沉重、镇定的眼神使学生感到安全；信任的眼神使学生感到鼓舞；不满的眼神使他们内疚、不安，教师要用好这些眼神语汇的艺术。同样，有经验的老师也能读懂学生的眼神："闪光兴奋，视线始终聚焦教师，是学生对教学内容感兴趣；漫不经心，两眼轴分开，是不感兴趣、开小差；目光呆滞，视线旁落可能是学生疲劳或学习出现障碍。"教师应该根据学生眼神反馈来的信息迅速调整改进教学，保证教学质量。

另外，教师运用眼神的方法可以有环视(速度转动)—扫视，点视(目光集中，严肃认真的)—虚视("视而不见"、目光不盯在某一点上)，正视—斜视，俯视—仰视等等。这一切都可根据教学对象、教学内容、教师自身条件、风格灵活运用。

(四)明快、从容——举止语汇美

举止语汇主要是指教师通过举止和动态的身体姿势，如手势、头姿、身姿等来表达一定的信息和感情。也有人称举止为"体态"。

举止语汇是教师个人修养和个性的外在表现，也是教师展示美、展现个人风度的重要方面。亲切明快的头姿、准确协调的手势、生气勃勃的步姿，都能有效地配合有声语言和其他无声语言超常地发挥作用。

头姿语汇：是教师用点头、摇头、低头、仰头、头向一侧倾斜等等来表达知识信息和教师内心的心理体验。一般地说，点头表示肯定、赞许；摇头表示错误、否定；低头表示若有所思；侧倾斜表示细心倾听；仰起头往往能够表现出一种气节和风度等等。巧妙地用头姿语汇能

① 转引自王松泉《教学艺术论新编》第63页，海南出版社，2000。

加深学生对知识的掌握。

手势语汇：手势语汇是教师举止（体态）语汇中应用最多、最灵活、含义最多的一种。用手势语汇来辅助教学大体有三类：一是辅助表情达意，如双手（或单手）由腰部往上、向上、向外动作（不超过肩）；二是指示手势。用来指人、指物、指黑板、指点某一部位，从而使学生集中注意，观察准确；三是形象手势，用手或手臂的运动来形容表现某一讲述对象，如形容、表现形状大小各异的水果（西瓜、苹果、黄瓜等等）。

有人研究教师的手势分解出的主要动作，大致有"点"和"划"。"点"：借助一手指，点空（集中注意）、点实（点人、点物、点黑板），"划"：有比划（用特定的动作来表示某一空间形式或数字）和划空（是教师用手指或手在空中画出的种种线条，传送着不同的教学信息）。教师可以结合自己的教学实践体会其用法。

除了点、划，还有"压"，是用来传送压力、焦虑、挤压等信息；"擘"用来传送富有感情色彩和顽强意志力色彩的信息，如：激愤、决心、决断、誓言等；"挥"表示轻蔑（手势位置低）；惜别（手势位置稍高、慢）；展现宏图，预示光明（手势位置最高，动作轻快而有力）。①

身姿，教学中的身姿主要是站姿和步姿。在课堂教学中，站姿最能体现教师的精神风貌和必胜信心。因此对身姿的要求是抬头、两眼平视，微微收腹、挺胸，两腿自然分开，重心稳定。直面学生，板书时背对学生。指点黑板，讲解时稍侧向黑板，切忌脚蹬墙壁，背靠黑板，趴在讲台上无精打采。要给学生自信、进取、端庄的感觉。

步姿，是指某教师在课堂上走路的姿态。上课铃声落的时候教师应该面向全体学生，站在教室门口，然后转身走上讲台。教师讲解课文时，一般应站在讲台的位置，尽量少地在讲台上来回走动，必要时教师可以巡视于学生中间，巡视时，稍稍收腹、挺胸、步履轻盈，有节奏，传递给学生的信息是生气勃勃，灵活，有朝气。

① 吴也显主编：《教学论新编》，第497页，北京：教育科学出版社，1991。

第三章　课堂教学实施技能

第一节　提问技能

提问技能是教师提出问题的方法，是通过师生的相互作用，检查学习、促进思维、巩固知识、运用知识、促进学生学习，实现教学目标的一种教学行为方式。我国古代教育家孔子认为教学应“循循善诱”，运用“叩其两端”的追问方法，启发、引导学生从事物的正反两方面去探求知识。古希腊哲学家苏格拉底使用“产婆术”的方法进行教学，通过不断地提问让学生回答，找出学生回答中的缺陷，使其意识到自己结论的荒谬，通过再思索，最终得出正确的结论。

一、提问技能的功能

对学习者来说，学习过程实际上是一种提出问题、分析问题、解决问题的过程。教师巧妙的提问能够有效地点燃学生思维的火花，激发他们的求知欲，并为他们发现、解决疑难问题提供桥梁和阶梯，引导学生去探索达到目标的途径，使之在获得知识的同时，也增长了智慧，养成勤于思考的习惯。其主要功能如下：

(1)引起兴趣与注意。提问能够激发学生的好奇心，使学生产生探究的欲望，迸发学习的热情，产生学习的需求，进入“愤悱”状态。

(2)诊断与检查。提问过程是教师“教”与学生“学”的双向过程。教师通过对学生回答问题情况的了解，检查他们对有关问题的掌握情况(包括理解情况、记忆情况、运用情况等)，便于教师和学生及时把握教与学的效果，调整教学方式和学习方式。提问还是教师诊断学生学习是否困难的有效途径。

(3)回忆具体知识和信息。提问能帮助学生复习巩固所学的知识和技能，提示教学重点、难点，促进学生对教材内容的记忆。

(4)课堂提问可以活跃课堂气氛，促进师生之间的情感交流，吸引学生的注意，有助于课堂教学活动的顺利进行。因此，提问是进行课堂教学管理、维持良好课堂秩序的常用手段之一。

(5)激发更高层次的思维活动。课堂提问能引起学生的认知矛盾，并给学生适宜的紧张度，从而引发学生积极思考，引导学生思维的方向，扩大思维的广度，加大思维的深度。

(6)对学习活动进行组织和重新导向。新课开始或更换教学内容时的提问可以使学生的注意力迅速朝老师指导的方向前进，实现注意的转移，使教与学同步发展。同时在学生比较疲劳的时候，在所学知识有一定难度的时候，提出一些轻松活泼的、具有思考价值的问题，不仅能够激发学生获取新知识的兴趣，而且为其进一步学习做好铺垫。

二、课堂提问的类型

有效的问题是学生能积极回答并积极参与的问题。

(一)封闭性问题与开放性问题

问题可以是意义广泛的，也可以是意义狭窄的；可以激发具体的、有限的回应，也可以激发一般的、开放的回应。

(1)封闭性问题。封闭性问题是指将回答限定在一个或少数几个答案之内的问题。对于这类问题,学习者已经读过或听过它的答案,因此,只需要回忆某些知识点。课堂研究结果表明,课堂上提出的封闭性问题要比开放性问题多得多,其比例大约为 4∶1。

(2)开放性问题。开放性问题指能激发一般的、开放性的回应但没有唯一答案的问题。这种问题的回答需要花费更多的时间。研究表明,高层次的开放性问题并不能导致标准化成绩测试中成绩的提高,但可以培养学生分析、综合和评价的技巧,而这些正是成人生活中常用的技巧。

(二)识记性提问、理解性提问、应用性提问、分析性提问、综合性提问、评价性提问

将提问按照不同的认知复杂性分类,是一种最常见的分类系统。按照认知行为复杂性可分为以下六个层次:识记、理解、应用、分析、综合、评价。

(1)识记性提问。识记性提问是考查学生概念、字、词、公式、法则等基础知识记忆情况的提问方式,是一种最简单的提问。对于这类提问,学生只需凭记忆回答。一般情况下,学生只是逐字逐句地复述学过的一些内容,不需要自己组织语言。简单的识记性提问限制了学生的独立思考,没有给他们提供表达自己思想的机会。因此,课堂提问不能局限在这一层次上。在识记性提问中,教师通常使用的关键词:“谁、是什么、在哪里、什么时候、有哪些、写出”等。

(2)理解性提问。理解性提问是用来检查学生对已学知识及技能的理解和掌握情况的提问方式,多用于某个概念、原理讲解之后,或学期课程结束之后。学生要回答这类问题必须对已学过的知识进行回忆、解释、重新组合,对学习材料进行内化处理,组织语言然后表达出来,因此,理解性提问是较高级的提问。学生通过对事实、概念、规则等的描述、比较、解释等,究其本质特征,从而达到对学习内容更深入的理解。在理解性提问中,教师经常使用的关键词是:请你用自己的话叙述、阐述、比较、对照、解释等,如:“你能说明两次国共合作的历史背景有什么不同吗?”

(3)应用性提问。应用性提问是检查学生把所学概念、规则和原理等知识应用于新的问题情境中解决问题的能力水平的提问方式。在应用性提问中,教师经常使用的关键词是:“应用、运用、分类、分辨、选择、举例”等。例如:运用所学过的面积公式,计算你家里的面积。

(4)分析性提问。分析性提问是要求学生通过分析知识结构因素,弄清概念之间的关系或者事件的前因后果,最后得出结论的提问方式。学生必须能辨别问题所包含的条件、原因和结果,以及它们之间的关系。学生仅靠记忆并不能回答这类提问,必须通过认真的思考,对材料进行加工、组织,寻找根据,进行解释和鉴别才能解决问题。这类提问多用于分析事物的构成要素、事物之间的关系和原理等方面。在分析性提问中,教师经常使用的关键词是:“为什么、哪些因素、什么原理、什么关系、得出结论、论证、证明、分析”等。例如:《詹天佑》一文讲解完后,设计这样一个问题:本文写詹天佑修筑京张铁路的事迹,表现了他是一个爱国工程师,为什么却用很大篇幅写帝国主义的阻挠和自然条件的恶劣,这与文章表现的主题有什么关系?

(5)综合性提问。综合性提问是要求学生发现知识之间的内在联系,并在此基础上让学生对教材内容的概念、规则等进行重新组合的提问方式。这类提问强调对内容的整体性理解和把握,要求学生把原先个别的、分散的内容,以创造性方式综合起来进行思考,找出这些

内容之间的内在联系，形成一种新的关系，从中得出一定的结论。这种提问可以激发学生的想象力和创造力。在综合性提问中，教师经常使用的关键词是："预见、创作、假如……会……、如果……会……、结合……谈……、根据……你能想出……的解决方法、总结"等。例如：假如《项链》中的玛蒂尔德没有把项链弄丢，你推测舞会后她的生活会发生变化吗？会有什么变化？

(6)评价性提问。评价性提问是一种要求学生运用准则和标准，对观念、作品、方法、资料等作出价值判断，或者进行比较和选择的一种提问方式。这是一种评论性的提问，需要运用所学内容和各方面的知识和经验，并融进自己的思想感受和价值观念，进行独立思考，才能回答。它要求学生能提出个人的见解，形成自己的价值观，是最高水平的提问。在评价性提问中，教师经常使用的关键词是："判断、评价、证明、你对……有什么看法"等。

三、课堂提问的基本要求

(一)目的明确

教师设计问题时，应该服务于教学目标、教学内容，每个问题的设计都是实现特定的教学目标、完成特定的教学内容的手段。提问要从学生的实际情况出发，符合学生的年龄特征、认知水平和理解能力。有针对性的设问要求：问题的难易要适度，符合学生的"最近发展区"；面向全体学生，使多数学生参与，适当兼顾"两头"，并考虑某些特殊学生的个性特点。

(二)明确提问

提问是要启发大多数学生的思维，引发大多数人思考。教师应该针对不同水平的学生提出难度不同的问题，使尽可能多的学生参与回答，实现全体学生都能在原有基础上有所提高的目的。发问应简明易懂，并不重复，以免养成学生不注意教师发问的习惯。若某个学生没有注意到教师所提问题，可以指定另一个学生代替老师提问。如果学生不明白问题的意思，教师可用更明白的话把问题重复一遍。

(三)启发诱导

当学生疑惑不解、各执己见、思维局限，无法顺利实现知识迁移时，教师可进行启发诱导。启发诱导可从联系旧知识入手进行启发，或对比启发，或把握教材的内在逻辑关系，逐步提问引导。

(四)归纳总结

学生回答问题后，教师应对其发言作总结性评价，并给出明确的答案，使他们的学习得到强化。必要的归纳和总结，对知识的整合、认识的明晰与深化、问题的解决以及学生良好思维品质与表达能力的形成，都具有十分重要的作用。

四、提问的注意事项

(一)提问应兼顾各种类型的问题

最近英美研究表明，在每五个问题中，有三个需要回忆知识点，一个是课堂管理性的，一个是要求更高层次的思维活动。这种回忆性问题和思考性问题的比例不平衡是让人担忧的。因为，在成人生活工作中要求最多的行为——那些认知层次更高的分析、综合、评价能力，在课堂上是最易被忽视的行为。不同类型的问题可用于培养学生不同的能力。在促进学生思维发展方面，问题的质量要比问题的数量更重要。如果教师所提问题的答案显而易见，缺乏挑战性，即使学生回答得再积极，这样的问题再多，学生的思维也难有更大的发展。

问题太多，学生往往把握不住教学重点。因此，教师应对提出的问题反复推敲，做到少而精。一般来说，在一节课中，教师提问不宜过多，以提三至五个能真正触发学生思考、反映教学重点的关键性问题为宜。

（二）忌将提问作为惩罚的手段

不要使用问题作为一种惩罚或让学生尴尬的手段。这种行为不仅不能改变学生的不当行为，还会影响学生对问题的看法与态度。

（三）提问要给学生充分的准备

问题提出后，不要在还没有作出探询之前就自己给问题作出回答，应等待至少3秒钟，更长的等待时间被认为能导致更长更自愿的、行为复杂性更高的回答，是对学生的回答有更大的信心。不要阻止学生把答案说完，即使是错误的回答。应该以部分正确或错误的回答为基础，激发进一步澄清、启发新的信息，或对回答进行重新导向。

第二节　讲授技能

讲授是课堂教学中最主要的教学方式，讲授技能是最基本的教学技能之一。

一、讲授技能概述

讲授是一种以教师为中心，由教师运用口头语言来提供信息，通过叙述、描绘、解释、推论等尽可能直接的方式把事实、规则和动作序列传达给学生的教学方式。

（一）讲授的特点

讲授是最有效地实现事实、规则和动作序列的教学方式，可以高效系统地传递知识，能较好地发挥教师的主导作用。中小学和大学课堂中“讲授”的概念有相当大的差别，中小学生的注意力、兴趣水平和动机与大学生不同。因此，中小学课堂中的讲授既不是长篇独白，也不是针对学生感兴趣的问题展开的开放自由的讨论。它是教师严格控制下的快节奏、高度条理化的师生互动行为，只关注获得教学目标中的一系列事实、规则或动作序列。

讲授适合于认知、情感和动作技能领域中较低水平的行为，把处于识记和理解水平的事实、规则、动作序列组合起来，通过学生观察、机械重复和练习来学习。这一类型的学习结果一般有唯一的“正确答案”，能通过记忆和练习来学习。讲授不适合于认知领域中较高水平的分析、综合和评价等，以及须学习者长期投入的逐步学习的内容。在一些更加真实的任务学习中，包括解决问题、批判性思考和作出决定等，讲授的效率就较为低下或者没有效果。

二、讲授的基本形式

讲授通常有讲述、讲解、讲读和讲演四种基本形式。

（一）讲述

讲述是指教师用生动形象的语言，对教学内容进行系统的叙述或描述，从而让学生理解和掌握知识的讲授方式。

（二）讲解

讲解是指教师对教材内容进行解释、说明、阐述、论证的讲授方式，通过解释概念含义，说明事理背景，阐述知识本质，论证逻辑关系，达到使学生理解和掌握知识的目的。与讲述不同的是：讲解不是讲事，而是讲理，侧重于发展学生的逻辑思维能力。

（三）讲读

讲读是在讲述、讲解的过程中，把阅读材料的内容有机结合起来的一种讲授方式。通常是一边读一边讲，以讲导读，以读助讲，随读指点、阐述、引申、论证或进行评述。这种讲授方法在语文教学中较为常用。

（四）讲演

讲演是讲授的最高形式。它要求教师不仅要系统而全面地描述事实、解释道理，还要通过深入的分析比较、综合概括、推理判断、归纳演绎等抽象思维手段，得出科学的结论，让学生理解和掌握理论知识，形成正确的立场、观点和方法。

三、讲授的基本要求

（一）讲授要准备充分

准备讲授，最重要的是理清思路。所谓“思路”是指认识客观规律的思维过程，它反映本学科的规律与人的认识规律的统一。教师应对讲授内容作全面的分析和把握，做到准备充分，力图将系统的知识呈现给学生。应当指出，教师是否具备广博的知识、开阔的思路、独特的见解，直接影响讲授的效果。

（二）讲授要简洁

教师应使用简洁明快、既准确又精练、既有逻辑性又有概括性的语言进行知识传授。这就要求教师对教材的书面语言进行加工、提炼、斟酌，用最简练的语言表达最丰富的内容，使每一个字、每一句话都起到相应的作用，只有这样，才能启迪学生的思维活动。

历史教学讲鸦片战争，分析鸦片输入对我国的危害时，有位教师概括：“鸦片输入，使我国国贫、民穷、兵弱。”将教科书中洋洋数千字简缩为十几字，可谓言简意赅、言不虚发，学生听起来带劲，印象深刻。

（三）讲授要通俗

学生听得懂、听得明白，才有可能接受和掌握教师所讲授的内容。因此，讲授过程中传递的信息必须符合学生的知识背景。教师在选择例子和证据时，应做到适合学生的年龄特征和经历，尽可能选择学生比较熟悉的事物，使他们容易把这些事物与即将学习的知识联系起来，顺利实现新旧知识的迁移。由于教师的教学对象是生活阅历不深、文化知识正处于打基础阶段的学生，如果讲授的语言过于深奥，学生就很难听懂，从而影响对知识的理解和吸收。因此，教师的语言表达应通俗易懂。

（四）讲授要和谐

在讲课过程中，教师应注意语速、语调、响度等的科学运用，并根据学生的反应，及时作出相应的调整。在确定基本的速度和音量后，语音的高低、强弱、快慢和停顿还应根据教学内容有一些变换、起伏，以吸引学生。一般而言，教师在讲授时应该声音洪亮，吐字清晰，发音规范，节奏适宜，语调平直自然，但也要根据内容要求、感情表达的需要，适当改变，做到抑扬起伏，错落有致，恰当的语调是达到教学语言和谐的一个重要因素。

（五）与板书相配合，可以更好地发挥讲授的作用

板书的基本内容包括图画、文字、公式和表格。板书内容一般都是教学内容的重点、难点，教师利用讲授对精心设计的板书内容加以点拨、讲解。

第三节 板书技能

板书是教师上课时为帮助学生理解、掌握知识，在黑板上书写的简练的文字、图形、符号等，它是用来传递教学信息的一种言语活动方式，又称为“教学书面语言”。板书以其简洁、形象、便于记忆等特点，深受教师和学生的喜爱。板书在课堂教学中与讲授相辅相成，是教师向学生传递教学信息的重要手段。板书技能也是教师必须掌握的一项基本教学技能。教师在精心钻研教材的基础上，根据教学目的、要求和学生的实际情况，经过一番精心设计而组合排列在黑板上的文字、数字以及线条、箭头和图形等适宜符号称之为“正板书”，通常写在黑板中部突出位置。一般把在教学过程中随讲、随写、随擦，写在黑板两端的一些辅助性文字、数字等符号称为“副板书”。这里主要介绍正板书技能。①

一、板书的功能

精心设计的板书浓缩着教师备课的精华。直观的板书，可以补充教师语言讲解的不足，展示教与学的思路，帮助学生理清教学内容的层次，理解教学内容，把握重点，突破难点。它能够启发学生的智慧。在课内有利于学生听课、记笔记，在课后有利于学生复习巩固、进一步理解和记忆。并能给学生以美的享受，对学生产生潜移默化的影响。板书还便于教师熟记教学的内容和程序。

（一）把握重点，突破难点

教师要根据教学内容和各学科的特点设计板书，板书的内容通常为教学的重点、难点，并且在关键的地方可以标志，比如用不同颜色的笔书写和绘画。围绕教学重点和难点设计的板书，以书面语言的形式，简明扼要地再现事物的本质特征，深化教学内容的主要思想，有助于学生理解和把握学习的主要内容。

（二）有助于集中学生的注意力，引发思考

板书、板画在文字、符号、线条、图表、图形的组合和呈现时间、颜色差异等方面的独特吸引力，能够吸引学生的注意力，激发学习兴趣，并且使学生受到艺术的熏陶和思维的训练。同时，板书、板画使学生的听觉刺激和视觉刺激巧妙结合，避免由于单调的听觉刺激导致的疲倦和分心，兼顾学生的有意注意和无意注意，从而引导和控制学生的思路。中小学生的思维以具体形象思维为主要形式，因而教学必须遵循直观性原则。富有直观性的板书，能代替或再现教师的演示，启发学生思维。好的板书，能用静态的文字，引发学生积极而有效的思考活动。

（三）概括要点，便于记忆

教师的板书反映的是一节课的内容，它往往将所教授的材料浓缩成纲要的形式，并将难点、重点、要点、线索等有条理地呈现给学生，有利于学生理解基本概念、定义、定理，当堂巩固知识。教师板书的内容往往就是学生课堂笔记的主要内容，这无疑对学生的课后复习起引导、提示作用。

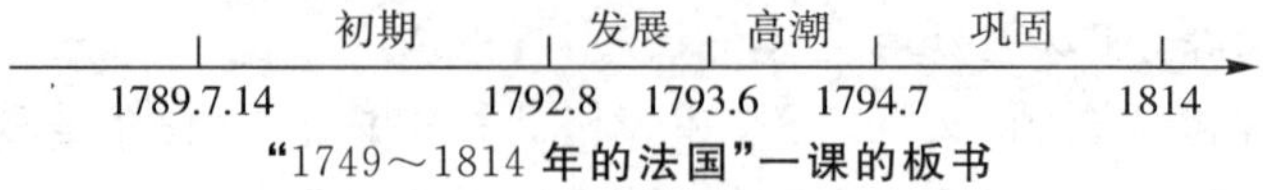

“1749～1814 年的法国”一课的板书

① 王洪录：精品课程《现代教学技能》。http://broadcast.chsnenu.cn/oldweb/edu/chapter/ch03.asp.

这则板书精练简要，清晰地呈现教学内容，便于学生理解、记忆。

（四）有助于学生疏理文章脉络或教学内容的发展线索

一则好的板书，常常以精练的文字辅以线条、箭头等符号，将教材的重要内容及作者的思路，清晰地展现出来。

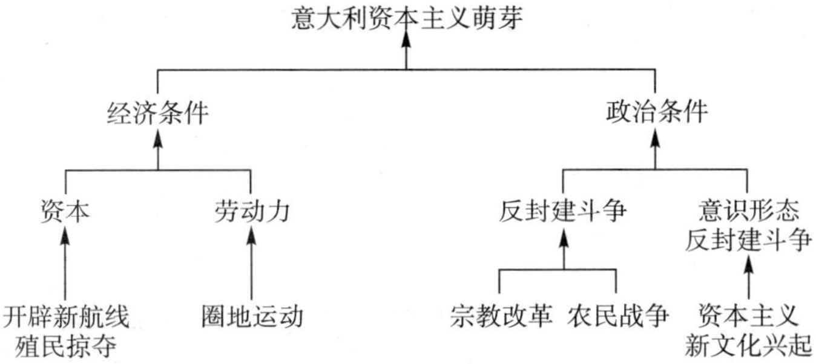

（五）规范、正确的板书能为学生作出示范

教师工整、优美的板书经常是学生书写（包括字体风格、列解题步骤等书写内容、运笔姿势等）的模仿典范。心理学认为，使学生获得每个动作在空间上的正确视觉形象（包括其方向位置、幅度、速度、停顿和持续变化等），对许多动作技能的形成是十分重要的。在学生看来，教师的板书就是典范。因此，教师在黑板上写字、画图，使用圆规、直尺绘图及解题时都应规范、正确。

二、板书的类型

板书的形式随教学目标、教学内容、学生的年龄特征及学习特点的不同而不同。选择适当的板书类型是增强教学效果的重要一环。常用的板书类型主要有以下几种：

（一）提纲式

提纲式板书，运用简洁的重点词句，分层次、按部分地列出教材的知识结构提纲或者内容提要。这类板书适用于内容比较多、结构和层次比较清楚的教学内容。提纲式板书的特点是：条理清楚、从属关系分明，给人以清晰完整的印象，便于学生对教材内容和知识体系的理解和记忆。

植物学《光合作用》第二节的板书：

三、光合作用的实质

1. 公式：

$$\text{二氧化碳＋水}\xrightarrow[\text{叶绿体}]{\text{水}}\text{淀粉＋氧气}$$

（原料）　（条件）　（产物）

2. 实质：

物质转化过程：无机物→有机物

能量转化过程：光能→贮藏在有机物中

四、光合作用的意义

五、外界条件对光合作用的影响

六、光合作用的原理在农业生产上的应用

（二）关键词式

关键词式板书通过摘录、排列教学内容中几个含有内在联系的关键性词语，将教学的主要内容、结构集中地展现出来。它的特点是简明扼要，富有启发性，能够引起学生连贯性的思考和对教学内容的整体把握与理解，有利于学生思维能力的培养。

小学语文第四册第2课《骄傲的孔雀》一文的板书：

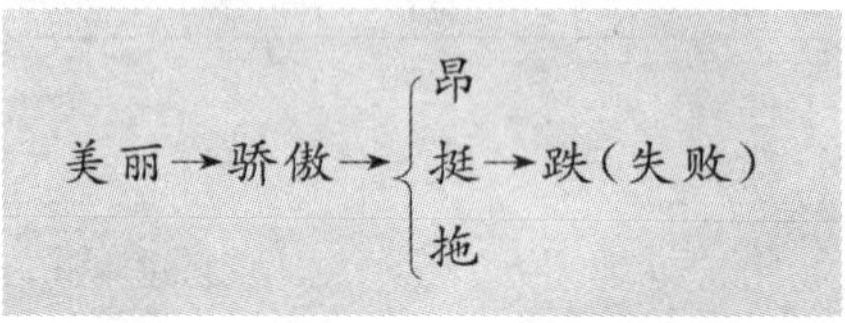

（三）表格式

表格式板书是将教学内容的要点与彼此间的联系以表格的形式呈现的一种板书。它是根据教学内容可以明显分项的特点设计表格，由教师提出相应的问题，让学生思考后提炼出简要的词语填入表格，也可由教师边讲解边把关键词语填入表格，或者先把内容有目的地按一定位置书写，归纳、总结时再形成表格。这类板书能将教材多变的内容梳理成简明的框架结构，增强教学内容的整体感与透明度，同时还可以加深对事物的特征及其本质的认识。

数学质数、质因数、互质数相对比的板书

	说　明	举　例
质　数	只能被1和它本身整除，只看它本身	2、3、5、7
质因数	具有双重身份，本身是质数，又是一个合数的因数	30＝2×3×5
互质数	互质数几个数的最大公约数是1，但这几个数的本身不一定是质数	4和17，8和9

（四）关系图式

关系图式板书是借助具有一定意义的线条、箭头、符号和文字组成某种文字图形的板书方法。它的特点是形象直观地展示教学内容，能将分散的相关知识系统化，便于学生发现事物之间的联系，有助于逻辑思维能力的培养。

《东郭先生和狼》一文的板书，见下图

东郭先生和狼

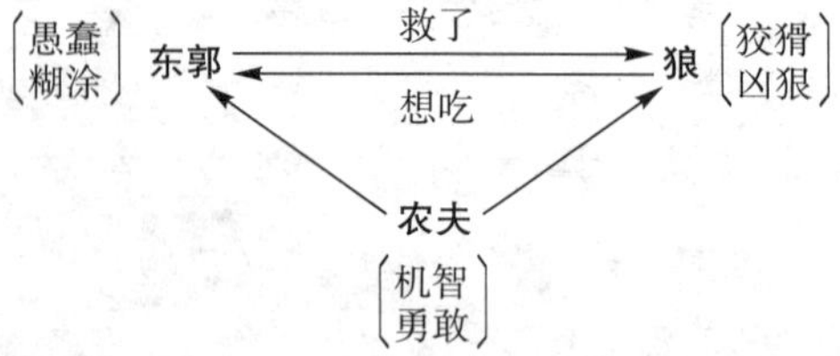

（五）图文式

教师边讲解边把教学内容所涉及的事物形态、结构等用单线图画出来（包括模式图、示意图、图解和图画等），形象直观地展现在学生面前。这种板书图文并茂，容易引起学生的注意，激发其学习兴趣，能够较好地培养学生的观察能力以及思维能力。

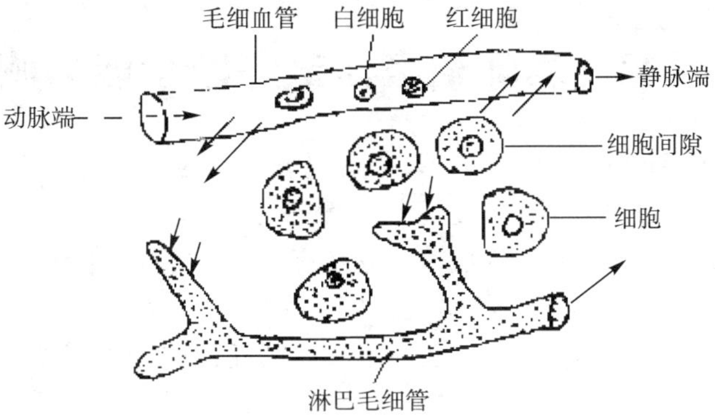

教师在讲解循环系统时的淋巴形成示意图

三、板书的基本要求

（一）目标明确，针对性强

板书是为一定的教学目标服务的，偏离了教学目标的板书是毫无意义的。设计板书之前，必须认真钻研教材，明确教学目标，只有这样，设计出来的板书，才能准确地展现教材内容，真正做到有的放矢。另外，针对性还要求板书从教材特点、课型特点和学生特点出发，做到因课制宜、因人制宜。

（二）语言正确，科学性强

这是从内容上对教师的板书提出的要求。板书的用词要恰当，语言要准确，图表要规范，线条要整齐美观。板书要让学生看得懂，引发学生思考，避免由于疏忽而造成意思混乱或错误。

（三）书写规范，示范性强

板书是一项直观性很强的活动，教师的板书除了传授知识外，还会潜移默化地影响学生的书写习惯。因此，教师的板书应该规范、准确、整齐、美观，切忌龙飞凤舞、信手涂抹，不倒插笔，不写自造简化字，一字一句，甚至标点符号都要有所推敲。板书还应保证全体学生都看清楚，字的大小以后排学生能看清为宜。此外，在保证书写规范的同时，还应有适当的书写速度，尽量节省时间。

（四）重点突出，条理性强

板书要引导学生把握教学重点，全面系统地理解教学内容。因此，教师的板书要依据教学进程、教学内容的顺序与逻辑关系，做到重点突出，详略得当，条理清楚，层次分明，力争在有限的课堂时间内，使学生能够纵观全课、了解全貌、抓住要领。为此，教师应根据教学要求进行周密计划和精心设计，确定好板书的内容、格式，这样在教学时才能有条不紊地按计划进行。

（五）形式多样，趣味性强

好的板书设计会给学生留下鲜明深刻的印象，提供理解、回忆知识的线索。充满情趣的板书设计，好像一幅生动美丽的图画，给学生以美的享受，拨动他们的心弦，激起他们浓厚的学习兴趣，加深对教学内容的理解和记忆，增强思维的积极性和持续性。在课堂教学中，教师应该根据教学的具体内容和学生思维的特点，运用好板书。

第四章　教师招考面试与教学能力测试

教师招考一般包括笔试与面试两个环节。笔试一般包括综合知识，教育理论、教育法规、新课程与教师素养，学科专业知识以及学科教学法等基本内容，作为招聘专业教师的笔试，其理论部分的考核应立足于一名教师所应具有的知识素养，关注教育理论的实践性，关注学科知识的基础性。面试环节一般采用无生上课或说课以及答辩的形式，目的在于对招考教师的教育教学能力进行考核，以及在规定时间的面试交往中对招聘人员的教学交往能力以及品德和心理素质等有一个初步的直观的感知。

第一节　无生上课

一、无生上课概述

（一）无生上课的缘起

大多数应聘者有过这样的经历，在师范院校毕业前，大都要到中小学去进行教育教学见习、实习。实习阶段，在上课之前必须撰写教案，经实习指导老师同意后，还要在实习小组内进行“试讲”，听课者是同组的同学和实习指导教师。“试讲”之后，同学们要提出自己的意见和建议，指导教师要进行全面的指导和细致的指点。之后，进行教案的再修改，甚至再进行“试讲”，直至指导教师准许正式上课为止。“无生上课”的产生，大概与此有关（把向同学提问、同学互助、充当学生的那部分内容变成自问自答，就是无生上课）。

在微格教学课堂中，十几名师范生或进修教师，轮流扮演教师角色、学生角色和评价员角色，并由一名指导教师负责组织指导，一名摄像操作人员负责记录（可由学员担任）。一次教师角色扮演约为5～15分钟，并用摄像机记录下来，评价员填写评价单。角色扮演之后进行反馈和评价，修改教案后重新进行角色扮演。“无生上课”与微格教学的角色扮演环节相似。

（二）无生上课的含义与类型

无生上课是指教师在备课的基础上，面对领导、同行或评委，在无学生的状态下模拟师生双边的具体教学过程，主要是用来评比、研究与提高教师教学能力与水平，是教师教学研究和教学研讨及评比等活动的一种形式。通俗地说，就是在没有学生的情况下，老师设计好语言（包括口头语言与体态语），然后模仿实际的课堂教学进行上课，老师好比在表演独角戏。

由于使用的目的不同，无生上课一般分为教学研究型与选拔评比型两种。教学研究型无生上课，指通过上课研修教学实践，引导教师进行课堂教学设计，培训教师的课堂教学技能和反思、诊断技能等，目的在于培养教师、促进教师成长；选拔评比型无生上课，是教育主管部门、教研部门和学校在选招新教师或评比教学能手等时，为了全面考核参加者的教学能力而采用的一种方式，常与课堂教学设计（写教案）和教学答辩结合进行。教师编制考试中的无生上课属于后一种类型。

（三）无生上课的基本特点

1. 教学的场所、对象不同

真实的课堂上课，教师面对的是学生。无生上课可以在办公室或其他场所，面对的是同行或专家。

2. 观察、研究的对象不同

真实的课堂上，我们观察、研究的对象是教与学的双边活动，且以学为主。无生上课的观察、研究对象主要是教师的教，对学的状态只能作出猜测。

3. 目标不同

常态教研活动的目标主要在于了解教师的教学能力和学生的学习情况，为教师和学生提供改进的建议和意见，也为管理者评价教师、制订校本教研计划等提供依据等。无生上课活动的目标则主要在于帮助教师改进教学方案、培训教学技能等。前者侧重学校的发展，后者侧重教师个体的发展。

4. 规模小、时间短、参与性强

教师在学科组内参加活动，学校学科组（大型学校的年级学科组）一般不超过 10 人，每人上课、被评的时间控制在 15 分钟左右，听课者由其他参加者（同组教师和专业人员）组成。在活动的过程中，每一位教师不仅登台上课，展示自己对某堂课的准备情况，同时又可向同事、专业人员学习，并参与对教学效果的自评与他评，不断反思、修改自己的课前备课，总结经验，提升能力。由于没有学生的真实参与，上课时间相对缩短，常规一节 40～45 分钟的课一般在无生上课中只需 20～25 分钟。

5. 反馈及时、客观，针对性强

由于在较短的时间内集中开展无生上课活动，参加者能及时听到他人对自己教学行为的评价，获得反馈信息。较之常态的听课、评课活动，“现炒现卖”，具有即时性。由于是课前的组内预演，人人参与，互相学习，互相帮助，共同提高，一定程度上减轻了教师的心理压力，不会担心教学的失败，不会顾虑评价的得罪人，较之常态的评课就会更加客观。参评人员不仅包括上课者自己和其他同组教师，有时还有专业人员加入，进行指导、引领，信息反馈多元化、教学评议民主化，针对性更强。

（四）无生上课的原则

1. 实践性原则

即围绕课堂教学内容和课堂教学方法等，开展无生上课活动。对课的评价关注实践操作层面，不以对教学实践的诠释和相关理论的解读为取向。

2. 技能指向原则

即以培训和提升教师的课堂教学技能为主要目标。包括课堂教学的基本技能、综合技能和准备技能，以及教学研究技能。

3. 合作性原则

即做到上课与评课相结合，加强上课者和评课者之间，及专业人员的合作、探讨。

4. 反思性原则

即上课者要根据评课者提出的正确的意见和针对性建议，反思自己的教学行为，修正自己的教学方案等。

二、无生上课的实施

（一）无生上课的教学设计

首先，无生上课是在备课基础上，对教学过程的一种模拟。因此应像正常上课一样精心备课，精心设计教学的各个环节，体现《基础教学课程改革纲要》的精神，不要把课准备成讲授课、灌输课，要真正把自主、探究、合作落实到试课稿中。教学设计既包括对教学主要环节的设计，也包括对各个环节的过渡与衔接的设计，以及教师具体导语的设计、操练教学的基本技能等，如教师的板书、口语、表情以及教态等，关注每一细节的设计与教师行为。其次，在无生上课中，无需制作教具，教者可以根据设想充分地使用教具。现在用得比较多的有电脑课件、图片、投影仪、录音、VCD等等，还可以创设具体的场景等。

（二）无生上课的教学过程

无生上课是指教师面对专家或评委，独立模拟表演师生双边活动，具有虚拟性与表演性。教师应根据教育教学经验对学生的行为进行预测，并以适当的方式呈现、表演、虚拟学生的行为，如采用自问自答等方式，模拟营造出一种教学氛围。在教学设计（即备课）中就应充分考虑教师的这一行为，关注对学生情况的分析，即关注备课中的“备学生”，应预设学生活动、师生共同活动时的班级气氛，并设计以适当的方式呈现与表演这一状态。

三、无生上课注意事项

（1）把握好时间：一般准备时间1小时，无生上课时间在15～25分钟。

（2）按照一堂好课的基本标准进行试课，重在展示基本功。设计好开头，讲清教学结构，分析思路。没有反馈，要事先假设反馈。在讲到重点与难点时要突出，假设学生反馈了什么样的问题与错误，然后讲解并纠正。不要在过程中卡壳，注意教学细节。

（3）上课者要充满自信，语言亲切、自然、紧凑、连贯、精练、准确。注意发挥特长，体现特色。

（4）切忌重复过程、面面俱到、重点不突出、思路不清晰。

（5）选拔评比型无生上课参加者的注意事项。现在在选招教师、选拔教师参加教学大赛中也使用无生上课。选手要注意展示自己优秀的一面，如板书、口才、组织才能、教学环节的设计等，赢得评委对选手的注意。虽然下面没有学生，选手也仍然应该当作下面有学生来认真讲课。选手要精心设计导语，这样才能引起评委的兴趣。

此外，由于面对的专家与评委都是成人，在模拟、表演上课的过程中，应适当关注成人受体与儿童的差别。同时，在口头语言和体态语方面应对专家有必要的尊重，如简单地致一两句谢词，或鞠躬致谢等。

建议应聘者反复观看教学录像，体会优秀教师的教学过程；多次模拟无生上课，达到精确、生动，以取得此处无“生”胜有“生”的效果。

附：无生上课技能的测评表

无生上课课堂教学评价表

上课教师：　　　　任教年级：　　　　科目：　　　　课题：

评价指标权重		标准达成度			
		I	II	III	得分
教学思想（10分）	1. 以育人为本，坚持以学生发展为本，以培养创新人才为宗旨。 2. 德育为核心，抓住学习内容的德育成分，坚持寓德于教。 3. 面向全体，使各类学生都能在原有基础上有发展。 4. 因材施教，依据学生的不同才能、特长和兴趣进行教学。	10	8	6	
教学目标（10分）	5. 教学目标根据知识与能力、过程与方法、情感态度与价值观三个维度设计。 6. 教学目标具体明确，体现学科的实践性和综合性。 7. 体现新课改精神，符合新课标理念，面向全体学生。	10	8	6	
教学内容（20分）	8. 能准确把握本节课的知识内容，无科学性错误。 9. 对教材进行加工、整理，做到抓住重点，揭示本质，详略得当，不生搬硬套教材。 10. 对所涉及的教材内容运用自如，不照本宣科。	20	16	12	
教学实施（30分）	11. 构建民主平等的师生关系，营造融洽和谐的学习氛围。 12. 采用自主、合作、探究的学习方式，激发学生学习兴趣，启发学生积极思维，引导学生主动学习、探索、实践、创新。 13. 根据教学内容的特点，教学环节运用自如，恰到好处。 14. 尊重学生在学习过程中的独特体验，重视情感态度价值观的正确导向。 15. 教师参与、适当指导，内容讲授和学法指导易被学生接受。 16. 合理运用现代教育技术，与学科整合度高。 17. 课堂教学真实、活泼、扎实、高效。	30	24	18	
教学效果（20分）	18. 通过设计师生的双边活动，使教学目标在学生身上得以实现。 19. 培养学生良好的学习习惯，能指导学生如何学习。 20. 学生的思维得到发展，探究性学习能力得到提高。	20	16	12	
教师素养（10分）	21. 仪表端庄大方，教态亲切自然。 22. 语音标准，语言生动、准确，逻辑严密。 23. 书写规范，板书科学、美观。 24. 能够熟练科学地运用教学媒体辅助教学。 25. 具备良好的课堂组织能力，善于应变，灵活把握课堂教学流向。	10	8	6	
简评：					总分

评价等级说明：90～100分为优秀，80～90分为良好（不含90分），65～80分为中等（不含80分），65分以下为差（不含65分）。

第二节 说 课

一、说课的基本概念

（一）说课的定义

说课是指教师在备课基础上，于授课前面对领导、同行或评委，主要用口头语言讲解具体的课堂教学设想及其依据的一种教研活动。它是教师将教材理解、教法及学法设计转化为教学活动的一种课前预演，也是督促教师进行业务文化学习和课堂教学研究、提高业务水平的重要途径，还是评估教学水平的有效手段。

（二）说课与备课

说课源于备课，又高于备课，是备课的深化和提高。教师的备课是个体隐性的、无声的半封闭式劳动。说课与备课不同，它所呈现的不只是教学设计本身，更重要的是要说出备课中的思考，即不仅要说“教什么”和“怎么教”，更要说“为什么这样教”。说课有着很强的理论性和实践性，需要将教育科学理论与课堂教学实际有机结合，从中可以综合地反映出教师的教学思想、理论修养、知识水平、教学能力、应变能力和基本功等各个方面的素质。

（三）说课与上课

说课和上课也不尽相同。上课主要通过现场的课堂教学实践，以体现教学设计思想与教学技艺。而说课的重点在于说明对一定的课题“怎么教”和“为什么这样教”的设计思想的分析、概括。说课与上课的区别在于：其一，对象不同，前者面向同行，后者面向学生；其二，前者不仅要说出准备上课的教学方案怎样教，运用了哪些教学理论，还要说出备课中所思考的问题，后者只是将教学方案付诸实施；其三，因说课是在同行中进行的，知识层面高，所以要求在 20 分钟内，用凝练、浓缩的语言，说完内容，而上课则需 40 分钟。

（四）无生上课与说课

无生上课与说课都能反映与提升教师的专业素养，都是教师进行教学研讨与教学能力竞赛评比的途径与方法，但两者考察的侧重点不同。说课是由教师阐述自己的教学设想以及理论依据，侧重于考察教师作为一名专业人员的专业理论素养，以及在理论指导下的教学设计的实践能力，在说课中教师教学的基本技能一般显现不出来。无生上课是教师对其上课过程的预演，无需阐述设计的理论依据，侧重于考察教师的教学实践能力与教学基本技能等，而教师作为一名专业人员的理论素养一般不能直接反映。

二、说课的内容

（一）说教材分析

说明课程标准（大纲）对指定的本课内容所应完成的教学任务；说明该内容在相应单元、章或者整个教材中的地位和作用，该内容在教材乃至学科的逻辑结构中的位置：编者的意图、教材的特点，以及教材的重、难点；并从课程论的角度，依据学生的认知结构、人格因素等来审视该内容；阐述该内容与相关学科的关系。即应准确地阐明：①教学内容是什么，包括哪些知识点；②本课内容在教材中的地位、作用和前后联系；③课程标准（大纲）对这部分内容的要求是什么；④本课的教学目标及确定的依据；⑤教学的重点、难点和关键点。

（二）说教学对象

分析学生的认知基础，即学生学习该内容时所具备的与该内容相关的知识、技能和能力;分析学生的心理、生理特征对学习该内容的可接受性;分析学生的思维方式与学习习惯对学习该内容的适应性;分析学生群体中因学习基础不同而接受该内容时可能产生的差异等等。

(三)说教学目标

分析该内容(概念和基本原理)中的认知目标、能力目标和情感(素养)目标,包括显性或隐性的思想方法和学科意识,以及具有人格构建作用的各种学科品质。

(四)说教学方法

说明在该课时的教学过程中,将采用何种教学方法,以及选用这些教学方法的理由。教学方法得当,有利于教学内容的传授,有利于学生对知识的理解和记忆。教学方法符合学生实际,可调动学生积极思考,从而提高其分析问题和解决问题的能力。即应简要地说明:①教法的总体构想及依据;②具体采用了哪些教学方法、教学手段及理由;③所用的教具、学具。

(五)说学法指导

说明在教学过程中,针对所授内容的难易程度,结合学生的实际情况,向学生阐明掌握知识发展规律的方法,即学法指导。恰当的学法指导有助于学生对知识的理解和掌握,学习会取得事半功倍的效果。即应突出说明:①学法指导的重点及依据;②学法指导的具体安排及实施途径;③教给学生哪些学习方法,或培养哪些学习能力。

(六)说教学手段

教学手段多种多样,传统的教学手段在我们过去的教学中,得到了很好的运用,在现代教学中,电影、录像、录音、投影以及逼真的拟音、拟状、可视可触摸的实物缩影等多媒体教学手段不断走进课堂。多样化的教学手段的运用,直观形象地再现了知识间的内在联系,给学生留下了深刻的印象,教学效果好。因此,教师说课应说明在教学过程中,根据课堂教学内容的具体需要,将采用哪些切实可行的教学手段。说明选用的教具或教学媒体的必要性、优越性,指出所采用的教学手段为什么能产生其他手段难以达到的效果;说明它在突破难点,或在学生对概念的形成过程中、或在学科基本原理的归纳过程中、或在解题思路的发现过程中的作用;说明选择某种 CAI 制作平台的优势。

(七)说教学过程

说教学过程是说课的重要一环。说课教师要在有限的时间内,说明应如何导入新课,传授新的知识,如何进行能力的培养和德育的渗透等。说教学过程,最能体现教师的教学基本功,说课教师要紧紧把握住教材的重点、难点,围绕教学过程目标及教学各环节的关系,进行简明的概述。要说明构思整个教学过程的总体指导思想,该指导思想应反映出教师教育教学的理论素养;说明教与学两种活动有机结合的设计及其理论依据;说明情境创设的方式及优越性;说明教学方法的选择和组合为什么能最大限度地调动学生的参与意识和学习的积极性;说明典型的教学环节,如观察、实验、猜想、讨论、探究活动等环节的价值取向及其理论依据。

应科学地阐述:①课前预习准备情况;②完整的课堂教学程序(怎样铺垫、创设情境,如何导入,新课、练习如何安排,如何小结);③扼要说明作业布置(思考、探究性课题、书面作业)和板书设计;④教学过程中双边(师生共同讨论,共同探究)活动的组织及调控反馈措施;⑤教学方法、教学技术手段的应用及学法指导的落实;⑥如何突出重点、突破难点,以及各项教学目标如何实现。

说教学过程是说课的重点内容，要说清每个教学环节的安排及理论依据，还要做到前后呼应，把前六个方面的内容落到实处。但是，要防止把“说”变成“念”，更不要把“说”教学过程变为课堂教学过程的浓缩。

当然，在撰写说课课案时，不可能也不必面面俱到地包罗以上所有内容，而应该有所侧重，写（或说）出自己最有特色之处。

三、说课应注意的问题

（1）说课教学应做必要的准备。首先要学习课程标准（大纲），把它作为确定教学目标、教学重点难点、教学结构以及教法、学法的依据。其次要钻研教材，对说课的内容烂熟于心，把各种资料、数据、图片制成卡片，以便随时取用。

（2）说课教师不能只按照自己备好的教案，把上课的内容从头至尾讲一遍，显得洋洋洒洒，滔滔不绝；也不能只把上课的几个环节作简单的概述，显得毫无生气。这样，都有悖于说课目的。

（3）说课教师对所说课的内容应作轻重取舍，切不可平均使用力量、面面俱到、拖泥带水。若不分轻重、不分主次，就会使听课者听不出所以然。

（4）在说课过程中，说课者应不断设问“为什么”，而且自己应该作出令人满意的解说。倘若对某些问题还未吃透，应在说课前认真钻研教材，切不可在说课时设置“有待请教”、“有待探讨”之类的疑问。

总之，说课的质量和水平取决于教师的教学理论水平和实践经验以及对教材的把握程度。说课虽然有一般的环节要求，但无固定的模式，教师可根据自己的需要，对说课的环节作必要的调整。

附：说课技能测评表

评价内容	评价等级				权重
	优	良	中	差	
1. 教学内容的地位和作用					0.1
2. 重难点及其成因分析					0.1
3. 认知、能力和情感目标的确定					0.2
4. 联系学生认知结构和心理特征分析教学目标确定的合理性					0.2
5. 课题引入激发求知欲的设计					0.2
6. 体现主体与引导作用，双边活动有机结合的设计与构想					0.2
总　分					

评价等级说明：90～100 分为优秀，80～90 分为良好（不含 90 分），65～80 分为中等（不含 80 分），65 分以下为差（不含 65 分）。

附："可能性"说课

(引自 http://www.pep.com.cn/rjqk/sjtx/xxsx/yj2004_1_2z126/200703/t20070305_286111.htm)

【教学内容】

这节课的内容编在人教版《义务教育课程标准实验教科书·数学》三年级上册"可能性"单元中。本单元包括"确定现象和不确定现象"、"不确定现象可能发生的结果"及"可能性的大小"，这些内容密切联系、前后贯通。本节课是这一单元的第一课时，教学例1.2.3。

(一)教材所处的地位

数学课程标准在各个学段中，安排了"数与代数"、"空间与图形"、"统计与概率"、"实践与综合应用"四个学习领域。其中"统计与概率"中统计初步知识在一、二年级已经涉及，但概率知识对于学生来说还是一个全新的概念，它是学生以后学习有关知识的基础，并且概率问题是一个与社会生活关系密切的重要问题。因此在第一学段中对于"不确定现象"由感性认识升华到理性认识尤为重要。而数学学习活动是一个以学生已有的知识和经验为基础的主动建构过程，学习者能否主动建构形成良好的认知结构，取决于原有的认知结构是否具有清晰、可同化新的知识的观念以及这些观念的稳定情况。所以我不仅从整体上把握教材知识结构，注意统计知识与概率知识的联系，而且密切关注并考虑学生已有的经验知识，根据学生实际重组教材，在学生已有的经验体会及通过设计各种活动，丰富学生的经验积累的基础上进行有关知识的构建。

(二)教材的重难点

由于有关的概率知识对于学生来说还是一个全新的概念，设计各种活动丰富学生的感性经验并使之升华为理性认识尤为重要。所以，我把"体验、描述生活中的确定和不确定事件"定为教学重点，把"通过实验、游戏等多种活动，使学生领悟到可能性大小与其可能出现的不同结果所占总数量多少的密切关系"作为本节课的难点。

【教学目标】

(一)知识目标

1. 初步体验生活中确定和不确定现象，并能用"一定"、"不可能"和"可能"正确地描述这些现象。

2. 能列举出简单的不确定事件可能出现的所有结果，知道其不同结果出现的可能性是有大小之分的，并领悟到可能性大小与其可能出现的不同结果所占数量多少的密切关系，以及二者互相渗透的可能性。

(二)能力目标

培养学生思维的严谨性及口头表达能力，观察、推理能力，发散思维能力，小组合作及团结协作能力，运用所学的知识解释和解决生活中简单问题的实践能力。

(三)德育目标

通过活动，激发学生的学习兴趣，培养团结协作的团队精神，渗透美育。

(四)数学思想方法

渗透猜测、实验等数学思想方法。

【教学方法】

教师从传统的传递知识的权威变为学生学习的辅导者，成为学生学习的高效伙伴或合作者，具有主导地位，而学生是整个教学过程的主体。怎样调动学生学习的主动性，使学生在愉悦、轻松的氛围中建构新知？根据学生的年龄特征、已有的知识经验、非结构性的背景经验对建构新知识的重要作用和认知灵活性理论，我采用了演示、观察、实验、启发、小组合作交流讨论等教学方法。

【教学程序】

1. 初步体验并用“一定”、“不可能”和“可能”描述确定事件和不确定事件。考虑到学生的年龄、兴趣和生活经验，我从大家极感兴趣的摸彩票活动引入，一下子抓住学生的注意力，增强学生学习的兴致。“摸彩票”过程又丰富了学生的感性经验，自然引出描述确定和不确定现象的“一定”、“不可能”、“可能”这三个数学用语。这一层次的设计，我注意抓住学生的生活经验构建新知，充分体现了数学的生活性。

2. 判断、描述生活中的确定事件和不确定事件。

通过用手势判断课件中准备的身边的一些现象，使学生进一步体验生活中的确定和不确定事件，并列举生活中简单的不确定事件可能出现的所有结果，同时我注意初步规范数学语言。

3. 学生列举生活中确定或不确定事件的实例并描述。

这一层次让学生找身边的实例，体会生活中处处有数学，并进一步提高学生的语言表达能力。在此，我注意教师与学生、学生与学生之间的交流，如让学生做“小老师”，对同学的描述进行评价，这样不仅激发了学生的兴趣，还规范了语言，而且培养了学生倾听意见、汲取经验和相互交流的能力。

4. 猜测游戏。

让学生根据教师的话来猜一个人到底是谁，这一活动具有承上启下的作用，既是对新知识的实践运用，也是对进一步学习的铺垫，从猜测中自然能体会这三种现象的关系。在这一层次中，我注意让学生运用“一定”、“不可能”、“可能”来描述猜测的结果，进一步使学生体会数学语言的严谨性。

5. 通过实验领悟可能性大小。

实验是一个重要的数学思想方法。通过数学实验，让学生根据实验结果倒推出盒内哪种颜色的棋子数量多，丰富了学生的感性经验，为后面可能性大小的学习作铺垫。在此基础上教师提出：“如果你们从中再摸出一个棋子，哪种颜色的棋子被摸出的可能性大？”学生就很好解决了。这也是我突破教学难点的一个设计。

6. 设计转盘。

分两层：先让学生猜指针转动后会停在哪一种颜色中，以巩固新知并为后面的设计转盘面作奠基。然后让学生在三个要求中任选一种要求设计。这一活动使学生不仅很想一显身手，而且可以发散思维，使其创造性地完成作品，并渗透美育，使之获得成功的喜悦。

整节课是由各种活动贯穿其中的，有“摸彩票”、“猜人游戏”、“数学实验”、“设计转盘”，充分体现了课程标准中数学的生活性。学生是数学学习的主人，教师是数学学习的组织者、引导者与合作者。数学教学活动必须以学生已有的知识经验为基础，使学生愿学、乐学，教学重难点突出，课堂气氛轻松、愉悦，学生也从中获得了大量的知识信息，提高了多种能力。

第三节 答 辩

一、答辩的概念

答辩是测评对象面对答辩组成员当场回答问题及进行辩论的测评方法。这种方法不但能测评教师教学技能的理论水平与实践能力，而且可以测评其多方面的教学能力和教学思想，是一种既方便又有效的测评方法，在人才选拔和考评时广泛运用。

答辩由数名教育教学专家、教育管理人员、一线优秀的学科教学人员组成，一般事先准备好题目，由答辩主席提问。答辩环节主要涉及以下几方面内容：其一，结合无生上课和说课进行提问与答辩，关注参考人员的教学理论素养；其二，针对教育教学实践中的问题，考核参考人员的教育与管理能力以及教育教学应变能力。在整个实践能力的考核过程中，通过一定的交往活动，考察参考人员的教学交往能力；通过一些细节，观察、初步感知参考人员的德行和心理素质。

二、答辩的操作步骤

答辩测评方法的操作步骤可分为五步：即拟定答辩题、组织答辩、评分、分数处理和作出结论。

（一）拟定答辩题

进行答辩首先要拟定答辩题目。答辩的题目少（每个对象回答一至三个问题，并围绕这些问题进行辩论），时间短（每人只有 15 分钟时间），要在短时间内判断测评对象的水平，拟定答辩题就成为保证答辩质量的关键环节之一。

拟订答辩题应当做到以下几点：第一，答辩题要符合测评的任务和目标。应当使答辩者在回答问题和辩论的过程中显示出对所测评教学技能的掌握状况，使测评人员能准确判断其技能的水平。第二，答辩题的种类要与测评的主要项目相适应，如果要测评两个项目，答辩题就应分为两类，每一类题目测评一个项目。第三，答辩题要在难度和内容上给答辩对象以平等竞争的机会。同一类题目在难度上应当相近，在内容上应当同质，在形式上要彼此一致，在表述方式上应当相同。第四，题目的表述应当简明扼要，清楚明白，不能有歧义，要防止可能发生的误解。

答辩题的类型有以下几种：第一，问答式：题目是一个问题，要求答辩者以回答问题的形式表述自己的见解。例如："进行演示应当注意什么问题?"第二，案例式：题目是一个简单的案例，要求答辩者对案例进行评论或提供对策。例如："张老师由于对'追星'现象批判过激，导致学生群起反击。你认为张老师应当如何摆脱这种困境?"第三，阐释式：题目是一种观点或一个概念，要求答辩者进行阐释或批判。例如："'讲话的停顿也是一种传递教学信息的方式'，你对这种观点的看法如何?"第四，自由表达式：让答辩者在规定的时间内表达一种认识或观点，测评人员随之进行诘难或质询，主要是为了从中判断其口才、知识面、思想深度和应变能力。例如："请你选择一个题目，作 3 分钟的讲演。"

附:答辩环节的常见答辩题

(一)教学

1. 新课程标准的价值取向是什么?

2. 你最尊敬的教育家是谁,为什么?

3. 你最赞赏的教学方法是什么?

4. 学生为什么会偏科?

5. 做好一名教师必须敬业、爱生、专业知识扎实,除了这些,你认为教学最重要的特质是什么?

6. 你赞同“教学有法、但无定法、贵在得法”这种提法吗? 为什么?

7. 学生记忆有什么特点,学科教学如何提高学生的识记能力?

8. 你认为一种科学的备课方法是什么? 平时你是怎样备课的?

9. 你同意“没有不合格的学生,只有不合格的教师”这句话吗?

10. 你怎样认识集体备课制,它有优势吗?

11. 教学是一门技术还是一门艺术,你倾向哪一种看法,若两者都不同意,请谈谈你的看法?

12. 一堂好课的标准是什么?

13. 现在常常提的“以学生为本”或“以学生为主体”,你怎样理解?

14. 你平常看的教育教学类的书籍和杂志有哪些?

(二)班主任工作

1. 如何组织与培养班集体?

2. 激励与批评都是一种教育手段,你倾向用哪一种?

3. 主题班会有哪些类型,你怎样组织班会?

4. 请你描述青春期男女学生的心理特点?

5. 如何与不同类型的家长沟通,什么样的家校合作方式比较好?

6. 请讲述一幕最让你感动的师生情景?

7. 如何发现“差生”身上的闪光点?

8. 学生心目中的好班主任形象有哪些?

9. 何谓“班级文化”,怎样营造?

10. 苏亮的考试成绩不理想,他伤心地哭了,作为教师的你会怎么办?

11.“在集体中进行教育”是谁的教育思想,怎样贯彻?

12.“学生自己管理自己”的观点你赞同吗?

13. 什么是“班级文化”,你是班主任的话,你怎样进行班级文化建设?

14. 许多学校为什么强调学生穿校服,除了整齐外,还有别的意义吗?

15. 你最欣赏的班主任是哪一种类型?

(三)教师综合素质

1. 就某一教育教学方法,作3分钟的演讲。

2. 你有什么特长? 能给我们展示一下吗?

3. 将要走上讲台的你,自我感觉对于教师这一职业,你最大的优势与最大的不足分别是什么?

4. 一位老师布置了这样一道作文题，让学生谈谈自己的心里话。一个孩子的父母离异，这在他童年的心里留下了一道阴影和许多的痛苦。这个学生写的文章很打动人，文笔也不错。老师没征求学生的意见，就在班上读了这篇“范文”。几天后，这位同学却在日记中表达了对老师这种做法的不满。如果你是那位老师，应该如何去分析和处理这件事？

5. 如何做一名好教师？

6. 如何和学生建立良好的师生关系？请举例说明。

7. 你平常看的教育教学类的书籍和杂志有哪些？

8. 你最尊敬的教育家是谁，为什么？

9. 谈谈自己对教师职业的看法。

10. 怎样与学生进行良好的沟通？

（二）组织答辩

答辩的组织要做到恰当安排抽题，准备好现场答辩，保证答辩平等和有秩序的进行。

（1）抽签和准备。抽签在答辩现场进行。测评对象先在预备室集合，当所有测评对象到齐后，说明答辩的过程和要求，用抽签的办法确定答辩次序。然后第一位答辩者进入现场抽签。抽签后再准备席就座，可准备 15 分钟，但不可翻阅资料或与其他人交谈。开始答辩时先向评判员展示答辩题，并把答辩题还给抽签人员。在第一位答辩者开始答辩之后，第二位答辩者进入现场抽签并进入准备席。第一位答辩完之后，第二位立即进行答辩，并开始第三位抽签。依此类推。

（2）答辩。答辩开始由答辩者进行陈述并开始计时。陈述就是按照所抽题目依次进行回答，时间一般为 5～8 分钟，在最后 1 分钟进行提示。陈述后由评判人员进行质询和诘难，质询时间一般为 7～10 分钟。整个答辩时间控制在 15 分钟之内。质询和诘难的形式有追问、补充提问、提出相反的案例请其解释、提出相反的论点与之辩论等。在答辩的过程中，评判人员要就答辩者的知识基础、口语表达、应变能力、逻辑思路以及体态仪表等对照评判标准进行酝酿，准备打分。答辩应按时结束。

（3）打分。评判人员当场按测评的项目和标准进行打分，并交统计人员处理。打分后，第二位开始答辩，第三位开始抽签。与上述过程相适应，还应有抽签、统计、计时、服务等辅助组织或人员协助工作。

（三）评分

对答辩的评分有两种方式：一种方式是每位评判员经过分析评判，给出一个总体印象分。这种方式操作简便，统计时只需计算算术平均分，算术平均分即可作为每个答辩者的最后得分。其具体操作可以计算全体评判人员打分的平均分，也可去掉一个最低分和去掉一个最高分后计算评分。但是，这种按一个总体印象分计算的结果比较模糊，无法显示答辩者智力和技能活动的内部结构与精确水平，只适合对打分精度要求不太高的答辩。另一种方式是按评判表的项目和标准分项打分。这种办法结果精确，便于了解测评对象的智力活动和技能活动的内部结构，但操作比较复杂。一个折中的方式是把总体印象分纳入评价表之中，作为评价表的一个项目进行打分，并赋予较大的权重，从而把那些无法纳入评价表的因素也纳入评价体系之中，使评价更加全面。

（四）分数处理

分数处理由统计人员用手工或计算机处理。

（五）作出结论

分数处理是由统计人员进行的，按规定他们没有作结论的权利，结论应由评判人员来作，或者由评判人员认可之后才能成为具有权威的正式结论。

结论一般有两种形式：一种是排序优选的结论：即按每个答辩者得分的多少进行排序，按事先规定的名额决定一、二、三等或优选入围的对象。另一种是划定合格的结论：即按统计数据的分布情况，根据方案中规定的划定及格线的原则，参照其他因素划定一个合格的分数线，并根据分数线确定合格的名单。分数线划分原则一定要在测评方案中事先规定，以免临时确定引起争议。

三、答辩测评的基本要求

为了保证答辩测评的公正性、可靠性和有效性，答辩的组织和评判应当遵循如下要求：

（一）打分要客观公正

只有客观公正的打分，才能真正反映测评对象的真实情况，才能使测评发挥良好的导向作用和鉴别作用。为了使测评客观公正，应当做到以下几点：

（1）测评人员必须有公正无私的态度，对任何测评对象都不能有任何倾向性的看法，不能把自己的评判结果与个人利益联系起来。

（2）做好必要的保密工作，如命题人员的保密、测评人员的保密、答辩题的保密等，不能使任何测评对象因事先得到某种信息而在竞争中处于有利地位。

（3）保证使每个测评对象在测评中受到同等待遇。诸如抽题的几率、准备的时间和条件、答辩的时间等，都应当尽量相等或相近。

（二）测评要全面

由于答辩的方法能够考核测评对象多方面的情况，因此应当在考核多方面的情况下经过全面思考作出测评的结论，防止在测评中出现以偏概全的现象。为此必须做到：

（1）答辩题的自由度应当大一些，不要把答案限制过死，要给答辩者自由发挥的余地。

（2）答辩时间不能过短。时间过短不能充分表现测评对象的水平。一般来说，至少应当不少于10分钟。

（3）测评的指标应当覆盖更多的方面。答辩的评分指标不能仅限于答案的内容，应当从多方面考察答辩对象的水平。既要有知识方面的指标，也要有能力和技能方面的指标；既要有口才方面的指标，也要有思维方面的指标；既要考核常规答辩的情况，也要考核随机应变的情况。为了使侧评指标包含更多的方面，可在各单项指标之外再加一项“其他方面”，以涵盖那些评判指标无法包含的内容。

（三）创设良好的答辩环境

答辩环境直接影响着测评对象的心理状态，影响着其水平是否能正常发挥。所以，为了使测评对象充分表现出自己的水平，必须注意创设良好的答辩环境。

（1）环境布置要淡雅宁静，使答辩者与评判人员处于平等的地位。例如，房间不要过大，光线不要太强，座位不要有上下之分，气氛不要过于严肃等。

（2）服务人员和辅助人员要热情对待答辩者，既要按规定办事，又要解决其实际困难，遇到矛盾应进行耐心的解释。

（3）测评人员的态度要友善，要尊重答辩者的人格，要用协商的口气与答辩者进行交流和辩论。在答辩者怯场或遇到困难时要及时给予鼓励。

四、答辩人员的基本要求

（一）准备环节

首先，在知识上做好充分的准备，把要讲内容的相关背景等知识了解到位，并把课的内容和这些背景结合起来，主要是注意如何让背景知识在吸引人的同时把人引导到课本的内容上来。其次，要做好面试前的仪表准备。着装要得体，可化淡妆，而不易浓妆艳抹。刘海不要遮住眼睛，更不易烫发，染发；服饰要符合职业特点，教术科的穿正装，教体育的要穿运动服；教授小学和教授高中，妆容和服饰绝对不一样。总之，女教师给人的感觉要既典雅，又平易近人，男教师给人的感觉要挺拔而充满阳刚之气。

（二）进入试讲地点

应注意运用体态语与口头语进行交流，同时关注行为细节，表现出良好的礼仪与行为德行修养。如果没有人领进试讲地点，那么进去要先敲门。等专家说“请进”时，再轻轻推门进入。注意，从门口到讲台这一段路也是专家在观察你的时候。所以走路姿势一定要挺拔，给人精神抖擞的第一印象。有些答辩者进门时，臂弯里夹着课本，弯腰驼背，没有一点老师的风度，给专家的第一印象就十分不好。进门先打招呼，例如，“各位专家好”等。

（三）自我介绍

即使答辩流程里没有这一项，自己也可以主动争取。这样可以让专家对你的优点和性格有一个初步的了解。自我介绍应简短，突出自我，张扬个性，自然流露出对教师以及自己所教授科目的热爱之情。

（四）试讲与答辩

试讲与答辩内容上的要求，在此不再阐述，主要介绍对教师语言和仪表的要求。

1. 语言

掌握面试答辩的语言艺术，对于答辩有着十分重要的作用。语言表述准确专业是首要的要求。根据答辩内容的需要，适当地选用一些长句，与短句交错使用，可以收到好的答辩效果。谈话时若无特殊情况不可随便打断别人的讲话。即使是有某种原因，也要以适当的方式。在面试时，不可有太多的手势语或口头禅，让人看了或听了不舒服。普通话应力求标准，不可讲错字或念错字音，方言最好不用。语调要抑扬顿挫，要有重音、轻音、拖音，有节奏感。音量要适中，适度偏大一些。语速不能太快。有些答辩者可能太紧张，一上台就开始滔滔不绝地讲，飞快地讲。好像赶任务一样。结果一堂课下来，他自己都不知道在讲些什么，专家们也没听明白什么。所以语速要尽量慢一点，这也可以缓和一下紧张的心情。若是有外语要求的职位，还应做好用外语面试交谈的准备。不可以自负的方式、语气说话，即话不能说得太满，当然也不必太谦虚。

2. 仪态

教师表现要大方，注意肢体语言，不要太拘谨，也不要太张扬，要给人留下稳重的印象。抬头挺胸，目视前方。双手可随意放在身体的两侧，也可放在讲台上，腿不要乱抖动。教师不要频繁走动，给课堂以不安定的感觉。教师在讲授时，为保证每个学生有效听讲，一般走动不越过第一排学生。当然在辅导作业时，应走下讲台，到学生中间。目光要时而环视讲台之下，与学生或专家有眼神的交流。授课时即使很紧张，也不要过多地说“状态不好，请大家原谅”之类的话。

附:答辩技能测评表

评价内容	评价等级				权重
	优	良	中	差	
1. 内容正确,阐述深刻					0.2
2. 思路清晰,论证有力					0.2
3. 清晰、流利,有感染力					0.15
4. 稳重、大方,姿势、手势适度					0.1
5. 应变自如,对策机智、合理					0.15
6. 根据其他方面印象综合打分					0.2
总　分					

评价等级说明:90～100 分为优秀,80～90 分为良好(不含 90 分),65～80 分为中等(不含 80 分),65 分以下为差(不含 65 分)。

第五章　教学技能训练与测评

教学技能，是教师作为教学实践人员从事教学工作的基础和必要条件，是教师必备的专业素养。但任何技能都不是与生俱来的，要熟练掌握教学技能，必须进行相应的训练。在教学中，对学生提出一些较高、较抽象的目标和要求时，学生往往做不到。如果将目标、要求具体细化，并使之具有可操作性时，学生就能够逐步掌握并熟练运用。因此，小步子、明确、指导具体、可操性强的学习目标和任务，是比较容易完成的。我国著名科学家钱学森也说过："还原论的方法，即培根的科学研究哲学。这个方法是把一个问题进行分解，如果觉得还大，再分解，一点一点地分解下去，直到问题的解决。对于认识客观世界的许多层次的问题，是需要这样解决的。"那么，应该也能运用"科学家剖析分子的方法"将复杂的教育现象分解，在最基本的教学技能层次上（如导入技能、板书技能等）解决问题，再综合运用到宏观层次上，去解决更复杂的教学问题。就如同京剧，唱念做打等基本功，一招一式都需要苦练，但丝毫不影响京剧的艺术性。教学技能训练也是如此。

第一节　教学技能的训练

技能是通过训练而形成的，微格教学是世界各国广泛使用的教师教学技能训练方法。

一、微格教学概念

微格教学（Microteaching），也译作"微型教学"、"小型教学"、"录像反馈教学"等，最早是 1963 年美国斯坦福大学教育研究中心为了有效地培训教师教学技能而开发的。此后，世界许多国家和地区都进行了相关的研究和实践，联合国教科文组织曾多次组织微格教学国际会议。20 世纪 80 年代，我国开始进行微格教学的研究和实践，近年来，在师范职前教育和教师职后教育中较广泛应用微格教学来培训教师的教学技能。

微格教学是一种建立在现代教学理论和现代教育技术基础上应用现代视听技能，采用小班活动的方式，系统训练师范生和在职教师基本教学技能的方法。教学是一个复杂的系统，涉及多种技能，微格教学将复杂的教学过程中的各种教学技能进行科学分类，并在视听技术的基础上对这一技能进行单独训练或综合训练，借以有效训练师范生或在职教师的教学技能。其通常包含以下基本要素：

（1）模拟的微型课堂：由 5～10 名师范生扮演学生组成一个小的模拟课堂。

（2）单项教学技能训练：由师范生就某一技能上一堂课中 5～10 分钟的一个环节。

（3）教学反馈：师范生逐一在小课堂上实践各项教学技能，通过录像反馈，提出改进建议，逐项掌握这些技能。

（4）教学示范：为师范生提供示范性教学录像。

二、微格教学的特点

（一）技能训练单一集中

微格教学打破了以往教师培训的模式，将复杂的教学行为细分为容易掌握的单项技能，如导入技能、讲解技能、提问技能、强化技能、变化技能、演示技能、板书技能、结束技能等，并规定每一项技能都必须是可描述、可观察和可培训的，并能逐项进行分析研究和训练。在微格教学培训过程中，可以让被培训者在规定的时间内练习某一两个特定的教学技能，而且把某一技能的细节加以放大，反复练习。通过细致的观察，就某一方面提出讨论和研究。这种集中对某一教学技能的练习，更容易达到预期的效果。

（二）技能训练目标明确

微格教学中的课堂教学技能训练以单一的形式进行，要求被培训者在规定时间内以具体的教学技能完成具体的教学任务。整个教学培训过程是一个受控制的实践系统，重视每一项教学技能的分析研究，使被培训者在受控制的条件下朝明确的目标发展，最终提高综合课堂教学能力。

（三）反馈及时全面

微格教学利用了现代视听设备作为课堂记录手段，真实而准确地记录了教学的全过程。被培训者教学技能的应用及表达教学内容和交流方法的优劣，可直接从记录中进行观察。这样，被培训者得到的反馈信息不仅来自指导教师和听课的同伴，更为重要的是来自自己的教学信息，可以全面地看到本人上课的全过程。被培训者从第三者的立场来观察自己的教学活动，可收到“旁观者清”的效果，产生“镜像效应”，反馈是及时而全面的。

三、微格教学的步骤和程序

微格教学一般包括以下环节：

理论学习 教学观摩 → 教学设计 编写教案 → 试讲 录像 → 反馈 评价 → 必要时 重教 → 直至掌握 这一技能

（1）理论学习与教学观摩。明确训练教学技能目标（如导入、结课等），进行相关的教学理论学习，包括对具体教学技能原理和操作程序的学习等，并提供教学观摩范例，结合教学理论进行点评。

（2）设计教学并编写教案。师范生就某一学科某一教学内容，对某项教学技能训练目标进行 5～10 分钟某一教学环节的教学设计，并编写详细的微格教学方案。

（3）试讲并录像。师范生应用某一教学技能试讲 5～10 分钟某一教学环节，由 5～10 名师范生扮演学生，构成一个模拟的微型课堂教学情境，并进行教学录像。指导教师随堂听课。

（4）反馈与评价。课后教师和师范生观看实习生教学技能录像，并共同点评，提出建设性建议。

（5）修改，必要时重教。实习生根据建议进行修改，必要时重教，直至掌握这一教学技能。

四、微格教学教案的撰写

课堂教学设计方案简称“教案”，它是教师在深入研究学习内容和学生需要的基础上，对教学进行精心设计的方案，它是实施课堂教学的依据，编写教案是教学的重要环节。微格教学是一种训练教师技能的模拟教学，微格教学教案更关注对教师某一技能的训练。其教案的编写有其特殊的内容，微格教学教案一般包括以下内容：

（1）教学目标。教学目标是指学生通过学习所达到的预期结果。教学目标的编写应符合一般教学设计方案中教学目标编写的要求。目标确定要准确、具体，合乎实际，具有可操作性和可观测性。

(2)教学行为。教师在教学过程中的行为包括板书、演示、讲授、提问等，教师的教学行为要进行周密设定。在教案撰写中，要求随着教学进程，一般与教学时间相对应，陈述教师演示、讲授、提问、板书的具体内容和教师的活动等，从而有利于受训者有计划按程序进行微格课堂教学。

(3)教学技能。教师在教学过程中要应用多种教学技能，教案设计中应标明教学过程中所应用的主要教学技能。特别是这节微格教学课所主要训练的技能要素。如训练提问技能，就要标明教学过程中各个类型提问的使用以及提问的构成要素。

(4)学生行为。教学设计要对教学过程中学生的行为进行预设，包括对学生的回忆、观察、回答、操作、活动等的预设。微格教学课时间紧凑、环节紧密，要求教师对教学过程中学生参与行为的每个细节都要考虑到，从而提高微格教学的实效性。

(5)时间安排。微格教学一般是以秒为单位进行准确计时，严格控制教学过程的每一个环节，忌拖堂。

(6)备注。一般提示教学中应注意的事项。教学媒体的使用和板书设计也在这栏中标明，将教学中需要的教学媒体和板书设计按教学进程顺序加以标明。

附：微格教学教案范例

微格教学教案 http://jwc.sru.jx.cn/youzhike/yuwenkejiaoyu/wendang/wgja.doc

年　级：高二　　科　目：语文　　课　题：陈奂生上城

主讲人：程××　　指导教师：李××　吴××

训练目的	提问技能			
教学目的	内隐：准确把握陈奂生这一人物形象及其意义，辩证地理解本文的主题。 外显：让学生以第一人称身份走进故事，了解故事情节，了解人物形象。			
时间分配	教学行为 (讲解、提问的内容)	技能要素	学生行为 (预想的问题)	教学媒体板书内容
3分钟	上节课我们学习了《陈奂生上城》，小说的结局是，陈奂生担心他老婆要跟他算账。回到家他肯定要交给老婆一本账。这本账应该怎么交待呢？	一般性理解提问	1. 收入：卖油绳七元七角； 2. 支出：付房钱五元；买帽子二元五角。	
2分钟	这一系列经济活动，分别是在什么场所发生的？	一般性理解提问	火车站、招待所、百货公司	
1分钟	同学们找得很准确。 其中正常的买卖行为如卖油绳、买帽子是陈奂生预先计划好的事情，分别发生在火车站和百货公司。 可是现在情况有了很大的变化，在招待所多花了五元钱。他再向老婆交账的时候，该如何解释呢？	深入理解提问		

(回放3分钟)

指导教师与听课学生点评(2分钟)：

以算账的方式提问，一可激发学生的求知热情；二可化繁为简，抽出本文的关键内容，使学生能很快从整体上把握全文；三可自然地引出下文对“情节安排的巧妙”这一特点的探究。

时间分配	授课行为 (讲解、提问的内容)	技能要素	学生行为 (预想的问题)	教学媒体 板书内容
2分钟	现在请一位同学扮演陈奂生，向他老婆解释。如果他老婆说：“你疯了，竟然住进这么高级的招待所！”那么你怎么解释呢？	一般性提问	复述“偶染感冒”、“巧遇书记”的故事情节。 1. 油绳没卖完之前商店就打烊了，帽子没及时买，光着头，感冒了。 2. 在火车站的椅子上迷迷糊糊地睡着了。 3. 被要乘火车到省里去开会的吴书记送进招待所(吴书记曾在陈奂生所在的生产队蹲点两个月，还在陈奂生家里吃过一顿饭)。	
	刚才发言太精彩了！同学们看书非常仔细，复述得很好，特别是抓住了“偶染风寒”、“巧遇书记”两个关键性的情节。	赞扬 肯定 板书		偶染感冒 巧遇书记
2分钟	除了这两个关键性情节以外，本文构思的巧妙还体现在哪些情节上呢？	深入 理解 提问 板书	1. 火车站这个点安排得巧妙(油绳好卖、有茶水、有长椅，使巧遇吴书记变得合情合理)。 2. 买帽子也是一个巧妙设计，折射出生活的改善。要买帽子，但油绳还没有卖出去，没钱，帽子买不成，所以才“偶染感冒”。 3. 卖油绳也是一个很好的设计。卖掉油绳，身上连本带利大概八块，这样五块的房租既付得起又让陈奂生心痛不已。	火车站 买帽子 卖油绳

(回放4分钟)

指导教师与听课学生点评(3分钟)：

以陈奂生向老婆算账时，他老婆的惊讶导入，通过扮演，让学生以第一人称的身份走进故事，使复述有目的、有重点地进行，从而不知不觉地揭示出本文的情节特点。由于问题设计得好，学生参与热情很高，显示了很强的互动性。

第二节　教学技能训练的测评

在教学技能的学习和形成这一动态过程中，教学技能测评起着重要作用。教学技能的测评工作，首先要制定测评标准（指标），使评价者有基本依据，明白主要从哪些方面着手。

一、教学技能测评指标体系[1]

建立合理的教学技能测评指标体系，是教学技能测评工作的关键。指标设计的方法和程序可采用归类合并法、经验筛选法、问卷调查法、理论推导法等。但不管采取哪种方法都应体现指标体系的适当性。分解的指标体系不应过多、过细或过于繁琐，以免在评价时难以操作，不利于观察和记录；条款也不能太多、过于简单和笼统，造成难以判断。一般分解到二级、三级层次。各指标条款要做到科学、客观、简易、独立、可测，综合起来较为完备并具有导向性。

确定了评价指标，还要进一步确定它的权重。所谓“权重”就是某一项指标在整个技能评价指标体系中的重要程度，用数量表示。关键的、核心的项目权重应大一些，其他项目的权重则应小些。各权重之和必须等于1（100%）。在教学技能训练中，教学基本技能的测评指标体系如下表。

附：教学技能测评指标体系表

一级指标	权重	二级指标	权重	三级指标	权重
课堂教学技能	0.5	导入技能	0.15	能创设学习情境，激发学生学习兴趣和积极性	0.3
				能自然引入课题，与新知识联系紧密，衔接恰当	0.2
				导入语言清晰、简练、准确	0.2
				导入富有启发性、艺术性	0.2
				导入时间掌握恰当	0.1
		提问技能	0.15	问题思路清楚，步步深入，紧密结合教学内容	0.2
				提问能激发学生的求知欲，问题难易适中，符合教学要求	0.3
				提问语言简练、准确，停顿适当，适合学生特点	0.15
				面向全体，提问面广，涉及大多数同学	0.2
				对学生回答要及时作出恰当的评价，并富于感情	0.15
		讲授技能	0.2	讲授准确、科学，符合学生的认知发展水平	0.2
				讲授清晰，声音洪亮，语速恰当，节奏合理，语言有感染力	0.2
				为讲授提供丰富的感性材料，如实物、实验、例子、比喻	0.2
				讲授过程完整，能够提供准确的说明、生动的描述、严密的推理与论证，揭示概念的内涵，明确概念的外延	0.3
				讲授中能恰当地注意反馈与调整	0.1

① 罗明东主编：《教学技能训练与评价》，第18～28页，昆明：云南科学技术出版社，2006。

续表

	0.5	语言技能	0.15	讲普通话，语言流畅，节奏适当，语调抑扬顿挫	0.2
				语言简洁、流畅，讲解富于逻辑性、启发性、趣味性	0.2
				正确使用本学科名词术语，语言通俗易懂	0.2
				逻辑严密、条理清楚	0.1
				语意连贯，感情充沛，有趣味性、启发性	0.2
				能自然有效地运用体态语，仪表大方，有个人风格	0.1
		结课技能	0.2	提示学生进入总结阶段，为学生主动参与提供心理准备	0.2
				概括要点，明确结论	0.2
				结束环节安排学生活动（练习、提问、小结、活动等），布置作业要明确，使每位同学都能记下	0.2
				结束内容概括，结构的表达清楚，与本节内容联系密切、恰当	0.2
				结束环节有利于巩固所学知识，并进一步激发学生学习兴趣	0.1
				时间紧凑	0.1
		板书技能	0.15	板书设计与教学内容紧密联系	0.2
				板书书写规范、工整美观、条理清楚	0.2
				板书与讲解内容恰当，书写速度适宜	0.1
				板书直观，结构合理，富有表现力	0.2
				板书准确、简明扼要，重点、难点突出，能激发学生兴趣和思考	0.3

（二）确定评价标准

标准，就是衡量的各种准则。标准使得评价更具体、可行，且有利于比较，给评价者提出了努力的方向。标准的选用有定性和定量之分。定性标准也就是描述性标准，一般都是写出评语，或写出描述性评语供选择。如，非常符合、比较符合、不太符合；非常好、较好、一般、不很好、不好等；定量标准常常给出分数，如 95 分、80 分、65 分、60 分、50 分等，或给出单项具体指标小分，如 10 分、8 分、5 分等，也可以特定性描述语言标准赋予数值量形成等级标准或定量标准。

在教学技能训练实践中，常把各项指标划分成若干等级并制定出每一等级的评分标准。评分等级不宜太多，分得过细并不能使评价更趋精确，因为评价人员不容易掌握各等级之间的界限，也就不能提高技能评价的质量。一般将评分等级分为三级或四级，即优、中、差或优、良、中、差。也可给出各等级标准的分数值，如优为 95 分、中为 75 分、差为 55 分，或优为 95 分、良为 80 分、中为 65 分、差为 50 分。

（三）制定技能评价单

根据各项技能评价指标的条款内容、等级标准和所占比重，制作一张供评价人员使用的表格，我们称之为“技能评价单”。评价单中的条款应具体、易测，具有可比性和独立性，便于诊断反馈和准确、及时地反馈，同时还应简化，便于测量和计算处理。

附：教学设计技能评价单

课题：　　　　执教人：　　　　评价人：　　　　时间：

评价项目	评价等级				权重
	优(95)	良(80)	中(65)	差(50)	
1. 能创设学习情境，激发学生学习兴趣和积极性					0.3
2. 能自然引入课题，与新知识联系紧密，衔接恰当					0.2
3. 导入语言清晰、简练、准确					0.2
4. 导入富有启发性、艺术性					0.2
5. 导入时间掌握恰当					0.1
总　分					
总体评价：					

注：请在听课后，在你认为的相应等级栏内打“√”。

二、教学技能评价的方法

教学技能的评价应采用定性评价与定量评价相结合的方法。定性评价能对教学技能的整体性质给予评判，分析所犯错误的类型。定量评价能对教学技能的各个指标给出量化的分数。定性评价与定量评价相结合，不仅能对因果关系进行分析解剖，而且能在量上作出准确判断，使得评价具有更重大的指导意义。

(一)定性评价

定性评价是微格教学中常用的评价方法。它既可用于诊断性评价，又可用于形成性评价，只指出优点和不足，不评定成绩，被评价者把它看作一种帮助而不会感到害怕。定性评价是在微格训练角色扮演之后采用自评、互评、点评三结合的方式进行的。首先自评，由教师角色扮演者自己检查实践过程与预定目标的差距，这样在互评时可以有心理准备。然后由指导老师组织互评，评价者根据评价标准来评价实践的过程，指出被评价者的优点和缺点。

如果只说缺点不说优点，会挫伤受训者的积极性；如果只说优点不说缺点，会使受训者不知道怎样改进，产生自满情绪。指导教师点评时，要从技能教学的整体出发，进行全面、客观的评价，尤其要注意指出优、缺点并重。因为定性评价是对照技能理论，分析成败的原因，有很强的激励功能和改进功能。定性评价对于调动受训者的积极性和及时发现问题，明确改进方向，具有很大的促进作用。

(二)定量评价

现代科学的发展使得定量化分析成为必然趋势，教学技能定量化的评价标准是客观存在的。在教学实践中，应用了模糊数学、概率论和矩阵计算的定量评价方法，使得技能评价具有较好的客观性和科学性。比较简单的方法就是用各所给等级对应的分数乘以各款的权重，统计各项目的得分之和。

如以某一评价人的“导入技能评价单”为例，假如评价人给执教人各项评价的等级为中、优、中、良、优、中。

某一评价人对执教者的评分：65×0.3＋95×0.2＋65×0.2＋80×0.2＋65×0.1＝74（分）。

执教者的量化成绩：逐张统计出每张评价单的得分，计算出平均分即可。

第二部分　学科课堂教学技能训练与测评

语文课堂教学技能训练与测评

第一章　语文课程理念概述

一、语文课程改革的背景

自 20 世纪 80 年代以来，随着知识经济的兴起及信息化、全球化的影响和冲击，教育面临着全新的挑战，世界各国纷纷开始反思本国的教育政策和课程，开始了新一轮的课程改革。与此同时，我国的基础教育课程存在的种种问题也日益突出，诸如教育理念滞后；知识本位、学科本位；课程内容过于“繁、难、偏、旧”；课程结构单一，学科体系相对封闭；学生死记硬背、题海训练的状况普遍存在；课程评价过于强调学生成绩和甄别、选拔的功能；课程管理过多地强调统一，等等。这些问题影响并制约着素质教育的全面实施，所以有必要进行基础教育课程改革。我国于 1999 年正式启动基础教育课程改革，2004 年正式启动普通高中教育课程改革。

作为基础教育课程中的核心课程，语文课程改革还有其特定的学科背景。其一，语文教育在素质教育及社会领域的地位十分重要。作为一门基础的工具学科，语文教育旨在培养学生的听、说、读、写能力，这是学好各学科的基本保证。作为母语教育，语文教育还肩负着传承民族文化、培养高尚人格等社会责任。其二，我国近年展开了一次关于语文教育问题的大讨论。多年来，我国语文教育界为提高语文教学效率，在理论和实践领域都进行了积极的探索和尝试，取得了很多成绩；但是，存在的问题也确实不少，有些问题还相当严重，因此曾引起社会各界的广泛关注乃至尖锐批评。1997 年《北京文学》第 11 期发表了一组“忧思中国语文教育”的文章，在社会上产生了极大的反响，引发了一场在全国范围内开展关于中小学语文教育的大讨论。这场讨论涉及中小学语文教育的理念、教材、教学、考试等各个方面，比较全面深刻，对中小学语文教学形成了一定的冲击，在语文界产生了极大的震动，甚至成为一个社会热点问题，并直接推动了新一轮语文课程的改革。

二、语文课程标准解读

课程标准是国家教育行政部门制定的语文教学的指导性文件，它是根据国家教育行政部门颁布的课程计划（也称“教学计划”）制定的，体现了国家对语文教材和教学的基本要求。课程标准是教材编写的依据、教学实施的依据、教学评价的依据，因此，它对教材、教学和评价具有重要的指导意义，是教材、教学和评价的出发点与归宿。

这里主要介绍《全日制义务教育语文课程标准》（以下简称《语文课程标准》），《普通高中语文课程标准》请自行比较阅读。

(一)语文课程的性质和地位

1. 语文课程的性质

课程的性质是该课程区别于其他课程的本质属性。只有正确地认识课程的性质,才能在教学中正确地把握方向,落实课程的教学任务,采用相应的教学方法。因此,正确地认识语文课程的性质是语文教学的首要问题。关于语文课程的性质特点,《语文课程标准》指出:“语文是最重要的交际工具,是人类文化的重要组成部分。工具性和人文性的统一,是语文课程的基本特点。”这就把语文学科的性质完整地表达出来了。语文是最重要的交际工具,具有工具性;语文又是人类文化的重要组成部分,具有人文性,二者是统一的。这代表了现阶段对语文课程性质的最新认识。

语文课程的工具性是以语言的工具性为基础和前提的,包括四个方面:第一,语文是思维的工具。思维主要依凭语言进行,在学校语文教育中,对学生进行有效的语言训练,也就是进行思维训练。第二,语文是交流的工具。学生学习语文能够熟练地掌握和运用语言来表情达意,完成彼此之间的交流。第三,语文是传承文化的工具。语文是文化得以积淀和传承的载体,所以它是传承文化的工具。第四,语文是学习其他学科的工具。语文是学习其他学科的基础和前提,各门课程的学习,都要以祖国的语言文字为媒介,通过听、说、读、写开展教学活动。语文课程的工具性对学生学习能力的提高尤为重要。

语文课程的人文性包括两个方面:一是指语文教学内容中蕴涵着丰富的人文精神,它囊括了中华五千年光辉灿烂的精神文明和世界各国的先进文化,包含文学熏陶、文化价值、审美教育、情感培养、人格完善等诸多方面的内容。二是指语文教学过程中要突出“以人为本”,尊重人、关心人、服务人、发展人,引导学生热爱生活,关爱生命,健全人格。语文课程的人文性对学生精神领域的影响是深广的,同时又是潜移默化的。

工具性和人文性是语文课程的两大属性,也是语文课程性质中最重要的一对矛盾。工具性着眼于它的形式,是基础;人文性则侧重于它的内容,是核心。这二者经过矛盾运动,达到和谐统一。在实践中,不能只偏重某一方面:只重视人文性,语文教育将踏入人文主义的虚幻世界而无法立足;只重视工具性,语文教育将陷入科学主义的泥淖而不能自拔;两者统一起来,才能整合为语文课程的整体。

2. 语文课程的地位

语文课程的性质决定了它在基础教育中的地位。《语文课程标准》指出:“语文素养是学生学好其他课程的基础,也是学生全面发展和终身发展的基础,语文课程的多重功能和奠基作用,决定了它在九年义务教育阶段的重要地位。”在这里,《语文课程标准》把语文课程的地位提到了前所未有的高度。

(二)语文课程的基本理念

语文课程的基本理念对于语文教学实践与改革具有十分重要的指导意义。《语文课程标准》提出了四条基本理念。

1. 全面提高学生的语文素养

全面提高学生的语文素养,是贯穿《语文课程标准》的一个基本理念。《语文课程标准》明确指出“语文素养是学生学好其他课程的基础,也是学生全面发展和终身发展的基础”,因此,“语文课程应致力于学生语文素养的形成与发展”。语文素养是一种以语文能力为核心的综合素养,包括语文知识、语言积累、语言技能、学习习惯、人文素养等。“全面”则包含三个方面：语文素养的各个方面；面向全体学生；贯穿教学全过程。

2. 正确把握语文教育的特点

《语文课程标准》把语文教育的特点概括为三个方面：第一，从语文课程的内容与学生的相互关系来看，语文课程具有人文性而学生的反应具有多元性；第二，从语文课程的实施过程来看，语文课程具有实践性，需培养学生的语文实践能力；第三，从汉语言文字的特点与学生的相互关系来看，汉语言文字有其自身的特点，需培养学生良好的语感以及整体把握的能力。只有正确把握语文教育的特点，才能进行高效的语文教学实践活动。

3. 积极倡导自主、合作、探究的学习方式

促进学生学习方式的变革，即倡导自主、合作、探究的学习方式是《语文课程标准》的一个重要理念。自主学习是指学习主体有明确的学习目标，对学习内容和学习过程具有自觉的意识和反应的学习方式；能够改变"师传生受"的学习方式。合作学习是指学生在学习群体中为了完成共同的任务，有明确的责任分工的互助性学习方式；能够培养学生与他人相处、共同生活、共同学习的处世态度。探究性学习是指学生独立地发现问题、获得自主发展的学习方式；能够训练学生独立发现问题的能力，获得自主发展的学习方法。学习方式的改变是全面提高学生语文素养的必要途径。

4. 努力建设开放而有活力的语文课程

建设开放而富有活力的课程体系是这次课程改革的目标之一。我们必须克服语文课程孤立、封闭、凝固、僵化等种种弊端，实行课程内容、课程实施等的根本变革，建构课内外联系、校内外沟通、学科间融合的语文课程体系。

（三）语文课程目标

课程目标这一部分体现了"全面提高学生的语文素养"的具体要求，包括"总目标"和"阶段目标"，是《语文课程标准》的核心部分。

1. 课程目标的设计思路

第一，九年一贯，整体设计。《课程标准》首次将九年义务教育阶段的语文课程作为一个整体，完整地提出了义务教育阶段语文课程基本理念、课程目标和课程实施的建议。在课程目标中把九年义务教育分为四个学段，分别提出了四个学段的阶段目标。这样就避免了小学和初中的割裂，使二者成为一体，很好地体现了语文课程目标的整体性、阶段性和连续性。

第二，纵横交错，科学架构。每个阶段目标从"识字与写字"、"阅读"、"写作"、"口语交际"和"综合性学习"五个方面提出要求。各个方面的目标相互配合，协调一致，以利于语文素养的整体提高，协调发展。系统地提出"三个维度——知识和能力、过程和方法、情感态度和价值观"的课程目标，并使这三个方面的目标综合体现在各个阶段目标之中。三个方面相互渗透，融为一体，注重语文素养的整体提高，各个学段相互联系，螺旋上升，最终达成总目标。

2. 课程目标的具体内容

"总目标"是整个义务教育阶段的要求，一共 10 条。前 5 条目标从语文素养的宏观方面着眼，侧重"情感态度和价值观"和"过程和方法"两个维度；后 5 条目标从具体的语文能力培养方面着眼，侧重"知识和能力"这个维度。但这种侧重不是绝对的，三个维度仍是相互交融、相互渗透的。"阶段目标"是各个学段应该达到的具体要求。阶段目标是分四个学段提出的，各个学段的目标之间有着紧密联系；每个学段的目标都是从"识字与写字"、"阅读"、"写作"、"口语交际"、"综合性学习"这五个方面提出的，这样的安排比较符合教学实际，也便于操作。

第二章 语文教学设计技能

第一节 识字与写字教学

识字与写字是阅读和写作的基础，是语文教学的起点，更是小学语文教学的主要任务和内容之一。

一、识字与写字教学内容

识字与写字教学主要包括汉语拼音教学和汉字教学两方面。汉语拼音教学的主要内容是：学会声母、韵母、声调和拼音方法，认识大写字母，会背诵《字母表》，认识隔音符号。汉字教学的主要内容包括识字教学和写字教学：汉字是由音、形、义三个要素构成的，学生每学一个汉字，都要求能够读准字音，认清字形，了解字义。因此，识字教学又包括字音教学、字形教学、字义教学三个方面；写字教学包括铅笔字的教学、钢笔字的教学、毛笔字的教学。

二、识字与写字教学设计要点

（一）汉语拼音教学设计要点

1. 教学目标

《语文课程标准》关于汉语拼音教学的目标要求是："学会汉语拼音。能读准声母、韵母、声调和整体认读音节。能准确地拼读音节，正确书写声母、韵母和音节。认识大写字母，熟记《汉语拼音字母表》。"可见对汉语拼音教学的定位是"能借助汉语拼音认读汉字"，突出了汉语拼音工具性的运用功能，降低了汉语拼音教学的难度。

2. 教学重点、难点

汉语拼音教学主要是帮助学生识字和学习普通话，因此，训练拼读能力是教学重点。汉语拼音属于纯符号知识，对于低年级的学生来说，汉语拼音的形体和读音都是比较生疏的，一些拼写规则也比较抽象，因此，汉语拼音的识记、拼读、书写是教学的难点。

3. 教学方法

《语文课程标准》建议："汉语拼音教学尽可能有趣味性，宜以活动和游戏为主，与学说普通话、识字教学相结合。"因此，必须充分考虑低年级学生的心理特点，尽可能使教学方法有趣味，教学方式以活动和游戏为主，努力创设儿童喜闻乐见的情景和语境。常用的教学方法有：

（1）示范法。教师作发音示范，让学生仔细观察口形、舌位，体会发音方法，并且可以配合发音部位图进行说明。这是拼音教学最主要、最常用的方法，应强调让学生观察。

（2）比较法。把音近、形近的两个或几个声母、韵母、音节放在一起，比较音、形的异同。比如：z 和 zh，发音时有平、翘舌之分，字母构成也有异同。

（3）演示法。可用手势或道具演示。比如：教字母 o 的发音口形时，可用拇指和食指圈成圆形以示强调；区分送气音 p 和不送气音 b 时，示范发音时在嘴巴前方放置一张薄纸片，根据纸片颤动与否区分气流的强弱。

（4）歌诀法。儿歌或口诀大都浅显易记、郎郎上口，可以帮助学生形象记忆。比如：伞把

t，拐棍 f，靠背椅子真像 h。小 ü 小 ü 有礼貌，见了 j、q、x、y 就脱帽。

（5）谜语法。将枯燥的字母拼音与形象奇妙的谜语相结合，既增加了学习的趣味性，又锻炼了学生的思维能力。比如：一个门洞、两个门洞（n、m）。

（6）游戏法。将丰富多彩的游戏引入拼音教学，能够增加拼音学习的趣味性，让学生在动中学、玩中学，提高教学效率。比如：摘果子——教师用彩色纸剪成苹果、桃子、梨子等形状，上面写上学过的声母、韵母，挂在小树上。学生两个一组上来，一个念发音，一个找对应的果子。

拼音教学不管采用什么教学方法，都必须因地制宜、因时制宜，以达到教学目标、提高教学效率为最终目的。

（二）识字教学设计要点

1. 教学目标

《语文课程标准》关于识字教学的总目标是："能说普通话。认识 3500 个左右常用汉字。"在总目标的统领下，阶段目标则强调多认少写、认写分开，重视能力和情感的培养，加强识字方法的训练。

2. 教学重点、难点

汉字是由音、形、义三个要素构成的，但是形和音是以义为核心而存在的，为义服务，因此，字义教学是识字的实质内容，是教学的重点。汉字笔画繁杂，结构多样，儿童靠机械识记来逐一辨认和记忆两三千个汉字字形，确实有困难。另外，学龄前儿童口语已发展到一定水平，入学后进行听说训练一般不会遇到很大困难，字形则是上小学后新的、主要的任务，是他们经验中缺少的；从认识论和心理学的观点来看，没有旧经验支持而认识事物是困难的，因此，字形教学就成了教学的难点。

3. 教学方法

《语文课程标准》建议："识字教学要将儿童熟识的语言因素作为主要材料，同时充分利用儿童的生活经验，注重教给识字方法；力求识用结合。运用多种形象直观的教学手段，创设丰富多彩的教学情境。"

（1）字音教学。掌握字音，是识字教学的第一关。要求学生能读准字音，辨别多音字、音近字，以及克服受方言影响所造成的读音困难。主要方法有：

①借助拼音学字音。即以汉语拼音为工具教读字音。②声旁助记。主要针对形声字的教学。引导学生利用形声字的表音规律，根据声旁推断读音，再按偏旁部首查字典来订正读音。比如学"该"和"核"，可启发学生推知，带有声旁"亥"的字，至少应有两种读法：一种韵母是 ai，如"孩"、"骇"；另一种韵母是 e，如"咳"、"刻"。必须提醒学生：形声字声旁的表音作用是有一定限度的，不能一遇形声字就根据半边读音，不能把这种规律理解成机械的、僵死的、毫无例外的。③据词定音。汉字中存在不少多音字，多音字在不同的语境组合中表义不同，读音也起变化，如"音乐（yuè），快乐（lè）"。要指导学生注意在具体语境中音和义的关系，避免误读。④比较辨析。主要针对音近字的教学。音近字有的声母相同，韵母不同，如"库"（kù）和"扩"（kuò）；有的韵母相同，声母不同，如"眺"（tiào）和"笑"（xiào）；有的声母和韵母发音近似，如"帮"（bāng）和"攀"（pān）等。教学时可以通过比较辨析读清字音。

（2）字形教学。汉字数量众多且形体各不相同，是识字教学的难点。字形教学要求指导学生分析、综合字的组成部分，熟悉字的笔画、笔顺、结构和偏旁部首，完整地掌握字形。主要方法有：

①笔画分析法。即用数笔画的方法来识记字形，适用于独体字的字形教学。如“日、月、山、川”等。②部件分析法。即通过对汉字组合的各个部件的分析来识记字形，适用于合体字的字形教学。如“你、袖、汉、字”等。③造字分析法。即利用汉字的造字特点来识记字形。如象形字“日、月、水、火”等，会意字“看、尘、尖、众”等，指事字“本、末、刃”等，形声字“晴、境、慢”等。④形近字比较法。即引导学生通过对形近字字形差异的比较来识记字形。如“商、摘”、“未、末”。⑤口诀字谜法。即利用编口诀、猜字谜帮助识记字形。如：“自大一点就是臭(臭)”、“王大妈、白大妈，坐在一块石头上学文化(碧)”、“渴了要喝水，喝水要张嘴(渴、喝)”、“一尺一(尽)”、“人在云上走(会)”。⑥直观形象法。即用动作行为等直观形象地表示出字形特点。如：“大”、“灭”、“看”。

(3)字(词)义教学。字义的理解直接影响学生对字音、字形的感知和记忆，对学生运用词语、培养读写能力具有决定性意义，是识字教学的重点。其实，语言中能够独立运用的最小单位是词，而不是字，只有当一个字同时又是一个词(单音词)时，才具有明确的意义。所以，字义教学实际上是词义教学。主要方法有：

①语境法。即引导学生联系生活语境或上下文语境理解词义。这是字义教学最基本的方法。许多字(词)离开了具体的语境就无法讲清楚，令学生不容易理解，而且会越学越糊涂。如教“河水漫过小桥”一句中的“漫”字，引导学生联系上下文或生活经验，就能理解为“超过”的意思，如果照抄字典上的解释，倒不一定那么贴切。②直观法。即运用实物、标本、模型、图片、幻灯片、录像或动作、表情等直观形式，让学生观察或直接接触，把字(词)与具体事物联系起来，从而形成正确的概念。如“鲸”、“衔”。③比较法。即让学生利用熟悉的同义词、反义词来理解生词的意思。如“高一矮”。④运用法。即让学生用组词造句的方法在实际运用中理解字词义。这种方法比较适用于既无法用动作演示，又无法用语言或其他的方法把字义解释清楚的字词，特别是一些虚词。如“也”、“把”。⑤构字法。即利用汉字的造字规律，通过分析字形来理解字义。如“伞”、“笔”。

在实际教学中，汉字的音、形、义是密不可分的。具体到某个字的教学时，则应根据情况确定音、形、义哪方面是重点，不要平均使用力量。

(三)写字教学设计要点

1. 教学目标

写字既是一项重要的语文基本技能，又是一个人语文素养的体现。学习书写的过程，是巩固识字、体会汉字文化的过程，有利于培养学生热爱汉字的情感、良好的学习习惯。因此，此次课程改革特别重视写字教学。《语文课程标准》关于写字的总目标是：“能正确工整地书写汉字，并有一定的速度。”阶段目标则强调引导学生掌握基本的写字技能，养成良好的书写习惯，体会汉字的优美与艺术。

2. 教学重点、难点

写字教学的重点是教会学生科学实用的写字方法，养成规范良好的书写习惯，进而形成较为稳定的写字技能。汉字数量众多且字形结构复杂，字形教学已经是识字教学的难点了，再要求学生在此基础上学习执笔、书写等，难度之大可想而知。

3. 教学方法

首先，要明确书写技能的要求，循序渐进，逐步达到。字的笔画、偏旁、结构的书写方法是最根本的写字方法，要由简入繁地教学生掌握。其次，必须使学生有意识地书写，不是机械重复，而是使动作向完善化的方向转变，不必要的动作得到抑制，需要的动作得到合理的组织和强化。再次，教师对书写基本知识和技能的每一项要求都要作仔细的讲解和必要的示范。学生了解之后，要反复练习，训练学生的写字技能。在教学过程中，教师要做到讲解、练习、示范相结合。

三、识字与写字教学设计案例与评析

（一）拼音教学设计案例与评析

《汉语拼音 d、t》教学设计与评析[①]

【教学目标】

1. 学会声母 d、t，读准音，认清形，正确书写。

2. 认识 5 个生字，初步朗读儿歌。

3. 学会 d、t 与单韵母拼读的方法，并练习拼读音节。

4. 理解主题图的内容，培养学生具有乐于助人的精神。

【教学重点】

掌握 d、t 的发音及 d、t 与韵母拼读的音节。

【教学难点】

正确掌握 d、t 的发音要领。

【教学方法】

提问法；练习法。

【教学手段】

多媒体辅助教学。

【课时安排】

1 课时。

【教学过程】

一、创设情境，复习引入

1.（课件出示“小白兔”图片）同学们，你们看这节课谁来到了我们的课堂？你们欢迎它和我们一道学习吗？

2. 谁愿意向小白兔介绍一下我们学过的汉语拼音老朋友？（出示学过的声母、单韵母）在读韵母和声母时我们要注意什么？

3. 导入：小白兔给我们带来了好朋友，（出示字母卡片“d、t”）你们认识它们吗？你是怎样认识的？

4. 交待目标：这节课我们要掌握两个本领：一、学习汉语拼音的本领，我们要学会 2 个声母；二、识字的本领，要认识 5 个生字。孩子们，你们有信心将本领学到手吗？

【评析】 良好的开端是成功的一半。针对低年级学生的特点，在导入环节，教师设计了复习旧知、情境创设、语言激励等方式，用以激发学生的学习兴趣。

---

① 人教版一年级上册。来源：抚顺教育网 http://www.fsjyw.com.cn。略有改动。

二、指导读音，识记字形

1. 教师示范声母 d、t 的读音。

2. 体验发音要领：请你把小手放到嘴边读一读，你发现了什么？

3. 根据发现的这两个声母的读音要领，同桌之间互相练读 d、t 的读音。

4.（出示“队鼓图”、“鲤鱼图”）你看小兔给我们带来了两幅图，你能借助图记住 d、t 的模样吗？

5. 拓展训练：你看它们还像什么，你还能用哪些更好的形象记忆的方法记住它们呢？

6. 区别字形，小组交流：我们学过的哪些拼音老朋友的模样和 d、t 相像呢？你怎样区分它们呢？（板书：b—d—p t—f）

【评析】 教师设计的探索发现、掌握学习方法、小组合作探究等活动环节，充分体现了新课程理念所倡导的自主、合作、探究的学习方式。

三、开展游戏，指导拼读

1.“小兔拔萝卜”游戏，认读字母 d p f m b t o u a。

2.“小狗吃骨头”游戏，拼读音节 d—du t—tu，以及它们的带调读音并和带调音节组词并造句。

3.“小猪打气球”游戏，看图认读音节词 dàbó tǔdì dǎbǎ dìtú

【评析】《语文课程标准》中提出“汉语拼音教学宜以活动和游戏为主”的建议。此内容的设计具有灵活性和层次性，通过游戏的形式，使学生在“玩中学”，激发学生的学习兴趣。

四、观察字形，指导书写

1. 认真观察每个字母所占四线格的位置。

2. 要想写好，你能给大家提个醒吗？

3. 范写拼音。（强调笔顺）

【评析】 教师注重字母拼写的规范训练，指导扎实、到位，也为养成良好的写字习惯打下坚实的基础。

五、理解图意，认识生字

1.（出示主题图）请你仔细地看图，试着讲一个关于大马和小兔的故事。

2. 德育渗透：从小兔的身上你学到了什么？

3.（课件：在主题图中显示生字）你认识这些字吗？你是怎样认识的？看谁是我们班的识字大王。

4. 出示卡片练读生字。

【评析】 引导学生编故事，既能引起学生的学习兴趣，训练口语表达，培养创造性思维，又能突出德育教育，体现情感态度价值观的正确导向。鼓励学生说识字的途径和方法，体现了“从生活实际出发识字”的理念，充分调动了学生的积极性。练读生字体现了拼音与识字的关系。

六、试读儿歌，巩固字音

1.（出示课件）教师范读儿歌《轻轻地》。

2. 画出带有本课所学声母的音节，并练习读一读。

3. 画出自己认识的字，在小组同学之间比一比，看看谁记得多。

4. 配乐读儿歌。

【评析】 生动形象的语言和画面，把图画、拼音、生字联系起来，使所学的拼音字母回归到具体的语言环境中，在读中促进了学生语言的积累，增强了识字能力。

(二)识字与写字教学设计案例与评析

《识字1》教学设计及评析①

【教学目标】

1. 认识"万、复"等13个生字，会写"万、丁"等5个字。

2. 朗读并背诵课文。

3. 留心观察春天景物的变化，感受春天的美，能主动积累有关春天的词语。

【教学重点】

认识"万、复"等13个生字，会写"万、丁"等5个字。

【教学难点】

会写"万、丁"等5个字。

【教学方法】

提问法；练习法；朗读法。

【教学手段】

多媒体辅助教学。

【课时安排】

1课时。

【教学过程】

一、音乐激趣，进入春天

播放歌曲《春天在哪里》，引入新课学习。

【评析】 利用歌曲创设情境，激发了学生的学习热情。

二、看图学词，感知春天

1. 多媒体出示课文插图，学生观察。

2. 你能用完整的句子把你看到的、听到的告诉大家吗？

3. 图中有什么鸟？它们各自在做什么？

黄莺在唱歌，我们可以用"莺歌"来表示；燕子在跳舞，我们可以用"燕舞"来表示。教师相机出示词卡——莺歌燕舞。(指名学生朗读，小组赛读，齐读)

图中的黄莺和燕子表情怎样啊？你们能读出它们的快乐吗？(指名读，齐读)

4. 细心的你还能从图中看到什么？

根据学生的回答，教师相机教学"柳绿花红"、"冰雪融化"、"百花齐放"。3个词语的教学均按看图回答—出示词卡—以点到面地读—再看图—有感情地朗读的程序进行。

【评析】 借助插图，让学生还原并丰富词语的形象；再读词语，使其感知春天的丰富、生动和美丽，并在读中产生"画面感"，这样有利于培养学生的语感。词语的呈现和朗读的指导均从学情出发，不生拉硬套，较好地体现了"顺学而导"的教学思想。

5. 聪明的你能从无声的图中听到些什么？

根据学生回答，教师相机出示"泉水叮咚"、"百鸟争鸣"。学生朗读。(如果学生说听到

---

① 人教版一年级下册。来源：中国语文网 http://www.cnyww.com。略有改动。

"莺歌"也要肯定学生)

你认为这两个词该怎样读呢?

(根据学生回答,教师提示"泉水叮咚"要读出流水声的清脆;"百鸟争鸣"要读出许多鸟儿都在啼叫,"百"是重音)

6.齐读上述6个词语:"柳绿花红"、"莺歌燕舞"、"冰雪融化"、"泉水叮咚"、"百花齐放"、"百鸟争鸣"。

7.这些我们看到的、听到的,表示动物们、植物们都醒了,这便是——(教师出示词卡"万物复苏",学生读:万物复苏),这让我们感到——(教师出示词卡"春回大地",学生接读:春回大地)。

【评析】 教学设计突破了一般的按照课文顺序逐词教学的线性结构,力图充分培养学生的感知能力,从学生的"看"、"听"角度出发,将文中词语大致分为两类。这样看似无序的8个描写春景的词语,从分述的"所见"到"所听",再到"整体",不仅体现了教学的逻辑,也顺应了情感升华的过程。

三、朗读词语,抒发情感

1.利用多媒体分别出示文中词语描绘的图画,学生以四字词语抢答。

2.与喜欢的小伙伴合作朗读。

【评析】 抢答和合作朗读的形式进一步让学生从整体上感受春天美景,既符合儿童的年龄特征,增强趣味,又符合阅读整体—部分—再整体的螺旋上升规律。

四、总结全文,师生共读

1.春天的图画五彩缤纷,春天的声音变幻无穷,让我们一起用优美的词语来赞美多彩的春天吧!师生齐读8个词语。

2.比一比,看谁能用最快的速度把8个词语背下来。

五、识字交流,写字指导

1.课件呈现8个词语,让学生找出13个要求会认的生字。学生尝试自我认读。

2.同桌互读,交流认字方法;互考,互相辨音,看谁读得准。

3.游戏:燕子报春。让学生当"燕子",课件随机出现生字,要求学生正确读出生字。

4.说说书上田字格里的生字哪个最难写。重点指导"万"字,教师具体范写,着重强调"横折钩"运笔过程的轻重和笔势的变化。

5.学生自写课后生字,展示评议。

【评析】 把识字、写字安排在感知课文内容之后,看似颠倒了顺序,实际上体现了学生识字和记字的一般规律。儿童识字总是先从整体上关注轮廓,再具体分析、尝试记忆,之后通过多次复现来巩固,才会有效地记住生字。这13个要求会认的生字,在整体感知词语中已经多次呈现,学生已经不陌生了,因此会比孤立呈现生字来机械识记的效果好。

六、实践活动:找春天

学生走出课堂,到大自然里找春天。说说自己找到的春天是什么样子,是什么样的色彩。在找春天的过程中听到哪些声音,用上一些词语,完整地说给大家听,也可以把找到的春天画下来。

第二节　阅读教学

在现代社会里，阅读是人们最基本的学习活动。阅读作为人的一种基本生活方式，对于个人和社会具有重要的作用。阅读是语文教学的主要教学形式，也是语文教学的重点和难点。《语文课程标准》提出，“阅读是搜集处理信息、认识世界、发展思维、获得审美体验的重要途径。阅读教学是学生、教师、文本之间的对话过程”。据此，我们认为：阅读教学过程是在教师的指导下，以学生为主体的对于文本的感受、理解过程，是师生双边互动、交流、对话的过程。

一、阅读教学内容

关于阅读教学内容的观点比较多，我们认为苏立康在《中学语文教学研究》中的相关论述还是比较全面恰当的，该观点认为阅读教学的内容具体可分为以下五个方面。①

经典文篇。经典文篇就是从古今中外文化典籍中精选出来的世界和民族优秀的文化和文学作品。学生学习这些经典文篇的主要任务是沉浸于这些诗文，对诗文加以内化(了解和欣赏)，并且注意记诵和积累，让这些经典文篇成为自己文化素养的有机组成部分。

言语经验。语文教科书中还有一部分选文是作为运用语言表情达意的成功范例而编选进来的。使用这种例文时，要注意寻求它在哪一个方面发挥了“例子”的作用；要研究这些成功的个人言语经验如何凝聚了丰富而又独特的人文体验，又具有哪些普遍适用的言语规律。

读解策略和方法。阅读主要是为了理解文意、提取信息、体验情感、分析观点，需要有能够调控阅读过程的策略，主要包括：认知语言的策略、还原语境的策略、提纯撮要的策略、联想生发的策略、问题导向的策略。阅读过程还必须有多种阅读方法作支撑，主要包括：朗读与默读、精读与略读、速读。

语言文化知识。在语文教科书中，还有一部分专门供学生阅读的材料。这些材料有的讲述语言和修辞知识；有的介绍作家和作品常识；有的说明某种文化或科学现象；还有的给学生提供听、说、读、写言语活动的方法。这些材料就是专门为学生提供的语言文化知识，主要目的是提供信息、介绍资料、组织活动、引起探究，并指导学生在相关的言语实践中去运用这些材料。

整合性阅读实践活动。阅读是一种综合性很强的实践活动，阅读教学必须培养实用的阅读能力，这种能力不可能仅靠语文教科书中有限的文选来培养，因此，在语文教学中，还应注意安排和组织各种整合性阅读实践活动。

二、阅读教学设计要点

(一)教学目标

《语文课程标准》关于阅读教学的总目标是：“具有独立阅读的能力，注重情感体验，有较丰富的积累，形成良好的语感。学会运用多种阅读方法。能初步理解、鉴赏文学作品，受到高尚情操与趣味的熏陶，发展个性，丰富自己的精神世界。能借助工具书阅读浅易文言文。九年课外阅读总量应在400万字以上。”这一目标突出了学生的主体地位，突出了多读以及

---

① 苏立康：《中学语文教学研究》，第123～129页，北京：中国广播电视大学出版社，2003。

知识的积累，突出了学生能力的培养，尤其是独立阅读能力的培养。

（二）教学重点、难点

总的来说，阅读教学的重点是培养学生的感受、理解、欣赏和评价能力。这种综合能力的培养在不同阶段有不同的侧重。小学阶段，阅读教学是基础，具有入门与启蒙的特质。低年级与识字教学相结合，以字词教学为重点；中年级以句段教学为重点；高年级要与初中阶段相衔接，以篇章教学为重点。低中高年级应形成一个明晰的教学序列。初中阶段，阅读教学主要是篇章阅读实践，更偏重于积累和理解，以进一步培养学生的阅读能力。高中阶段，阅读教学则是在初中阶段基础上的全面拓展和延伸，更偏重于鉴赏和运用。

从宏观层面来看，语文阅读教学的难点主要有以下几点。①如何筛选教学内容。阅读教学的内容广泛、丰富，教师要根据课程标准的要求和教学目标以及学生的实际需要对阅读教学内容进行选择和取舍。这就要求教师必须具备深厚的学科功底和高超灵活的备课技能，因此是阅读教学的难点之一。②如何优化教学过程。现阶段的阅读教学过程太繁、太复杂，又太雷同，往往千课一面、千篇一律，这也是阅读教学面临的一大困难。③如何灵活、合理地运用教学方法、教学策略。不少阅读课上僵化的教学方法、策略往往使人昏昏欲睡，很难激发学生的学习兴趣。因此"教无定法，贵在有方"这个理念实施起来颇有难度。④如何有效地检测学生的阅读能力。阅读教学的最终目的是培养和提高学生的阅读能力，但是现阶段的检测手段仍以争议颇多的标准化试题为主，将师生往应试的道路上赶，严重扭曲了阅读的本质，使阅读教学围绕着考试这个指挥棒畸形运转，难有起色。

（三）教学过程

阅读教学过程按不同的分类标准来分，有不同的过程：按文体分，有记叙文、说明文、议论文等教学过程；按单位分，有一学年、一册书、一个单元、一篇课文和一节课的教学过程。语文教材是以文选的形式编排的，一篇篇的课文是一个个基本单位，它们连缀成一节一节的课堂教学，并组成单元教学，进而形成一册书、一学年的阅读教学。因此，我们主要介绍一篇课文的教学过程。

一篇课文的基本教学过程通常可以分为"导读—教读—应用"三个阶段。我们以课文《春》的教学过程为例加以说明。

导读阶段主要是引导学生进入课文的学习。导读的形式和内容比较丰富，通常有以下几点。①设计导入方式，激发兴趣。如："一提到春天，我们就会想到春光明媚，绿满天下，鸟语花香，万象更新。古往今来，许多文人墨客用彩笔描绘它，歌颂它。同学们想一想，诗人杜甫在《绝句》中是怎样描绘春色的？（生背）王安石在《泊船瓜洲》中怎样描绘的？（生背）苏舜钦的《淮中晚泊犊头》一诗中又是怎样写春的呢？（生背）现在我们就欢快地生活在阳春三月的日子里，但是我们往往知春，而不会写春，那么请看朱自清先生是怎样来描绘春景的色彩、姿态的呢？"这段导语先温习以前所学关于春的诗句，之后顺势引入新课。回味古诗，无形之中，学生就感受到春天的绚丽多彩，而朱自清的《春》更对他们有了诱惑力。这样导入，学生必会迫不及待地去赏《春》。②交待教学目标，提出学习要求。如展示本课的教学目标"反复朗读，领会作者赞美春天、积极进取的思想感情；感知内容，学习作者细致观察，抓住特征多角度地描写景物的方法；揣摩词语，欣赏精彩、优美的语言，初步掌握比喻、拟人的修辞方法"。这样能使学生明确教学和学习的方向。③检查学生预习情况，掌握学情。比如要求学生回答"通过预习，你能概括一下作者是从哪几个方面来描写春天的吗？"然后根据学生的回答来检查预习情况，及时调整教学。根据教学需要，这几点可以单独使用，也可同时进行。

教读阶段主要是带领学生研讨分析课文，启发学生思维，进行情感、态度、价值观教育。如《春》的教读阶段。第一，整体把握。从结构上切入：师生齐诵，读后讨论文章的行文线索（人盼春—人赏春—天人合一—赞美春）。第二，重点、难点突破。从词语上突破（找出你认为用得好的词语，并分析）；从修辞手法上突破；从语言品读上突破（主要通过朗读，感受表达效果，体会写景风格：观察与描写；语言的艺术；诗情与画意；生命的灵气）。

应用阶段主要是布置练习、指导学生练习，这个阶段有时就包含在教读阶段内，同时完成。如《春》的教读阶段完成后，要求学生“仔细观察秋景，写一篇《秋天》的小练笔”。

“导读—教读—应用”是课文教学的基本过程，每一阶段的具体安排要视教学内容和学生的具体情况而定。

（四）教学策略

1. 处理好三个维度的融合

《语文课程标准》提出知识和技能、过程和方法、情感态度和价值观这三个维度。在阅读教学中，知识和技能是基础，过程和方法是载体，情感态度和价值观是核心，三者应相辅相成，融为一体，共同实现，不应有所偏废。

2. 灵活运用各种教学方法

语文阅读教学的方法可以说是百花齐放，比较常用的有以下几种。

(1)讲授法。讲授法是教师通过口头语言向学生描绘情境、叙述事实、解释概念、论证原理和阐明规律的教学方法。讲授法是使用最广泛的教学方法，同时又是最古老的教学方法。尽管它是一种传统的教学方法，但在今天仍很广泛地被使用，因为在运用其他种种教学方法时也不能完全脱离教师的口头语言讲授。

(2)阅读法。阅读法是最能体现语文学科特点的一种教学方法，包括以下类型：按有无声分为朗读和默读；按速度分为速读和慢读；按程度分为精读、略读和浏览。比如说朗读，朗读是在对书面语言达到一定的理解和感受的基础上，将其转化为有声语言，并能表达得准确而连贯。教师主要进行范读、领读，起到以读带讲的作用；学生可以单读、跟读、齐读、分角色读；教师要加强对朗读的指导。

(3)提问法。提问法是以师生相互问答为主要方式来组织课堂教学活动的一种教学方法。提问法是教师在阅读教学过程中常用的教学方法，教学的每一步深入都离不开提问。

(4)讨论法。讨论法是教师依据教材内容与特点引导学生对某些问题或知识点各抒己见、畅所欲言的一种教学方法。讨论法要求教师根据教学目标来确定讨论的内容和形式，在民主平等的氛围中充分调动学生的主动性和积极性，解决相关问题。例如契诃夫的短篇小说《变色龙》，教师请学生讨论“小说中有没有正面人物”这样一个问题。学生认真研读课文，各抒己见，广泛讨论分析，加深了对人物形象以及作品主题的理解和认识。

(5)情境法。情境法是指利用生活场景、图片、幻灯片、投影、电影、电视、实验室、录音、录像、演课本剧、计算机课件等，创设一定的教学情境，使学生在具体直观的情境中观察、体验、思考、练习的一种教学方法。情境教学法最大的优点是教学内容的情境化和教学方式的科学化，能够打破时空限制，把古今中外的社会现象和天南地北的自然景观生动形象地搬进课堂，把丰富多样的教学内容化为具体直观的情境。比如教《死海不死》，教师把一个鸡蛋放入装满水的玻璃杯中，鸡蛋悬浮在水中，然后教师不断往水里加盐，加到一定程度，鸡蛋就漂浮起来了，从而帮助学生认识到“死海不死”的科学原理。教《木兰诗》可以播放古曲《十面埋伏》，帮助学生感受“将军百战死，壮士十年归”的沙场拼杀场面。

(6)练习法。练习法是指教师指导学生在完成口头作业或书面作业的过程中阅读和理解课文，并把知识转化为能力，是导读的一种形式。练习法的主要方式有朗读、背诵、默写、答题、智力竞赛、填表、制图、写短文等。

此外，阅读教学还有点拨法、导读法、启发法、整体感悟法等多种教学方法。在阅读教学中，教师必须根据教学内容、教学目标、学生特点、客观条件等合理、灵活地选择合适的教学方法，提高教学效率。

3. 打破单一教学模式

教学模式能够使比较抽象的教学理论转化成教师容易理解和掌握的实施方案，有助于优化课堂教学结构，提高教学效率。在阅读教学中，课文内容不同、学生情况不同、教学条件不同、教学风格不同，决定了教学模式的多样化，因此需要探讨出一系列多元的模式来适应不同的教学活动。

长期以来，在阅读教学领域占统治地位的是串讲式教学模式——分段、逐段分析、总结段落大意和中心思想——虽然易于操作，但是僵化、刻板，枯燥无味，教学效率低下。针对这种情况，自 20 世纪 80 年代中期开始，不少语文教育工作者在实践中逐渐摸索总结出一些新的阅读教学模式。如：魏书生老师提出了“定向—自学—讨论—答疑—自测—自结”六步教学模式，钱梦龙老师提出了“三主四自式”导读法，顾泠沅老师提出了“诱导—尝试—归纳—变式—回授—调节”六环节教学模式等。这使阅读教学模式呈现出百花齐放、异彩纷呈的景象。课程改革开始之后，在继承、借鉴、融合、发展以往诸多教学模式的基础上，又涌现出不少科学实用的阅读教学模式。如：“自学提问—筛选问题—交流探讨—反馈归纳—深化提高”的“自学—合作”五步教学模式；“激趣导入—交流预习—品读感悟—拓展延伸”的“品读感悟”教学模式；“质疑·探究—发现·展示—拓展·迁移”三步教学模式等。在阅读教学中，应根据实际需要选择不同的教学模式，达到教学效果的最优化。

4. 注重体验与对话

目前的阅读教学，不少教师总是急于在课堂上通过各种手段把关于课文的现成结论教给学生，以教师的分析代替学生的阅读实践。其实，阅读首先是一种体验，阅读能力的提高有赖于阅读体验的积累。学生的阅读体验对文本意义有着建构作用，即文本的意义只有在学生的阅读体验中才能生成，学生的体验会赋予文本以新的意义。因此，在阅读教学中必须重视学生的阅读体验过程，给学生创造一个自由体验的空间，让学生充分体验文本，作出自主的解读，教师再相机加以点拨，这样的阅读教学才会进入师生和谐共创的佳境。

在引导学生阅读体验的基础上，教师还必须重视对话。《语文课程标准》提出“阅读教学是学生、教师、文本之间平等对话的过程”，这是以现代对话理论作为基础的。现代对话理论认为，作者与读者之间的关系，就其本质而言，体现了人与人之间的精神联系，阅读行为也就意味着人与人之间确立一种对话和交流的关系。这种对话和交流是双向的、互动的、互为依存，是主体与主体之间的关系。读者的阅读过程，尤其是阅读文学作品的过程，正是一种共同参与乃至共同创造的过程。在对话的过程中，教师运用各种教学方法和手段带领学生学习、阅读文本；各种经验、各种思想交流、汇集、碰撞、协调，从而实现师生的共同进步与成长。

三、阅读教学设计案例与评析

《论美》教学设计与评析[①]

【教材分析】

《论美》一文是在苏教版初中语文实验教材九年级上册第三单元第十二课。本文选自于英国哲学家培根的名作《论人生》，为经典著作。随感式的写法虽于条理上不够分明，却于字里行间透露出哲学家对“美”的理解，对人生的感悟，相信会成为一篇对学生进行“美”的教育和熏陶的绝佳范本。

【学情分析】

首先，本节课为比赛课，比赛要求借班上课。因此，与完全陌生的学生之间的交流、沟通与融合是首要解决的问题；其次，这个教学班所在的学校并未经过课改的训练，学生仍然习惯于在传统的教学模式下扮演知识的接受者、学习过程的被动执行者的角色，能否适应自主学习、合作探究，成为课堂的主人？再次，初三的学生，已初步形成了自己的审美观、价值观，再与他们探讨新的甚至可能是与以往大相径庭的观点，他们能接受吗？基于学生的这些具体情况，备课过程中必须要下大力气备学生、备课堂，事先预备好应对学生各种表现、回答的方案，并要着重构建平等、对话、尊重、和谐的师生关系和课堂气氛；在此基础上，引导学生反复阅读、品析、质疑、探究，只有这样，才能有上好课的条件。

【教学目标】

1. 熟读课文，个别语句当堂背诵。
2. 掌握通过联系语境、利用工具书探究词义的学习方法。
3. 学习运用比喻这一修辞手法以及杂感这一文学样式的基本特点。
4. 在反复阅读的过程中培养学生概括、探究、质疑能力以及表达能力。
5. 理解“美”的真正含义，学会在生活中识别美、发现美、创造美。

【教学重点】

反复品读课文，领悟课文大意及其所蕴涵的美的真谛。

【教学难点】

文中个别语句有前后矛盾、不够连贯或说法片面的疏漏，这对于学生的理解形成了一定的障碍。要在让学生了解这是篇结构自由灵活、语言跳跃性强的杂感以及翻译文学所难以克服的局限的基础上，引导学生大胆质疑，培养学生敢于向权威说“不”的怀疑精神。

【教学方法】

朗读法；提问法；讨论法；练习法。

【教学手段】

多媒体辅助教学。

【课时安排】

1课时。

---

① 苏教版九年级上册。来源：2004年安徽省初中语文新课程优质课评比一等奖教案（合肥四十六中　张峰）。

【教学过程】

一、设置情境，导入新课

请学生说说家乡之美，并引出疑问：什么是美？怎样才算是真正的美？

师：今天，我们就来学习《论美》，看看能否从中找到我们想要的答案。

（课件展示及板书课题与作者：《论美》，弗兰西斯·培根。）

【评析】 让学生介绍自己的家乡之美，不仅能够激发学生的求知欲和学习兴趣，还为学生的学习创设了一个符合本课内容所要求的学习情境以及轻松、和谐的学习氛围。

二、自读课文，感知文意

学生自由朗读课文。利用工具书探究字音、词义；把握文章主要内容。

师：现在，请同学们带着屏幕上的这两项任务，用5分钟左右的时间大声地自由朗读课文1～2遍。

（课件展示——自读任务：1.读准字音、了解大意；2.从文中找答案：培根认为，人有哪几种美？什么美最重要？怎样才能做到真正的美？）

【评析】 有目的的限时阅读是提高学生阅读效率和阅读能力的重要手段。在自读任务的设置上，除了引导学生从总体上把握课文的中心内容之外，还顾及到了文中出现的重要字词，引导学生利用工具书探究词义，既是字词教学的一种提高和升华，更是帮助学生体会学习过程和方法的重要途径。

三、研读课文，探寻美的真谛

让学生深入研读课文，从文中找出印象最深的句子，谈谈自己的认识。

师：了解了课文的主要内容之后，请同学们再一次深入研读课文，找出你最喜欢的句子，仔细品析玩味，从中探寻美的真谛。这一次希望同学们默读。

（课件展示——研读课文，探寻美的真谛：从文中找出你最喜欢的一句话，谈谈体会。）

【评析】 在这一教学环节中，教师把学习的主动权完全交给学生，真正变教师的“教”为学生的“学”，充分调动学生的主观能动性和创造性；与此同时，学生在表述自己观点的同时也能极好地锻炼自己的口头表达能力。

四、听读课文，提出疑问

引导学生对课文提出质疑；教师范读课文并介绍作者。学生听读、讨论、合作解决。

师：同学们刚才找出了许多自己喜欢的句子，也谈了不少感受。可是，我想知道，你们对课文有没有不明白、有疑问或者干脆是有异议的地方。

【评析】 抓住伟人语言中的疏漏培养学生的质疑精神和能力。

五、齐读课文，铭记睿文哲语

师：最后，让我们有感情地齐读课文，再次感悟美的真谛，铭记那些充满哲理和智慧的格言警句。

（学生齐读课文。老师请几位同学当堂背出几个较简单的句子，并鼓励。）

【评析】 强调朗读、背诵等学习语文的基本手段，体现了语文教学对本色的回归。

六、联系生活，识别、发现、创造“美”

列举生活中的现象，哪些美，哪些不美？“班级选美”活动，我们周围的同学谁美？美在哪儿？

师：对课文的学习到这里就告一段落了。下面，让我们运用今天所学的知识，到生活中去识别、发现、创造美。先来看大屏幕，判断一下，这几组人当中，谁美，谁不美。同桌之间可以互相交流意见。

（课件展示——联系生活，识别、发现、创造美：

1.《巴黎圣母院》中的敲钟人卡西莫多，样子奇丑无比，内心却十分善良，为了搭救女主人公艾斯梅拉达，敢于冒生命危险。

2.今年6月四川“慈善公益演出”开演前，部分深受歌迷喜爱和追捧的大牌明星，以组委会未能及时全额支付演出报酬为由拖延演出长达50分钟。

3.某校一高一学生，为追求时尚，多次向收入并不高的家长要求买价格好几百元的名牌服装、运动鞋。

4.世界名模辛迪·克劳馥，因其美貌被誉为“上帝恩赐的女人”；她还有独特的个性和思维，并参加了最大的慈善活动，为白血病人创建了一个慈善基金会。）

【评析】　学以致用。在学生学习了美的真谛以后，引导他们在生活中识别美、发现美、创造美，帮助他们树立正确的审美观、人生观、价值观，体现了语文教学的德育和美育功能。

七、小结及作业

（课件展示——作业：从课文中和课外书籍中各找出三句关于“美”的格言，抄写并背诵。）

第三节　写作教学

《课程标准》提出“写作是运用语言文字进行书面表达和交流的重要方式，是认识世界、认识自我、进行创造性表述的过程”。通俗地说，写作教学就是教会学生写文章的一种行为过程，也就是指导学生把自己看到、听到、想到的，借助于语言这一工具，选择恰当的表达形式，形成自己言语作品的过程。写作教学是语文教学的重要组成部分，也是语文教学的一个重点和难点。

一、写作教学内容

中小学写作教学的内容是一个目标确定、注重能力、循序渐进的体系，主要包括三个方面。

传授写作知识。中小学写作教学所涉及的写作知识包括：文章学的知识、写作学的知识、文体论的知识、文学理论。需要强调的是，《语文课程标准》提出在写作教学中要“淡化写作知识”，据此，我们认为所传授的写作知识应当是精要、有用的方法性知识，为学生的“写”服务。

培养写作能力。写作能力的培养是语文素养的综合体现。包括：写作的一般能力，如观察力、记忆力、思维力、联想力、想象力等；写作的专门能力，如书写能力、审题能力、立意能力、选材能力、构思能力、表达能力、修改能力。需要强调的是，中小学写作教学所培养的写作能力是一般文章的写作能力，不是从事文学创作的能力，其出发点和落脚点都在训练和培养学生的基础写作能力上。

培养写作习惯。良好的写作习惯对于写作水平的提高很有帮助。比如：观察的习惯、积累的习惯、构思的习惯、列提纲的习惯、修改的习惯、交流的习惯等。

在这三方面中，培养写作能力是核心，其余两方面都是为之服务的。

二、写作教学设计要点

(一)教学目标

《语文课程标准》关于写作教学的总目标是“能具体明确、文通字顺地表述自己的意思。能根据日常生活需要,运用常见的表达方式写作”。其中,“具体明确”是对写作内容的要求,“文通字顺”是对写作形式的要求,并且两个要求是并重的。“表述自己的意思”重在自我表达,发展个性。“能根据日常生活需要”表明了作文的实用性,重在交流信息,传达思想,适应社会需要。“运用常见的表达方式”是指学生必须掌握的诸如记叙、说明、议论、描写和抒情这些写作技巧。

(二)教学重点、难点

在不同的阶段,写作教学的重点有所不同。《语文课程标准》中说到,写作在小学低年级被称为“写话”,在中高年级都被称为“习作”,这主要是为了降低小学阶段写作的难度,降低学生对于写作的畏难情绪。因此,小学阶段的写作教学要以培养学生的写作兴趣和自信心以及基本的语言表达能力为重点。初中阶段,大部分学生的写作已经过了基本的语言关,因此,教学重点应放在鼓励自由表达和激发创新精神方面。高中阶段,教学重点应放在提升写作深度方面,即鼓励学生尽力追求思维的深刻性、情感的丰富性和表达的综合性。

写作教学的难点主要集中在以下几个方面:①中小学生对写作普遍存在畏难情绪。缺乏素材或发掘不到素材,导致学生写作时无话可说,而思想的浅薄、语言的贫乏、表达的单一又导致学生有话不会说。这些都极大地影响了学生对写作的信心,进而导致其对写作教学失去兴趣甚至设法逃避。②自由表达和创新表达难以有效实施。由于应试的压力,中小学生作文中充斥着“公共语言”和假大空式的语言,形式上也多为“新八股文”,这些都严重妨碍了自由表达和创新表达。③写作教学的随意性较大,普遍缺乏有效的教学计划和体系。④与阅读教学相似,写作教学的教学方法、教学策略比较单一僵化,“教无定法,贵在有方”这个理念实施起来难度也较大。

(三)教学过程

写作教学是以一篇作文的写作训练全过程为单位来设计教学程序的,其过程一般为四个阶段:立题—指导—批改—讲评。

立题阶段:就是为作文训练定题目,包括教师命题和学生选题两方面。应该提倡少写命题作文,鼓励学生自主选题,这样才能激发学生对写作的兴趣。

指导阶段:包括指导审题、立意、选材、组材、编写提纲、行文、修改等内容。①指导审题。审题是学生作文的第一关,指导审题主要是帮助学生看清题目的写作要求、审清题目的体裁及写作范围、准确理解题目的内涵和题旨、确定写作的重点和主题。②指导立意。立意就是确定中心思想,目的是使写作“言之有理”,要求正确、鲜明、集中、深刻、新颖。指导立意可以要求学生模仿范文立意;或者把教作文与教做人结合起来,提高立意;当学生作文立意遇到困难时,教师要设法组织学生再观察,做到边观察、边分析、边写作,在观察中立意。③指导选材。选材解决的是“言之有物”的问题。指导选材首先要鼓励学生通过观察与阅读积累材料,然后在比较分析的基础上围绕中心筛选典型、真实、准确、新颖的材料。④指导组材。组材就是组织材料、安排结构,解决的是“言之有序”的问题。指导组材主要是与阅读教学相结合,让学生掌握几种常用文体的基本结构形式、开头和结尾的方法、过渡衔接的方式。⑤指导编写提纲。作文提纲就是用最概括、最简练的文字,把审题、立意、选材、组材的结果文字化，拟出一个大体的写作计划。指导编写提纲可以通过师生共同讨论，就一个题目编出几个提纲，在此基础上，要求学生就文题自拟提纲，并要求学生将提纲与作文相比较，逐步提高编写提纲的能力。⑥指导行文。行文是指按照写作提纲进行写作，写成初稿。指导行文主要从内容和形式两方面入手。⑦指导修改。文章不厌百回改，修改是写作中必不可少的一个环节。指导修改主要是帮助学生明确修改的内容（标题、主题、材料、结构、过渡、语言、标点）和修改的方式（增补、删除、改动、调整）。

批改阶段：批改的内容包括文章的语言文字、材料组织、思想立意等。以教师批改为主，包括全面批改、重点批改、书面批改、当面批改等；也可采取教师浏览、学生批改的方式。

讲评阶段：主要是针对全体学生作文的主要优缺点、普遍性倾向的问题，面向全班进行总结性的评论讲述，包括专题式讲评、典型问题讲评、对比式讲评、综合讲评等。

（四）教学策略

1. 编制写作教学计划

编制写作教学计划是克服写作教学无序性、随意性，提高写作教学效率的重要措施。编制时应考虑以下因素：学生的实际情况，课程标准的要求（如写作次数、字数、水平等），阅读教学的相关进程，教师自身对写作教学的理解。写作教学计划的范围可大可小，大至某个学段、某个学年、某个学期，小至某个单元、某次作文。内容可以包括：本学年、本学期写作训练的次数、教学时间、题材范围、体裁样式及其具体要求、教学形式等。

2. 培养写作的兴趣和自信

中小学生对写作普遍存在畏难情绪，因此，必须积极利用各种方式、手段帮助学生培养写作的兴趣和自信。比如降低低年级的写作难度、减少写作的要求、鼓励学生自由命题、鼓励真实自由的表达、对学生的写作表示赏识等。针对学生写作时“肚里没货、笔下难文”的突出问题，特别要重视积累写作素材和语言素材。阅读是帮助学生获取写作素材和语言素材的有效途径，所以鼓励学生从课内到课外都要广泛阅读。生活中处处有写作素材、语言素材，要引导学生善于观察与发现。随时随地注意细致地观察，广泛地认识生活，从细微处做起，一点一滴地积累。日积月累，看得多了，记得多了，作文时就有物可写，有事可议，有情可抒。

3. 与阅读教学相结合

语文教材中的课文是学生作文的主要范例，教师在进行阅读教学时，除了帮助学生提高阅读能力外，还要让学生在阅读的过程中懂得这些文章是怎样写出来的，哪些地方写得好，为什么写得好，从而帮助学生掌握写作方法、写作技巧，提高写作水平。

4. 提倡创新作文课型。

写作教学要摒弃以作文训练为主导的单一行为，要提倡形式多样、活泼生动、形象具体的创新作文课型，如作文实践课、作文互评课、同学习作欣赏课、写作方法指导课、口头作文课等。使学生在不同写作课型中，在老师的点拨之下，在同学的交流、赞同下，将自己的所思、所想、所感真实地表露出来，切实提高写作水平。

三、写作教学设计案例与评析

《我爱我家》教学设计与评析[①]

【教学目标】

1. 了解关于作文选材的方法并合理运用。

2. 养成爱思考、爱探究的兴趣和习惯。

3. 感悟亲情、尊敬亲人，养成热爱家庭的情感和对家庭的责任感。

【教学重点】

通过材料把握关于作文选材的方法。

【教学难点】

通过选材方法判断所写材料的问题所在。

【教学方法】

谈话法；分组讨论法；点拨法。

【教学手段】

多媒体辅助教学。

【课时安排】

1课时。

【教学准备】

与父母一起回忆以前经历过的重要事情；与父母一起翻翻旧相册，听他们讲讲照片后面的故事；找一找家中的某一件你感兴趣的物品，问问父母它的来历。无论选择哪一项活动，在与父母交谈时都应该注意拟好谈话提纲和内容。包括：向父母介绍本次语文活动的内容和访谈的目的；你需要得到父母哪些方面的帮助；了解家庭故事过程中遇到的实际问题。（如询问故事发生的时间、地点、经过，故事涉及哪些人，等等）

【教学过程】

一、导入

亲情是人间最真挚而美好的感情之一，家庭是一个人成长的摇篮，浓浓的亲情不只在作者笔下，更萦绕在每一位同学身边。（或改用展示老照片）

打出幻灯片：浓浓亲情，动人心弦。亲情是人间真挚而美好的感情，描写亲情的诗文往往最能打动人。

二、赏析例文，归纳选材方法

1. 教师将例文打印成稿发给学生。（选3～4篇例文）

2. 讨论交流读后的启示。（学生讨论发言，各抒己见）

3. 师生共同归纳选材方法。

(1)紧紧围绕中心。

(2)选用最有代表性，最能反映事物本质的材料。

(3)选用真实具体的材料。

(4)选用新颖、有特点的材料。

---

① 来源：奉贤教育网 http://www.fx.edu.sh.cn。略有改动。

说明：选择有关家庭亲情的几篇例文，尝试着归纳以上几点。如果学生不能完成，教师可以适当提示。

【评析】　通过对例文的赏析，让学生根据具体案例主动探究、团结合作，分析归纳出选材方法，既培养了学生的探究能力、合作精神，又锻炼了学生的口语表达能力。

三、学生写作

将同学们采访的故事中最动情的地方描述下来。

说明：通过写一个片段，能够在短时间里检验学生向家长访谈的情况。

【评析】　讨论结束以后，教学过程自然推进到文章的写作，学生有了真实的情感、具体的内容、选材的方法，下笔成文应该不成问题。

四、分组评点交流

1. 四人一小组共同评点交流。

2. 各大组挑选出一篇参加全班交流。

学生可能出现的问题：审题不清使材料用错；脱离中心；例子不真实，缺乏感染力；例子新颖但缺乏说服力。

说明：范文选择不一定要最好的，可以选择大众化的，更有针对性；或者选择质量较差的，善意地指出问题并提出修改建议，让每一位同学都能从中受到教育。

【评析】　师生一起进行作文创作及修改，作文指导由静态转化为动态，更加生动具体。

五、小结

六、布置作业

完成作文《我爱我家》。（不少于600字）

第四节　口语交际教学

在人们的日常言语活动中，听占45%，说占30%，读占16%，而写仅占9%。可见，口语交际是现代公民必备的社会技能之一。口语交际教学就是在教师的指导下，通过具体生动的交际情景、交际活动的设置和开展，培养学生口语表达水平及交际能力的教学活动。它是构建语文素养的重要内容。

一、口语交际教学内容

口语交际的教学内容主要包括两个方面。第一，口语交际的能力，由倾听能力、表达能力和应对能力三方面构成。倾听能力包括语音辨识力、话语记忆力、话语理解力、话语评判力，这四个方面大致反映了听话活动中“听进—记住—听懂—会听”的过程。表达能力包括内部组码能力、快速编码能力、准确发码能力、定向传码能力，这四个方面大致反映了说话活动中的“思考—造句—发声—表述”的过程。应对能力是指在口语交际过程中，说话人往往需要随机应变，根据对方的谈话内容或已经变化的场景（如场内气氛、秩序、听众情绪、注意力是否集中等），机敏地改变思维路线，调整说话内容与方式。第二，口语交际的态度。口语交际的态度主要表现为语言的修养和文明的态度，如自信心、勇气、诚恳、尊重对方、有主见、谈吐文雅等。

二、口语交际教学设计要点

（一）教学目标

《语文课程标准》关于口语交际教学的总目标是要求学生"具有日常口语交际的基本能力，在各种交际活动中，学会倾听、表达与交流，初步学会文明地进行人际沟通和社会交往，发展合作精神"。总目标中所蕴涵的要义有三点特别值得关注。首先是"交际"二字，即必须重视口语交际的功能，口语交际是人与人之间的交流和沟通，它是一个听方与说方双向互动的过程，不是听和说的简单相加。其次是重在实践，在交际中学会交际，要以贴近生活的话题或情境来展开口语交际活动，重视日常生活中口语交际能力的培养，而不是传授口语交际知识。再次就是重在参与，口语交际教学离开了学生的参与就会显得名不副实。

（二）教学重点、难点

口语交际教学的重点是让学生"学会倾听、表达和交流"，要让学生在各种交际活动中掌握一些基本的方法、技巧和规律，并且这种掌握应是学生在交际实践中的自主体验、自我领悟、自能把握，而不仅仅是教师的技法传授，更不是口语交际知识的罗列与灌输。

课程改革之前，语文教学中并没有实际意义上的口语交际教学，因此，教学实践中出现了不少问题，这些问题正是口语交际教学的难点所在。①口语交际内容的真实性。教材所设计的口语交际练习均为虚拟情景，与学生的实际生活毕竟存在一定的差距。缺乏真实的生活基础，学生就没有真实的说话情境，常常没有说话的意愿，即使勉强为之，也显得空洞、虚假。②口语交际训练的实用性。受语文教学中偏重阅读和写作教学的影响，口语交际训练在很多时候依然带有浓厚的书面语体色彩，与日常的交际用语仍有较大差异，实用性大打折扣。③口语交际活动的交互性。口语交际课普遍具有很浓的说话训练课的色彩，整个教学过程中的说话训练都以个体、单向交流为主，即便有一些表面看似双向的交流，如教师提问、学生回答，这人说一句、那人说一句等，由于没有建立在倾听的基础上，学生的语言都没有内在的联系，并不能算是真正意义上的言语交互。没有互动和合作，就丧失了口语交际的本质属性。④口语交际训练参与的全体性。几个学生侃侃而谈、大多数学生当陪客或听众的现象在口语交际教学中很常见。缺乏参与的全体性，口语交际教学也就失去了应有的价值追求。⑤口语交际教学的评价体系和评价标准的构建。目前，口语交际教学还缺乏一套行之有效的评价体系和评价标准，这就导致教师难以准确了解到教学情况，进而不能及时调整教学策略，而学生也无法清楚自己的学习成果，继而降低学习的兴趣和信心。

（三）教学形式

口语交际教学是渗透在语文教学各个环节之中的，因此，其教学形式也是多种多样的，主要有以下几种：

口语交际课。口语交际课是为了培养学生日常口语交际的基本能力而设置的新课程，主要是利用教材提供的说话内容来训练学生的口语交际能力。

阅读课。阅读教学的本质就是教师、学生、文本三者之间互动的过程，是师生之间、生生之间、师生与文本之间交流的过程，因而阅读课是对学生进行口语交际教学的有利阵地。因此，可以充分发掘其中的训练契机。如：复述课文、课堂提问讨论、课堂评议等。

作文课。作文课中的口头作文是一种与书面作文相对的训练方式，也是训练学生口头表达能力的有效途径。

日常生活。培养学生的口语交际能力，单靠课堂训练还是远远不够的，应鼓励学生在日常生活中加强锻炼。因为生活才是口语交际的大舞台，在多彩的生活中才能真正学会口语交际。

（四）教学过程

作为一种新课型，口语交际课的教学内容和形式虽然是丰富多样的，但其教学过程一般可以归纳为以下五个阶段：明确交待任务—进入交际情境—操练交际技能—评价交际水平—扩大交际成果。明确交待任务，主要是教师向学生交待训练材料、训练形式和训练要求。进入交际情境，指学生按要求进行口语交际练习。操练交际技能，教师根据学生练习的具体情况，总结提炼需要掌握的交际技能，同时展开针对性的操练。评价交际水平，教师根据一定的标准对学生的训练情况进行评价，指出不足，提出改进。扩大交际成果，鼓励学生学以致用，在日常生活中广泛运用操练所学的技能，也可以布置相关的课后练习。

（五）教学策略

1. 创设交际情境

口语交际离不开交际情境，即交际的地点、时间、场合、交际者、交际者的身份及相互之间的关系等因素构成的交际环境。口语交际课中的情境有两种，一种是课堂的情境，一种是呈现于课堂却类似于现实的生活情境。教师要在课堂上努力去营造一种真实的交际情境，让学生有身临其境的感觉，这样才能激发学生的说话欲望，让学生觉得在课堂上有话可说，积极参与课堂的教学活动，口语表达能力才会得到提高。

创设情境的方法很多，常用的有言语描述法、情境再现法、电教创设法等。言语描述法就是教师通过语言描述把学生引入情境，激起学生的表达欲望。情境再现法就是创设仿真的教学情境。电教创设法就是充分利用融图、文、声、光、影于一体的现代教学媒体来创设情境，使学生有身临其境的感觉，充分唤起他们的多种感官，促使他们积极主动地参与交际活动。

2. 引导互动

口语交际的核心是"交际"，注重人与人之间的交流和沟通。只有交际的双方处于互动的状态，才能完成真正意义上的口语交际。因此，在口语交际教学中，应想方设法实现课堂教学中的双向互动。在特定的课堂交际情境中，大多发生的是师生互动、生生互动。教师在教学中要加强群体活动，可安排自由说、同桌说、小组交流等方式，使每个学生都有说的机会。只有这样才能将每位学生的积极性调动起来，让每一位学生都积极参与进来，确保每一位学生口语交际能力的提升。

3. 走向生活

"语文的外延和生活的外延是相等的"。生活就是口语交际的内容，口语交际就是生活的工具。只有在日常生活中不断实践，反复历练，把生活所得的一点一点累积起来，才会形成一个人的口语交际能力。因此，《语文课程标准》中强调以贴近生活的话题或情境来展开口语交际活动，重视日常生活中口语交际能力的培养，而不是传授口语交际知识。在学生的日常生活中存在着大量的交际活动，教师要打破课内课外的界限，引导学生利用这些活动展开学习和锻炼；还应采取多种形式，有针对性地组织有价值的活动（如课本剧表演、献爱心活动、小记者采访等），给学生增加交际实践的机会。在这些实践锻炼活动中，引导学生学会倾听、学会表达与交流、学会进行人际沟通和社会交往、学会与别人合作，从而逐步养成文明和谐地进行人际交流的素养。

4. 有效评价

有效的评价能够在口语交际教学中发挥导向和调控作用，是提高学生口语交际能力的必要手段。因此，对于学生的口语交际训练要尽量采用激励性、改进性和针对性的评价，这样不但能确保口语交际的顺畅进行，同时也能增强学生的自信心，让学生在潜意识中认定“我能行”，从而放松心态，以积极的态度、流畅的语言大胆交流。

另外《语文课程标准》建议“实施评价应注意教师的评价、学生的自我评价与学生间互相评价相结合”。这就要求口语交际的评价也要有学生广泛的参与，在评价中凸显学生的主体地位。

5. 发挥教师的示范作用

教师的语言是学生仿效的直接范本，教师与学生之间的口语交际活动时刻都在发生，因此，在口语交际教学过程中，教师必须身体力行，言传身教，在语言的规范化和表达技巧方面发挥示范作用，使学生有章可循，有例可仿。

三、口语交际教学设计案例与评析

《面对挫折》教学设计与评析①

【教学目标】

1. 要求学生大胆地倾诉自己面对挫折时的内心感受，并能用清晰、流畅的语言讲述自己或名人经受挫折的故事。

2. 使学生学会倾听、善于倾听、乐于倾听，在倾听中交流、沟通。

3. 引导学生积极面对挫折。

【教学重点】

如何大胆清晰地表达内心感受；学会倾听他人的发言。

【教学难点】

引导学生形成正确的面对挫折的态度。

【教学方法】

讨论法；点拨法；练习法。

【教学手段】

多媒体辅助教学。

【课时安排】

1 课时。

【教学准备】

1. 教师了解学生对挫折的认识程度，调查其对待挫折的态度和耐挫程度，关注学生的需要。

2. 引导学生回忆自己遭受挫折的故事。

3. 发动学生收集有代表性的、有教育意义的、感兴趣的古今中外抗挫明星的事例。

① 鄂教版八年级上册。来源：中国语文网 http://www.cnyww.com。略有改动。

【教学过程】

一、创设情境，激趣导入

师：先请学生听贝多芬的《命运交响曲》，边听边思考这是哪位音乐家的作品？在背景音乐下，老师示范讲述贝多芬的故事。

师：（过渡）听完了贝多芬的小故事，我们可以知道一个人在现实生活中，不可避免地会遭遇到各种挫折。其实挫折并不可怕，只要你能用正确的心态去面对。今天，我们口语交际的主要内容就是——用心倾听并交流：遭遇挫折如何面对！

【评析】　利用音乐、故事营造气氛，能极大地提高学生的学习兴趣，使学生很快集中注意力，把情绪转移到口语交际的学习上来。

二、开展“故事讲评会”

1.“讲一讲”

请同学们讲一讲自己收集或准备的关于面对挫折的故事。

要求：对讲故事的学生，要求“能注意对象和场合，得体地进行交流”，所讲述的故事要做到“内容具体、语言生动、条理清晰、突出要点”，“清楚、连贯、不偏离话题”。

2.“评一评”

听故事的同学既可以从以上要求中的几个方面对讲故事的同学进行评价，也可以谈一谈听完故事后的体会、感受或从中受到的启迪。

要求：听的学生做到“耐心专注地倾听，能根据对方的话语、表情等，理解对方的观点和意图”。

【评析】　口语交际的双向互动不但要求说者会说，还要求听者会听。这两个环节的设置就是为了培养学生良好的表达能力和倾听习惯，从而真正达到口语交际的双向互动。

三、开展“访谈会”

访谈一：“实话实说”

要求学生做到“说真话，抒真情”，把自己曾经遭遇挫折的真实经历说出来，与同学一起分享，并进行分析。

建议：采用两人合作比较理想，一人讲，一人听，并由听的同学对讲的同学进行采访，这样分工更加明确，也让学生更清楚地知道自己的角色。使每个人都有机会发表自己的观点与建议，也乐意倾听他人的意见。通过相互倾听可以了解他人对问题的不同理解，有利于摆脱以自我为中心的思维倾向。

访谈二：“知心热线”

创设情境：

1.小林的父母经常吵架并威胁要离婚，小林的心情坏透了，小林该怎么办呢？

2.小强在中考前夕向暗恋已久的女生表白，遭到拒绝，情绪十分低落，难以面对中考，也不知道今后如何面对那位女生。

要求：说的同学“能注意对象和场合”，“能就适当的话题作即席讲话和有准备的主题演讲，有自己的观点，有一定说服力”，“在交流过程中，注意根据需要调整自己的表达内容和方式，不断提高应对能力”。

【评析】　通过筛选提炼生活，设计出学生参与性的口语学习活动。创设情景，让学生置身其中，使学生产生想说、要说、不说不快之感，在具体的情境中培养学生的口语交际能力。

师引导：

1. 面对挫折的两种态度：畏难止步，向挫折屈服；迎难而上，勇于战胜挫折。名人之所以能成功是因为他们都能迎难而上，勇于战胜挫折。面对挫折，刚毅顽强；面对挫折，智慧豁达；面对挫折，勇敢无畏。

2. 师生小结掌握战胜挫折的方法：冷静对待；自我疏导；请求帮助；积累经验。

【评析】 淡化教育痕迹，把教学意图隐蔽起来，引导学生以积极乐观的心态面对生活，勇于接受挫折的考验。

四、小结

1. 学生总结收获。

2. 教师小结。

第五节 综合性学习教学

综合性学习是这次课程改革中提出的一种新的相对独立的教学形态。语文综合性学习是以学生自主、合作、探究为学习方式，以语文课程与其他课程相沟通、书本学习与实践活动相结合为主体活动，体现听、说、读、写能力与情感、态度、价值观的协调发展和语文素养整体提高的学生自主学习、主动探究的过程。

一、综合性学习教学内容

根据《语文课程标准》的要求，综合性学习在内容上主要体现为以下几方面的综合：一是语文知识传授及应用的综合；二是听、说、读、写能力训练的综合；三是德、智、体、美等课程因素的综合；四是语文与生活的综合；五是语文与其他学科的综合。根据这些特点和要求，在内容安排上，应充分利用学校、家庭和社区等教育资源，拓宽学生的学习空间，增加学生语文实践的机会，安排丰富多彩的语文实践活动和专题研究。

二、综合性学习教学设计要点

综合性学习从本质上说是一种学习方式。语文综合性学习以活动为主，选题宽泛（教材提供、自选），形式多样（阅读、朗诵、写作、辩论、讨论等），时间可长可短（一两节课、数月皆可），强调学生的自主探究、合作和创新，教师在其中主要起参与、协作、引导的作用。因此，与阅读、写作等相比，综合性学习的“教学痕迹”较淡。这里我们主要从教师的角度介绍综合性学习的教学策略和活动过程。

（一）教学策略

综合性学习作为一种全新的课程形式对语文教师提出了新的挑战。在教学策略上应注意以下几点：

1. 注重探究

综合性学习的一个重要目标是培养学生提出问题和发现问题的能力。因此，培养学生对事物强烈的探究兴趣，具有问题意识，是综合性学习的前提。探究的活动应该是与学生学习生活相关的、学生普遍感兴趣的问题。

2. 关注过程

语文综合性学习的教学目标一般不指向某种知识或能力的达成度，而是提出一些学习的活动及其要求，主要指向过程。因此，综合性学习是以实践活动为主要开展形式，强调学生的亲身经历，要求学生积极参与到各项活动中去，学习掌握初步的科学研究的过程。

3. 强调方法

综合性学习的各个环节都要重视方法的学习引导。要让学生学会制订学习活动计划和方案，学会搜集资料、筛选信息，学会在活动结束后写总结报告等。并且在整个学习活动中，学生掌握这些方法的途径并不是依赖教师讲授有关方法的道理，而主要是通过教师的点拨、示例，在学习实践中体验。

（二）活动过程

一般来说，实施综合性学习的过程要经历五个阶段；确定探究主题—制订活动方案—开展实践体验—交流分享成果—认真总结评价。

1. 确定探究主题

综合性学习活动必须有明确的主题作为指引。主题的确定可以是教师提出，给学生以引导示范，也可以是学生自己提出，这样更能激发学生的兴趣和参与的积极性。主题的内容可以是对课堂学习内容的生成和扩展，如“影响人生的神话、童话或寓言”；也可以关注生活中跟语文有关的现象和问题，如“网络流行词汇的调查研究”；还可以把语文和其他各个学科联系起来研究，如“季节之美”，沟通了语文与美术、音乐、地理等学科的联系，把相关的诗、画、音乐放在一起去赏析、研讨。无论选择什么样的探究主题，都要符合学生的学习实际，能引起学生的学习兴趣，使学生受到熏陶和影响。

2. 制订活动方案

一般来说，综合性学习的内容和过程都比较繁杂，适合以小组合作的形式来开展。因此，要制订活动方案，以增强探究的目的性、计划性和科学性，保证其顺利有效地进行。制订活动方案一般应以学生为主，教师给予指导，对不合理的地方可以提出意见或建议。活动方案一般应包括选题名称、研究人员及其分工、研究目标、研究的内容与方法、研究的步骤及时间安排、预期的研究结果等内容。

3. 开展实践体验

有了明确的目标和好的活动方案后，接下来便是具体落实和实施。学生要选择恰当的学习方式，搜集分析处理信息，展开相关活动，形成必要的成果。这一阶段是学生自主活动的阶段，教师主要起观察、帮助、提醒和督促的作用。

4. 交流分享成果

这个环节也是综合性学习必不可少的一个组成部分，交流分享实际上也是合作学习的一种方式。交流和分享的成果内容，包括物化的研究报告、图片资料和各种成果，也包括过程、方法及独特的体验，还包括对探究的批评建议和反思。学生首先应在小组内交流，然后推举代表在班上交流，教师依旧要发挥指导作用。

5. 认真总结评价

每次活动结束，每个学生都要对自己的学习过程进行总结，正确地认识自己的收获或存在的问题。可以围绕下列问题进行评价：如能否主动积极参与；能否注意合作；能否根据占有的材料形成自己的观点；能否主动发现问题和探索问题；能否综合运用知识解决实际问题；学习成果的展示与交流是否充分等。评价包括教师评价和学生评价：教师评价应以鼓励为主，学生评价包括自我评价和相互评价。

三、综合性学习教学设计案例与评析

《探索月球奥秘》教学设计与评析①

【教材分析】

《探索月球奥秘》是人教版七年级语文上册第四单元的综合性活动内容。以“月亮”为主题，让学生通过类似学者研究的情境，采用自主、合作、探究问题和网络信息与处理等活动，从不同角度对月亮这一主题进行研究。

【学情分析】

神秘的宇宙是孩子所向往的，但有些初一学生对月球的知识了解甚少。因此，他们对探索月球奥秘、去图书馆、上网查资料等非常感兴趣。

【活动目标】

1. 通过阅读科技作品，让学生初步了解有关月球的知识，培养他们的科学探索精神。

2. 欣赏文学作品，加深学生的情感体验。

3. 学会利用图书馆和互联网获取资料。

4. 自信、流利、有条理地表达自己的观点。

【活动重点】

了解月相、月食等天文知识，交流丰富多彩的中国的“月亮文化”。

【活动难点】

资料的收集和整理。

【活动准备】

教师：本次活动时间安排表；一份较详细的阅读书目和部分有关科学探索的网址；与月亮有关的文字、图片、音像资料；与月亮有关的文化艺术作品；每个学生一份活动评价表；一本“故事接龙本”。

学生：每人一个材料袋、一个教学笔记本（记录每晚观察月亮运行的情况，并画出示意图）、彩笔若干。

【活动过程（交流分享成果阶段）】

一、创设情境，导入新课

播放苏轼作词的歌曲《但愿人长久》，导入活动主题。

（设计意图：利用《水调歌头·明月几时有》创造出一种悠远与超脱的氛围，一份既古典又浪漫的情怀，恰与“探索月球奥秘”的专题相契合。）

二、学用苏词，共同探索

环节一：明月几时有

师：苏轼在开篇就提出了一个疑问：明月几时有？这是人类千百年来共同的疑问：月球到底是什么时候产生的？大家都来说一说你探索的结果吧！

（设计意图：让学生感受到科技在日新月异地发展，宇宙中有许多目前无法解开的谜；让学生学会根据话题，表达自己的看法，阐明自己的主张。）

---

① 来源：《黑龙江教育·中学教学案例与研究》2007年第5期。原文为教学实录，略作调整删节。

环节二：月有阴晴圆缺

师：下面我们来学习名句“月有阴晴圆缺”。请问：月亮为什么会有阴晴圆缺呢？

（设计意图：月相和月食是学生应该掌握的科学知识，我们没有条件参观天文馆，也没有什么仪器，就应该鼓励学生通过自己的观测和动手来主动学习。通过作品展示，既能起到示范作用，又能激发学生的竞争意识，从而巩固学习效果。）

环节三：我欲乘风归去

师：月亮如此神秘，大诗人都想乘风而去，你知道都有谁实现了去月球的梦想了吗？（过程中展示美国宇航员登上月球的图片，并介绍关于“美国登月的真实性”的争论。）

（设计意图：很多教师在授课中都怕有争议的问题出现。我想探索活动课应该培养学生的批评意识和怀疑精神。“美国登月的真实性”应该作为讨论的重点，顺势展望了我国航天事业的美好前景。）

环节四：千里共婵娟

师：“婵娟”是月亮的代称，月亮在中国文化中具有特殊含义，请学生交流讨论月亮的文化意义，如关于月亮的别称、成语、诗词、节日、风俗。

（设计意图：交流月亮文化是本次探索活动的重点内容之一，充分调动起学生的生活积累，课堂气氛必然和谐融洽；接龙游戏使全班学生都平等参与进来，课堂气氛必然积极活跃。）

三、开发想象，探索月球

师：月球与地球关系如此密切，如果我们去开发月球，你要做点什么？

（设计意图：这个过程不能只是生生互动，要做到师生平等，给学生留有思考的时间和空间。要激发学习热情，培养想象力，培养口头作文能力，并与各学科知识相关联。）

四、小结

师：大家的想法还有很多，把它们都记录下来，放进资料袋，订进书里，写进故事接龙里，不都很好嘛。这就是今天的作业。

师：同学们，科学与文化是一对孪生姐妹，人类文化博大精深，宇宙的奥秘神奇瑰丽，祝愿你们永远都能像本次活动这样自主、合作、探究地学习，成功的人生必将属于你。

【评析】 这一堂专题活动课的设计非常成功。教学环节设计巧妙，利用苏轼词中的名句带出月球奥秘，兼有艺术性和科学性，有明确的目标并具有启发性，使科学性很强的探索活动与文学文化知识融合在一起。教学中采取情感教学方式，尊重、鼓励学生探索，指导学生总结，给学生充分展示思维和才能的机会。利用多媒体和展台，展示学生作品，使学习过程成为发现问题、提出问题、解决问题的过程，体现对学生创新精神和创造能力的培养，突出体现以人为本的教育理念。

第三章 语文课堂教学技能训练与测评

第一节 语文导入技能训练与测评

一、语文导入技能的基本形式

语文导入的方法很多，从形式的角度可以归纳为五种。

（一）以讲导入

讲授在语文课堂教学中使用频率最高、运用最广泛，可以以讲授为主要方式进行导入，或讲述，或讲解，或讲演，或讲析。比如教学《短文两篇》时，教师讲述："今天我们开始学习初中阶段的第一篇文章《短文两篇》。《金黄的大斗笠》描绘了一幅风雨童趣图，画中充满生活的欢乐，纯真的童心；《散步》则选取生活的一角，通过几个细节，写了三代人之间深沉的爱。两篇文章都是写家庭生活的温馨、和睦、关爱。下面，我们就开始学习这两篇短文。"通过教师的讲述，学生对《短文两篇》的基本内容有所了解，朴实生动的语言更能引起学生强烈的学习兴趣，导入新课十分自然流畅。

（二）以读导入

阅读是最能体现语文学科特点的一种教学活动，用来导入也十分恰当，如吟诗诵词、朗读背诵、教师范读、学生默读。比如教学《夏天也是好天气》时，教师用充满感情、略显磁性的声音朗诵杨万里的七言绝句《晓出净慈寺送林子方》，朗诵把学生带入那种美丽的境界后，提问让学生辨别诗中所写的季节。接着讲述："我们今天也学习一篇写夏天的文章《夏天也是好天气》，作者素素，文章选自她的作品《走过四季夏》。"教师通过诵读古诗将学生带入夏季的美丽境界，接着再顺利过渡到新课，使学生对课文的学习从内容到思想情感方面都充满期待。

（三）以议导入

好奇与喜欢探究事情的结果是学生共有的心理特征，运用这一心理特征，可激发学生的学习兴趣。但简单地提几个问题作为设疑导入，效果一般，若是提问设疑，引发学生讨论、评议，必定会事半功倍。比如在教学《爱莲说》一文时，教师先引导学生讨论：你对莲花有哪些了解？你喜爱莲花吗？你喜爱莲花的原因是什么？……大部分学生讨论的结果，实质上已触及了文章的中心。针对学生形形色色的答案，教师并不急于下结论，只是顺势引入课文："大家的分析都有一定道理，那么宋朝文学家周敦颐又是怎样评价莲花的呢？今天我们就学习他的《爱莲说》。"这种方法简洁明快，可使学生的思维迅速定向，在学生初步体会的基础上再导入新课，学生接受起来感觉比较亲切、自然。

（四）以练导入

练习是对所学内容的巩固和提高，运用在导入环节一般是先做一道与新课有关的小型习题，温故知新，接着再相机导入。比如，在教学《春》一文时，可先让学生做一道小练习：说出描写春天的诗句、成语。学生在回答练习中兴趣盎然，课堂也春意融融，导入课文也十分自然流畅。

（五）以看或听导入

在导入环节中，要求学生观察图画、模型或实物，观看录像、幻灯片，听音乐，调动学生的多种感官功能，创设情境，可以发挥较好的激趣作用。如在讲授《背影》之前，可以先播放黄磊演唱的《父亲》，并请学生反思父亲在日常生活中对自己的关爱，使学生从一开始就沉浸在“父爱”的特定情境中；接着在音乐的伴奏声中播放课文录音，让学生再一次直观感受到有声语音带来的情感触动；然后进入文本，让学生用心去挖掘、体验、反思那份浓浓的亲情。通过这样的导入形式，随着感官功能的充分调动，学生也不知不觉地进入到新课的情感氛围中去了。

不论是讲、读、议，还是看或听，都体现了语文的学科特点。各个导入类型不是孤立的，彼此之间存在着千丝万缕的联系。教师在导入的过程中往往要综合、灵活运用多种方法才可能取得令人满意的效果。

二、语文导入技能案例与评析

在教《绿》一文时，开始教师在黑板上写道：“日出江花红胜火，＿＿＿＿＿＿＿＿。”“＿＿＿＿＿＿＿＿，明月何时照我还。”请同学填空。学生填完后，教师告诉学生，在“春来江水绿如蓝”、“春风又绿江南岸”两句诗中，每句都恰好包含了一位现代作家两篇散文的题目。待学生指出是朱自清的两篇文章，教师又擦去其他的字并用书名号框起《春》和《绿》。接着便与同学们复习已学过的《春》中对“绿”的描写：“小草偷偷从土里钻出来，嫩嫩的，绿绿的”；“树叶儿却绿得发亮，小草儿也青的逼你的眼。”继而又说：“今天我们要学的散文《绿》，并不是写春之绿，而是写秋之绿（边说边擦去《春》字，只剩下课题《绿》，很醒目），写潭水之绿。下面就让我们跟着作者到梅雨潭作一番游览，尽情地品绿、赏绿吧！”

【评析】　首先由两句古诗引发学生的发散思维，引出朱自清的两篇文章《春》和《绿》，形式活泼生动，成功地吸引了学生的注意力。接着联系比较两篇课文，温故知新，新鲜有趣，出人意料，并且从已学过的课文《春》十分巧妙地过渡到新课文《绿》，较好地调动了学生学习的积极性，是一次比较成功的新课导入。

三、语文导入技能微格训练与测评

（一）课堂导入技能训练

1. 选择你感兴趣的语文教学内容，设计导入方案，并分组对方案进行讨论、交流。要能明确回答以下问题：①导入的是一个单元、一篇课文、一节课，还是一个活动，等等。②你所选择的教学内容的教学目标是什么？③你所设计的导入方法的种类是什么？④你所设计的导入方案的设计依据及优点是什么？⑤你所设计的导入方案在实施中要注意哪些问题？

2. 根据所设计的导入方案进行导入技能的实践，组织 5 分钟左右的微型教学。

（二）课堂导入技能测评

参照第一部分教学一般技能测评指标体系表制定导入技能评价单进行测评。

第二节　语文讲授技能训练与测评

一、语文讲授技能的基本形式

讲授是语文课堂教学中使用频率最高、运用最广泛的一种最基本的教学技能，主要有四种基本类型。

（一）讲述

讲述是指教师采用叙述的方法来陈述或叙述语文知识。这种方法适合于教师在较短的时间内集中传授密集的书本知识，保证知识传授的系统性、完整性和深刻性。比如教学《从百草园到三味书屋》，可以用讲述的形式介绍作者和作品："鲁迅，原名周樟寿，后改名周树人，字豫才。浙江绍兴人。中国现代伟大的文学家、思想家、革命家，中国现代文学的奠基人。主要著作有小说集《呐喊》、《彷徨》，散文诗集《野草》，散文集《朝花夕拾》，我们今天学习的《从百草园到三味书屋》就选自散文集《朝花夕拾》。"

（二）讲解

讲解是教师采用解说和诠释的方式来讲授语文知识，释义析疑，解说难点，指点关键，一语破的。在解释字词、讲解难句、解说知识概念、解析史实典故、解答困惑疑难等时就可采用讲解法。比如教师对学生解释"应接不暇"："应——应付，接——接待，暇——空闲，不暇——没有空闲的时候，合起来可以解释为'应付接待不过来'。比如'公园里好玩的东西太多了，真让人感到应接不暇'。"

（三）串讲

串讲是以讲解字词、串通句意为主要内容的一种讲授技能。它的突出价值在于能使所教学的课文达到字字落实。串讲的通常步骤是：读—讲—串，即读一句（段），讲一句（段），然后贯通文意。串讲主要适用于讲授文言文及某些深奥难懂的现代文等。

（四）评析

评析是语文教师对所教的文章或学生作文的特色和思想内容加以分析评点的一种讲授技能。其中分析和评价的方法主要用来剖析文章内容、评论写作特点、讲评作文优劣等；评点或品评，就是对文章写作方法和思想内容加以品评圈点，指出其突出之处。比如教学《论语》中的"人不知而不愠，不亦君子乎"，可以通过评析来加深学生对文章的理解和感悟："人不知而不愠，看似简单，做起来却很难很难。人很容易在别人的不理解中怀疑自己，尤其是不成熟的少年时代，别人的看法会左右自己的行为。而孔子这句话说的正是一种境界，所以李泽厚先生说'世俗中有高远，平凡中见伟大，这是以孔子为代表的中国文化精神'。我们再来看这句话，首先这缘于一种自信。一个人如果相信自己所做的是正确的，即使别人一时不理解，或者一个时代的人不理解，终会有被理解被接受的一天，所以不必生气。其次，一个人不可能被所有的人都理解都接受，即使你是圣人，也一样有人不理解和不接受，这和你的思想正确与否无关，更不需要生气了。"

二、语文讲授技能案例与评析

教学《狼》的一段串讲①

……

生：（朗读）"一屠晚归，担中肉尽，止有剩骨。"

师：好，（板书：一屠）坐下。有没有读错的？（学生举手）

生："担中肉尽"的"担"读"dàn"。

---

① 人教版七年级下册 来源：中国语文网 http://www.cnyww.com。

师：好，现在我们查查字典看，为什么不念第一声，要念第四声？“dàn”。查查看，是什么词性？（学生查字典后举手）

生：名词。

师：是作名词的，对。如果它作动词，读“dān”；现在是作名词的，读“dàn”。我们看看：（范读）“一屠晚归，担中肉尽，止有剩骨。”——想想看，“止有剩骨”这个“止”，怎么解释？说说看。

生：只有骨头。

师：“止”解释“只有”。对不对？（生集体：对的。）为什么这里不解释“停止”，而解释“只有”呢？前面课文里有没有学过呢？大家想想看。——我们是学过的。（学生举手）是怎么讲的？

生：“舟止”。

师：“舟止”解释什么？

生：船停了。

师：对。那么，今天我们这里是不是解释“停”？这个“止”怎么说？是哪篇课文里学过的？（学生举手）

生：《黔之驴》里。

师：嗯。《黔之驴》里哪一句？

生：“技止此耳！”

师：对，“技止此耳！”“技止”的“止”，解释“只有”。看看，一个屠夫，（板书：一屠）他是什么时候回家的呢？——是晚上回家的：“一屠晚归。”昨天我们读另外两则的时候，有没有相近的词句呢？（学生举手）。

生：“日已暮”，“一屠暮行”。

师：好。“一屠晚归”，（板书：晚归）晚上回家。在书上把它画出来。这是时间。“担中肉尽，止有剩骨。”我们应该会解释了。哪个同学来解释一下？（学生举手）你说。

生：他挑的担子中没有肉了，只有剩下的骨头了。

师：嗯，对不对呀？对。（板书：剩骨）在书上把它画出来。接下来，我们一起把这个句子读一下。（师生齐读：“一屠晚归，担中肉尽，止有剩骨。”）

【评析】 这是对《狼》课文中一句的串讲。学生虽刚读初一，教师也没有字字句句地串讲，而是引导学生一起串讲，避免了“满堂灌”的弊病。解释新字联系旧知识，使学生容易理解，又复习了旧知识。在引导串讲中，读—讲—串，步骤合理自然，学生学得轻松、愉快，课堂气氛活跃，收到了较好的效果。

三、语文讲授技能微格训练与测评

（一）课堂讲授技能训练

（1）选择你感兴趣的语文教学内容，设计讲授方案，并分组对方案进行讨论、交流。要能明确回答以下问题：①你所选择的教学内容的教学目标是什么？②你所设计的讲授方法的种类是什么？③你所设计的讲授方案的设计依据及优点是什么？④你所设计的讲授方案在实施中要注意哪些问题？

（2）根据所设计的讲授方案进行讲授技能的实践，组织5分钟左右的微型教学。

(二)课堂讲授技能测评

参照第一部分教学一般技能测评指标体系表制定讲授技能评价单进行测评。

第三节 语文提问技能训练与测评

一、语文提问技能的基本形式

(一)提问的类型

从提问要求回答的内容来看,语文课堂提问可以分为以下五类:

(1)记忆型提问,要求学生用所记忆的知识照原样来回答。比如:《皇帝的新装》的作者是谁?

(2)了解型提问,主要是为了培养学生对所学内容感知的能力,为其深入理解打下基础。比如:《皇帝的新装》讲述了怎样的一个故事?

(3)理解型提问,要求学生在感知的基础上,通过分析、综合,抽象出规律性的认识,主要培养学生利用知识来理解文章的能力。比如:《皇帝的新装》这个童话可以分成几部分,每部分写什么?

(4)运用型提问,要求学生运用所学的知识来分析解决问题,从而把知识转化为技能。比如:《皇帝的新装》讽刺了什么样的人或社会现象?

(5)评析型提问,要求学生对文章(或全篇、或局部、或内容、或形式)进行欣赏、鉴别和评论。比如:你对这种社会现象有什么看法?

(二)提问的形式

语文课堂提问的形式很多,我们主要介绍以下几种:

(1)直问和曲问。直问就是直截了当提出问题,一般用"是什么"、"怎么样"、"为什么"的形式表达。比如:"年且九十"的"且"字是什么意思?曲问就是教师有意转换提问形式,即欲问甲问题而佯问乙问题,让学生在回答乙问题中求得甲问题的解答。比如:这个智叟是年轻人吗?(其实真正想问"叟"字的含义)

(2)正问和反问。正问就是教师从问题的正面设问。比如:怎样才能把记叙文写得生动、形象,做到以情动人呢?反问则是教师从问题的反面设问。比如:要想把文章写得生动形象,做到以情感人,我们要注意哪些问题呢?

(3)追问。追问是以某一个问题为起点,顺着第一个问题的思路逐层深入地追问下去,使问题得到全部解决。比如:《愚公移山》这个寓言一共写了几个人物?各个人对移山的态度如何?你比较赞同哪种态度?愚公究竟愚不愚?

(4)比问。比问就是让学生比较,得出结论。比如:愚公与智叟比,到底谁更聪明?

二、语文提问技能案例与评析

特级教师钱梦龙老师在教《石壕吏》时设计了这样一个提问:"有人认为《石壕吏》不是一首好诗,因为诗人杜甫在这首诗里始终是一个冷漠的旁观者,没有出来表态。你同意这种观点吗?"这个问题在课堂上一提出,立刻引起了同学们的兴趣,有的同学表示同意,有的表示反对,各自在文中找依据,最后基本统一于"诗人是通过人物刻画和情景描写来表态的"这一结论。

【评析】 这个问题其实问的是“人物形象塑造和情境描写对诗歌主题的意义”，但运用曲问的形式使提问的角度非常新颖别致，一下子引起了学生的兴趣，活跃了课堂气氛。学生在互动和参与中解决了问题，既完成了对教学重点内容的学习探讨，又培养了学生的思维能力和语言表达能力。

三、语文提问技能微格训练与测评

（一）课堂提问技能训练

（1）选择你感兴趣的语文教学内容，设计提问方案，并分组对方案进行讨论、交流。要能明确回答以下问题：①你所选择的教学内容的教学目标是什么？②你所设计的提问方法属于哪种类型、哪种形式？③你所设计的提问方案的设计依据及优点是什么？④你所设计的提问方案在实施中要注意哪些问题？

（2）根据所设计的提问方案进行提问技能的实践，组织5分钟左右的微型教学。

（二）课堂提问技能测评

参照第一部分教学一般技能测评指标体系表制定提问技能评价单进行测评。

第四节　语文结束技能训练与测评

一、语文结束技能的基本形式

语文课堂结束的形式很多，常用的有这样几种基本形式。

（一）归纳总结

这是语文教学最常见的结束形式。在教学结束时，引导学生对课堂所讲内容提纲挈领地进行概括、归纳、总结。比如于漪老师讲《茶花赋》的结尾：“祖国如此伟大，人民精神如此优美，一朵花能容得下吗？能。为什么能？这是由于作者运用丰富的想象，进行巧妙的艺术构思，不断开阔读者的视野，由情入手，而景、而人、而理，水乳交融。茶花的含露乍开，形似新生一代鲜红的脸，让我们对未来充满无限希望。这三幅画各具特色，意境步步深化，十分传神……”这个结尾对全文的艺术构思作了精美的小结，引人深思。

（二）首尾照应

教学结束时，与教学的起始阶段相呼应，形成环形结构，使整个教学过程浑然一体。如有位老师这样来结束《陋室铭》的教学：“同学们，我在上课伊始曾经问过大家这样一个问题——作者为什么对陋室情有独钟，并且以文言志呢？通过刚才的学习，我想我们可以回答这个问题了。作者通过对陋室的赞美，表达了不慕荣利、不求闻达、安贫乐道的生活情趣。”这种结束常常与教学起始阶段所讨论的重点问题相呼应，能够加深学生对学习重点的理解和认知。

（三）朗读回味

教学结束时，师生通过朗读加深对课文的理解、感受。如讲《岳阳楼记》一文时，可以这样结束：“文章语言凝练，气象宏伟，音调铿锵，意境优美。现在，就让我们一起朗诵全文，去领会作者‘不以物喜，不以己悲’的旷达胸襟和‘先天下之忧而忧，后天下之乐而乐’的伟大抱负吧！”这种结束常常能激发学生的感情，加深对文章内容的理解，特别适合文字优美、感情丰富的文言课文、古今诗词、抒情散文等。

(四)比较拓展

教学结束时,将相关知识加以联类比较、引申拓展,加大信息量。有位老师在完成了课文《狼》的精讲之后问道:"同学们,《狼》这一课的基本内容讲完了。我想提出一个问题,请同学们回答。你们小时候,大概都听过《狼外婆的故事》,还学过《东郭先生和狼》吧?今天我们又学了《狼》这篇课文,这三个故事中的'狼'在习性上有什么共同特点?"在学生们总结出"狡猾、会装、凶狠、忘恩负义"之后,老师继续问:"同学们总结得很准确。狼的确很狡猾,因此对狼这种动物的形容都是一些贬义词,谁能说出一些成语来?"学生列举出了"狼心狗肺、狼狈为奸、狼狈逃窜"等成语。老师接着说:"有一则谜语说:像狗不是狗,野地四处走,爱吃小动物,是个害人兽。指的是什么?对,是指狼。从这则谜语中,我们可以看出狼的长相与狗相似,但由于性情不同,人们对待它们的态度也全然不同。请同学们在课下写一篇关于狗的故事。"这种举一反三的结课,增强了知识的连贯性、认知的深刻性。

(五)巩固练习

教学结束时,恰当地安排学生的实践活动,既可使学生学习的知识得到强化和运用,又使课堂教学效果及时得到反馈,获得调整教案的信息。如《桃花源记》一文的一个学习重点是要掌握"妻子、交通、绝境、无论"几个古今异义词的古今意义,因此,在学生对课文内容理解清楚且能全文成诵后,教师可以设计练习题,让学生通过练习比较上述词的古今差异,从而准确深刻地掌握学习重点。

二、语文结束技能案例与评析

教完《荷花淀》时,教师对学生说:"这一单元我们所接触的女性形象有祥林嫂、水生嫂、翠翠,她们同样是中国普通的农村妇女,但她们的人生道路却完全不同。祥林嫂生活在封建时代末期,现代文明之风还吹不进封闭、保守的鲁镇,她只能被冷漠、黑暗的社会现实所毁灭;翠翠生活在封闭的农村,总冲不破孤寂的墙垒,最后无法把握自己的命运;水生嫂生活在全民抗日战争时期,社会已有了很大进步,尤其是根据地,妇女解放已深入人心,所以水生嫂能从一个贤惠温顺的农村妇女成长为一个战士。有兴趣的同学可以在课后对这三个人物进行深入的比较。"

【评析】 这种归纳总结加比较拓展的结束方式,既能帮助学生温习旧的知识,又能加深其对新知识的理解。有比较才有鉴别,同中求异,异中求同,从而加深对本篇课文的理解,也为单元教学提供了便利,同时又给学生提出了课后拓展延伸的方向。

三、语文结束技能微格训练与测评

(一)课堂结束技能训练

(1)选择你感兴趣的语文教学内容,设计结束方案,并分组对方案进行讨论、交流。要能明确回答以下问题:①结束的是一个单元、一篇课文、一节课,还是一个活动?②你所设计的结束方法的种类是什么?③你所设计的结束方案的设计依据及优点是什么?④你所设计的结束方案在实施中要注意哪些问题?

(2)根据所设计的结束方案进行结束技能的实践,组织3分钟左右的微型教学。

(二)课堂结束技能测评

参照第一部分教学一般技能测评指标体系表制定结束技能评价单进行测评。

第五节 语文板书技能训练与测评

一、语文板书技能的基本形式

(一)语文板书的布局

一块黑板应有天头地脚之分,天头正中一般书写课文标题,然后从上而下、从左到右顺势展开,地脚一般不写。天头地脚的中间部分可分为主板书和副板书。

主板书:是表现主要内容的板书,能体现作者行文思路和教学思路。一般安排在黑板的左侧或中部,占的地方要大一些。所写内容应保留一整节课。

副板书:是对主板书的补充,主要是与该课有关的妙词佳句以及学生不易理解而又列不进主板书内的生字新词。一般安排在黑板的右侧或两侧,占的地方要小一些。所写内容可随时擦去。

(二)语文板书的内容

板书能够体现教学内容,但并不是所有的教学内容都能够进入板书,板书的内容应是教学内容的精华部分、重难点部分,主要包括以下几点:能够表现主题思想的词句;能够反映作品结构或作者思路的词句;能够表明事物和现象特征的词句;能够表达事物本质和规律的词句;新出现的字、词、句;有价值的新知识;正音、正词。

(三)语文板书的类型

语文板书的类型很多,常用的有以下几种:

1. 提纲式板书

对文章内容经过分析和综合,用精要的文词形成能反映知识结构、重点和关键点的提纲。其特点是高度概括地揭示文章内容、结构,给人以强烈的整体印象。比如:

《桂林山水甲天下》

静
水　　清
绿
奇
山　　秀
险

2. 词语式板书

是以课文中关键性词语为主组成的板书。这种板书有助于学生抓住课文的重要词语来理解课文,对扩大学生的词汇量,提高其表达能力很有帮助。比如:

《荷塘月色》

一、缘由:颇不宁静、忽然想起荷塘

二、1. 荷塘:

荷叶:亭亭(美)　田田(多)　零星点缀、白(色)

荷花:如明珠、如星星(光)　袅娜、羞涩(态)

荷香:缕缕——仿佛歌声　动态美　像闪电(快)

荷波:凝碧(色)

2. 月色：

流水：脉脉（态）　　静态美

月光：如流水——流动　　泻——轻柔

月色：青雾浮、轻纱的梦　　光和影的和谐

树：重重、阴阴（沉郁）

3. 四周：

远山：隐隐约约

灯光：没精打采（月色迷离）

蝉鸣

蛙叫

三、联想：江南采莲——渴望自由

3. 流程式板书

是以教材提供的线索（时间、地点、事物、情感）为主，反映教学的主要内容，把教材的梗概一目了然地展现在学生面前，使学生对它的全貌有所了解。这种板书指导性强，对于复杂的过程能起到化繁为简的作用，便于记忆和回忆。比如：

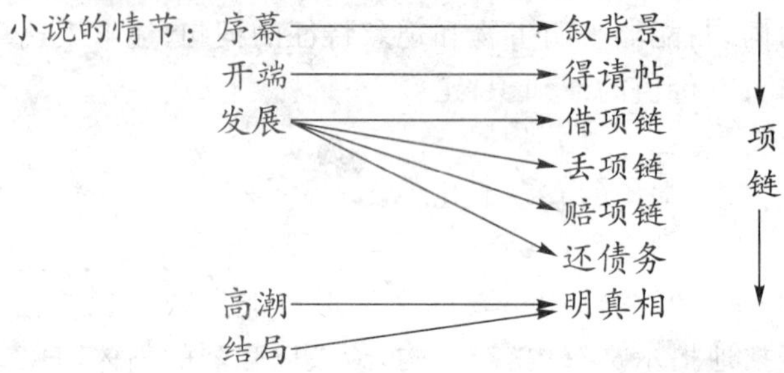

4. 对比式板书

即采用左右或上下对称的格局设计板书；主要用于有对比或类比手法的课文。比如：

《赤壁之战》

起因	曹操率军想夺取东吴之地			
	东吴		曹军	
战前准备	调兵遣将	被动	铁索连船	主动
	想出计策			
战役经过	写信佯降	主动	相信降曹	被动
	驾引火船			
	靠近火点	没法散开		
	擂鼓进军	胜利	丢盔弃甲	失败

（以少胜多，以弱胜强）

5. 表格式板书

把有关教学内容分门别类地列入表格的板书设计；其特点是内容扼要，对比性强，容易使学生把握事物的本质、深刻领会教学内容。比如：

《看云识天气》

云　名	形态变化	位置	厚度	天气征兆
卷云				
卷积云				
积云				
高积云				

板书的类型多种多样，无固定模式，既可单独使用，又可综合运用。

二、语文板书技能案例与评析

《背影》

思路——感情——结构

1. 开头点出背影——怀念深情——凤头(略写)
2. 描绘背影　　　惜别至情——猪肚(详写)
3. 寻找背影
4. 篇末再现背影——思念浓情——豹尾(详写)

情者文之经

【评析】 这则板书从写作思路、人物情感、文章结构三方面入手，紧扣课文内容，层次分明，重点突出，精当凝练，犹如一个微型教案，对于提高教学效率大有帮助。

三、语文板书技能微格训练与测评

(一)课堂板书技能训练

(1)选择你感兴趣的语文教学内容，设计结束方案，并分组对方案进行讨论、交流。要能明确回答以下问题：①你所设计的板书的种类是什么？②你所设计的板书方案的设计依据及优点是什么？③你所设计的结束方案在实施中要注意哪些问题？

(2)根据所设计的板书方案进行板书技能的实践，组织10分钟左右的微型教学。

(二)课堂板书技能测评

参照第一部分教学一般技能测评指标体系表制定板书技能评价单进行测评。

数学课堂教学技能训练与测评

第一章 数学新课程理念导引

一、数学课程总体目标解读

2001年7月，由中华人民共和国教育部制定的《全日制义务教育数学课程标准（实验稿）》正式颁布，新一轮的数学课程改革由此拉开了大幕。标准指出：

通过义务教育阶段的数学学习，学生能够：

(1)获得适应未来社会生活和进一步发展所必需的重要数学知识（包括数学事实、数学活动经验）以及基本的数学思想方法和必要的应用技能；

(2)初步学会运用数学的思维方式去观察、分析现实社会，去解决日常生活中和其他学科学习中的问题，增强应用数学的意识；

(3)体会数学与自然及人类社会的密切联系，了解数学的价值，增进对数学的理解和学好数学的信心；

(4)具有初步的创新精神和实践能力，在情感态度和一般能力方面都能得到充分发展。

由上述数学课程的总体目标，我们可以看出新课程目标以学生的身心发展规律为基础，改善学生的学习方式，关注学生对数学的情感和态度，以促进人的终身发展为目标。具体来说，包含下面几层意思：

(1)数学学习过程中应掌握适应未来社会生活必要的数学知识、技能以及基本的数学思想方法。其中数学知识不仅仅是指数学书本知识，还包括数学活动中的体验、感悟性知识。数学技能是通过练习而形成的完成数学活动所必需的活动方式或步骤，数学技能的形成不仅有利于后续数学知识的学习，而且有利于数学能力的发展。因此，数学教育要重视数学知识的教学，同时要重视数学技能的教学。数学方法是提出、分析、处理和解决数学问题的概括性策略。数学思想是数学中高度抽象、概括的内容，是对数学对象、数学概念和数学结构以及数学方法的本质概括性的认识。数学思想方法是数学的灵魂，是数学学习的最终目标。

(2)学会数学的思维，增强数学的应用意识。在数学学习的过程中要让学生学会数学地思考，学会数学地观察世界、认识世界、解决问题，逐步养成具有用数学的思维方式思考和处理问题的自觉意识和思维习惯。同时在数学课程中增加具有广泛应用性的内容，注重根据生活实际和学生的知识背景提出问题，结合生活中的具体实例来培养学生使用数学的意识和使用数学的能力，使学生能主动用数学知识和思想方法去寻求解决问题的途径。

(3)进一步了解数学，树立数学学习的坚定信念。数学是人类文化的重要组成部分，数学素质是公民所必须具备的一种基本素质，数学科学是一切自然科学的基础，在人文社科、经济科学中发挥着越来越大的作用。同时，数学的应用也越来越广泛，不断地渗透到社会生活的方方面面，它与计算机技术的结合在许多方面直接为社会创造价值，推动着社会生产力的发展，因此，在数学学习的过程中有必要让学生慢慢体会和感受数学和自然、人类社会之间的密切联系，使学生加深对数学学科的理解，树立学好数学的信念。

(4)关注学生的情感和良好的个性品质，培养学生的创新精神和实践能力。20世纪末，国际教育界普遍意识到人的知识和技能固然重要，但更重要的是人的情感、态度、价值观。一个学生只有具备良好的情感和个性品质，才能在创新精神和实践能力等方面得到充分的发展。因此，在教学过程中，不仅要让学生学习知识，而且要力图培养学生良好的学习习惯、实事求是的科学态度、锲而不舍的精神、追求真理的勇气和勇于创新的精神。

二、数学课程标准基本理念解读

《全日制义务教育数学课程标准(实验稿)》提出了六条基本理念，归纳起来有以下几方面：

(1)数学课程性质的定位：基础性、普及性和发展性。首先，义务教育阶段的数学课程是基础性的数学教育，着眼于未来公民的基本数学素质，数学教育首要的任务是使学生学习那些既是未来社会所需要的，又是个体发展所必需的知识，即对学生走向社会、适应未来生活有帮助的，对学生的智力训练有价值的数学。同时，新数学课程将更大程度地满足每个学生的需要，在让所有学生获得共同的数学教育的同时，也让每位学生在数学上得到不同的发展。

(2)数学内容方面。学生的数学学习内容应当是现实的、有意义的、富有挑战性的，这些内容要有利于学生主动地进行观察、实验、猜测、验证、推理与交流等数学活动。首先，新课程标准把义务教育阶段的数学内容划分为“数与代数”、“空间与图形”、“概率与统计”三大领域，三块内容螺旋上升，交叉编排，另外增加“实践活动”内容，增加现代数学中具有广泛应用性的数学内容，如概率与统计知识，将学生的数学学习范围从确定性现象的学习扩展到随机性数学的学习。同时新教学内容充分体现了几何直观，将立体几何的简单内容放置于义务教育阶段，比如让学生从观察立体图形，从三视图中去辨别图形的特征等。平面几何的内容，除了演绎几何的内容之外，还包括变换几何，将图形性质的演绎推理和图形变换联系在一起。而那些枯燥的四则混合运算、繁难的算术应用题、复杂的多项式恒等变形等等与学生实现有效学习活动相冲突，也不符合数学发展方向的内容，理应删去。可见，在数学教学内容方面已经有了很多的变化。

(3)数学教学方法和学习方式方面。“标准”力图转变学生的学习方式，改革数学教学方法。提出数学学习不能单纯地依赖模仿与记忆，应培养学生动手实践、自主探索、合作交流的学习方式。学生是教学活动的主体，教师是数学学习的组织者、引导者、合作者。因此，教师应激发学生的学习兴趣，为学生提供从事数学活动的机会，帮助他们在自主探索和合作交流的过程中真正理解和掌握基本的数学知识与技能、数学思想和方法，获得广泛的数学活动经验。例如在7～9年级的教学建议中，要求：让学生经历数学知识的形成与应用过程、鼓励学生自主探索与合作交流、尊重学生的个体差异、满足多样化的学习需要、应关注证明的必要性、基本过程和基本方法、注重数学知识之间的联系、提高解决问题的能力、充分运用现代信息技术。

(4)教学评价方面。评价的主要目的是全面了解学生的学习状况，从而采取相应的措施以实现更好的学与教，由此提出要建立评价目标多元化、评价方法多样化的评价体系。对数学学习的评价既要关注学生学习的结果，更要关注他们在学习过程中的变化和发展；既要关注学生数学学习的水平，更要关注他们在数学实践活动中所表现出来的情感与态度，帮助学生认清自我，树立信念。

(5)现代教育技术的使用。现代信息技术的发展将对数学教育的价值、目标、内容以及学习和教学的方式产生重大的影响。在教学中,要充分考虑计算器、计算机对数学学习的影响,课程设计与实施也应重视运用现代信息技术,大力开发并为学生提供更为丰富的学习资源,把现代技术作为学生学习数学和解决问题的有力工具。

第二章　数学教学设计技能

第一节　数学概念的教学

一、数学概念的相关逻辑知识

（一）数学概念的含义

人们在实践活动中通过感觉和知觉逐渐认识了客观对象的各种属性，并在此基础上，经过比较、分析抽象概括出一类事物的本质属性，进而形成了概念。反映事物本质属性的思维形式叫做概念。数学研究的对象是现实世界的空间形式和数量关系，因而反映数学对象本质属性的思维形式叫做数学概念，通常采用特有的名称或符号来表示。

（二）概念的内涵与外延

对于概念，必须从内涵和外延两个方面去分析和理解。概念所反映的对象的本质属性的总和称为概念的内涵，反映的是概念的质的方面，它说明概念所反映的事物具备哪些本质属性。概念所反映的对象的全体称为概念的外延，反映的是概念的量的方面，它说明了概念的范围。例如，“矩形”的内涵就包括两组对边分别平行，有一个角是直角这些本质属性，而外延则为长方形和正方形的全体。如果某对象属于某概念的外延集合，则称该对象为概念的肯定例证，若不属于概念外延集合的某对象叫做概念的否定例证。概念的内涵与外延是相互联系、相互制约的，每个概念都是其内涵与外延的统一体。概念的内涵严格确定了概念的外延，反之，概念的外延完全确定了概念的内涵。

（三）概念间的逻辑关系

为了弄清数学概念，必须对互相联系着的概念进行比较，即比较它们的外延与内涵，研究它们相互间的关系，我们常从概念的外延入手对概念间的关系进行探讨。

（1）同一关系。如果两个概念的外延完全相同，则称这两个概念间的关系为同一关系，这两个概念称为同一概念，例如，“有理数”和“形如 q/p（p、q 是整数，$p\neq0$）的数”、“等边三角形”和“等角三角形”、“无理数”和“无限不循环小数”、“等边矩形”和“正方形”等各组概念构成同一关系。从某种意义上理解，具有同一关系的两个概念事实上是同一个概念。

（2）交叉关系。如果两个概念的外延的交集是非空的真子集时，这个概念间的关系为交叉关系，这两个概念叫交叉概念。这种关系在数学中较为多见，例如，“正数”和“整数”、“等腰三角形”和“直角三角形”、“矩形”和“菱形”之间的关系是交叉关系。

（3）属种关系。如果一个概念 A 的外延包含于另一个概念 B 的外延，那么称这两个概念之间的关系为属种关系。外延较小的概念 A 叫做种概念，外延较大的概念 B 叫做属概念。例如：一元二次方程是整式方程的种概念，整式方程是一元二次方程的属概念。必须指出，种概念和属概念是相对而言的。例如，“平行四边形”这一概念，相对于“矩形”概念来说是属概念，而相对于“四边形”概念来说却是种概念。

从内涵方面看，显然种概念具有属概念的一切属性，而两者的本质属性又不相同，所以属概念的本质属性都是种概念的属性，种概念的内涵包含属概念的内涵。即是说，具有从属关系的概念之间，就包含的意义上讲，外延愈小，内涵愈多；外延愈大，内涵愈少。反之，内涵愈多,外延愈小;内涵愈少,外延愈大。这称为外延与内涵的反变关系。比如四边形—平行四边形—矩形—正方形的变化过程,是它们的外延不断缩小,内涵不断增大的过程。

需要指出的是,如果在给定的一个概念的基础上,增多内涵或缩小外延,就得到原概念的一个种概念;减少内涵或扩大外延,就得到原概念的一个属概念。

在数学中,为了对某一个概念加深认识,或者为了用较一般的概念来说明特殊概念,往往采取逐步增加概念的内涵,使概念的外延缩小的方法,从而得到一系列具有从属关系的概念,这种方法叫做概念的限定。例如,在平行四边形的内涵中增加“有一个角为直角”这一性质,它就成为矩形的内涵了;同时,平行四边形的外延就缩小到了矩形的外延。

相反的情况,为了从特殊概念来认识一般概念,而把某一概念的内涵逐步减少,使概念的外延逐步扩大,从而得到一系列具有从属关系的概念,这种方法叫概念的概括。例如,与上面的例子相反的过程就是概念的概括。再如,从二次根式到n次根式,从平面四边形到空间四边形,都是概念的概括。

(4)不相容关系。两个概念的外延完全不同,那么这两个概念的关系称为不相容关系。不相容关系有两种情况,如果两个概念的外延集合的并集是某一概念的外延集合的真子集时,这两个概念间的关系(相对于同一属概念)称为对立关系,这两个概念称为对立概念;如果两个概念的外延集合的并集等于某一属概念的外延集合时,这两个概念间的关系(相对于同一属概念)称为矛盾关系,这两个概念称为矛盾概念。例如,“正实数”与“负实数”相对于属概念“实数”而言是两个对立概念;“有理数”与“无理数”相对于“实数”来说,是两个矛盾概念。

值得一提的是,如果说明两个概念是不相容概念,只要直接去比较二者的外延;但如果要进一步说明,是对立概念还是矛盾概念,则一定要相对于它们的一个给定的共同的属概念才能讨论。例如“正整数”和“负整数”两个概念,相对于属概念“整数”来说是对立概念,而相对于属概念“非零整数”来说则是矛盾概念。

二、数学概念教学的设计要点

数学概念是数学知识中最基本的内容,反映着人们对现实世界空间形式和数量关系的丰富而深刻的认识。学习数学概念的目的是为了从真正意义上获取数学概念,也就是掌握概念的内涵和外延,因此,在教学过程中教师要依据概念的不同特征进行合理有效的教学设计。

(一)数学概念学习的基本形式

由于数学概念的类型不同,它们的有效学习方式也不同。一般认为,学习数学概念的基本方式有两种:概念形成和概念同化。

概念形成是在教学条件下,从大量具体例子出发,从学生实际经验的肯定例证中,以归纳的方法概括出一类事物的本质属性的过程。它是一种从具体到抽象、从个别到一般的过程,是逐步归纳、概括的过程。事实上,在课堂教学中,学生掌握概念并不可能真正经历概念的历史形成过程,而是在教师的指导下,由教师提供恰当的教学实例,营造合理的学习情境,让学生在此环境下较快地抽象出数学对象的本质属性。例如学习“圆”的概念时,学生必须首先感知生活中各种圆的图形,如茶杯口、钟表面、一元硬币等等,在此基础上形成关于圆的一种概括认识:由曲线围起来的没有角的图形。然后再检验此假设,发现这一结论有误,于是进一步修正假设,可以动手操作又得到新的假设:圆无论怎么对折都会重合。通过反复试验证明这一假设后，获得圆这个概念的本质属性，从而掌握圆的概念。

概念同化是指学生学习直接用定义形式陈述概念时，利用已有知识与原有知识结构中的有关概念相互联系，相互作用，从而掌握概念的方式。学生采用概念同化的方式学习概念时一般经历以下几个阶段：①熟悉新概念的名称、符号表达，并分析定义中语言表述的逻辑含义，借助适量的典型例子，初步领会概念的内涵与外延；②建立新概念与原认知结构中有关概念的实质性联系，同化新概念；③通过辨别概念的肯定例证和否定例证，进一步明确概念的内涵，廓清概念的外延。概念的同化是从上位到下位的学习，其先决条件是学生认知结构中具有同化下位概念的上位的一般概念。例如，学生学习了“平行四边形”概念之后，再学习“矩形”、“正方形”的概念，通过“有一个角为直角”和“邻边相等”分别对上位的“平行四边形”和“矩形”概念进行限制而产生新概念，这些属于概念同化的方式。可见概念同化的思维过程不同于概念的形成，它是由一般到个别，再演绎获得概念的一种形式。

概念形成的学习方式主要依靠对具体事物的抽象概括，概念同化的学习形式主要依靠学生对经验的概括和新旧知识的联系。一般来说，在低年级概念形成的形式用得较多，主要因为学生的数学认知结构比较简单、数学知识经验比较少，学习新的数学概念时，上位概念较少，需要更多地采用概念形成方式来学习数学概念。随着年级升高，学生掌握的上位概念增多，认知结构不断复杂，通过概念同化的方式学习数学概念的情况也越多。总之，在教学中，教师对学生学习数学概念的形式起着主导作用，无论采用何种学习形式，教师都需注意收集和运用现实生活中能够反映数学概念的实例，了解学生的知识基础和年龄特征，依据教学内容的不同，采用适当的概念获得方式，合理利用学生已有的生活经验和原认知结构中有关的知识，让学生形成有意义学习的心向，清晰、准确地把握数学概念的内涵和外延。

（二）数学概念的教学设计

1.数学概念的教学分析

在进行数学概念教学设计时，教师首先要从以下几方面对数学概念进行教学分析。

(1)数学概念的定义的语言表述。教师需要分析在定义中存在哪些学生难以理解的关键性词语。

(2)数学概念的名称和符号。例如：三角形概念的名称是“三角形”，用符号表示是“△”。

(3)明确数学概念的内涵与外延，并列举出相应的肯定例证与否定例证，便于学生对数学概念的理解与辨析。

(4)确定数学概念的学习形式，针对每种学习形式的特点，做好教学前的相关知识的准备、教具的准备、教学心理的准备。

2.数学概念的教学过程

教师在数学概念的教学过程中大致需要经历以下四个基本步骤，即概念的引入，明确内涵、廓清外延，概念间的相互联系，概念的巩固与应用。

(1)概念的引入。引入概念是概念展现的第一步，根据概念形成的不同背景，概念的引入一般有以下几种途径：

①从生活实例中引入。数学中的许多概念都来源于客观世界，这为某些数学概念的引入提供了很好的素材，而且这也是使学生认识数学的现实背景。对于这类概念，要由学生所熟悉的日常生活或生产实际中常见的事例引入，利用学生的生活实际和熟悉的概念例证，引导学生从具体的感知中发现概念本质属性。比如，通过足球比赛中的输球数和赢球数两种

具有相反意义的量，引入正数和负数概念；利用学生熟悉的生活实物模型，引入立体几何图形概念；利用学生熟悉的现实问题如路程、速度与时间的关系，气温随时间的变化图等引入函数概念，等等。

②借助已知概念引入。从新概念的形成背景看，一些数学概念产生于已知的相对初级的抽象概念，须根据新旧概念的相关性，引入新概念。当新概念是已知旧概念的种概念时，常给出一组反映已知概念的事例，让学生观察、对比、辨析，发现这部分事例与其他事例的不同，从而引出新概念。比如，在数列的基础上引入等比数列、等差数列。另一种引入方式是在旧概念的基础上添加新的属性，直接引入新概念，如，在平行四边形的基础上增加"邻边相等"的属性，便得到菱形的概念。

当新概念与旧概念具有某种相似性时，常通过与相关概念的类比而得到对新概念的认识。数学中这种类比是很常见的，例如：类比整数概念引出整式概念；类比分数概念引出分式概念；类比"到角的两边等距离的点的轨迹就是这个角的平分线"，引出"到二面角的两个面等距离的点的轨迹是这个二面角的平分面"；立体几何中的有关概念通过类比平面几何中的相应概念引入；复数及其运算与实数及其运算的类比；不等式与等式的类比，等等。

如果在相对具体的概念基础上形成较高层次的概念，那么引入概念的常见形式是提供一些具体的、特殊的、直观的观察材料，让学生分析其共性，抽象概括出新的概念。例如，通过观察 $y=x, y=x^3, y=2^x(x\in R)$ 等函数图像的特征，最终抽象概括出单调递增函数的概念。总之，采用在已知概念基础上引入新数学概念的方式，要考虑新旧概念之间具有的逻辑关系，再决定采用何种引入方法。

③从解决问题的需要出发引入。通过提出数学问题引入新概念，有助于激发学生的求知欲，使学生产生认知的需求，增强学习的兴趣。这里的数学问题主要是指来自于生活实践的问题，以及数学本身发展需要提出的问题。例如，对数的概念就可以从简化运算的需要引入；在求单位正方形对角线长度的问题时发现在有理数范围内无解，从而引入无理数的概念。

④从实验活动引入。有些数学概念的引入可以设计为学生的活动，使学生在活动中感悟概念的内涵，从而建立牢固的概念理解基础。例如，在学习概率初步知识时，可以开展转盘游戏，组织摸球游戏，让学生体会必然事件、可能事件、事件发生可能性的含义，从而引出必然事件、可能事件和概率的概念。

(2)明确内涵、廓清外延。在概念引入阶段，学生已经初步感知了新概念的某些本质属性，还不能完全获得概念，因此接下来的主要教学任务就是通过抽象化、形象化的手段来掌握概念的内涵，廓清概念的外延，获得概念。

首先，要让学生充分理解概念定义的语义。定义是揭示概念内涵(或外延)的逻辑方法，学生掌握概念就必须要明确定义中语言表达的意义。最重要的是对概念定义中的关键词进行辨析，让学生明白无误地理解每一个关键词的含义。例如，直线和平面垂直的定义，正确的是如果一条直线直接垂直于一个平面内的任意一条直线，那么就称这条直线和这个平面互相垂直。如果改为：如果一条直线垂直于一个平面内的无数条直线，那么就称这条直线和这个平面互相垂直。那么就会因为把"任意"改为"无数"而导致概念外延的扩大(或概念内涵的缩小)，从而导致错误。因此教师在教学过程中对概念定义中的关键词要进行详细的分析与强调，直至学生真正理解语义为止。此外，在数学概念的教学过程中，为防止概念理解错误，必须认清各种属性间的差异性，因此，教师还需要向学生提供一定数量的否定例证，让他们辨别，或者让学生自己举出概念的反例，这种方式可以进一步廓清概念的外延，反过来又能进一步加强对内涵的把握，加深对概念本质的理解，促进概念学习的深化。例如，学习了分式概念后，教师可以举出若干分式的肯定例证或否定例证，让学生辨别，或者让学生依照分式的概念自己举例，包括正反两方面的，通过这样的环节，学生能较好地抓住分式概念的内涵，并准确界定分式概念的外延。有时我们还可以采用一些概念的变式材料，也就是概念的肯定例证在无关特征方面的变化情况，通过对变式材料的辨析，可以更准确地揭示概念的外延。例如学生在学习"无理数"时容易产生无理数就是不尽方根数的模糊认识，这是可以给出多种形式的肯定例证，如 0.31301300130001……π 等无理数，修正学生关于无理数就是不尽方根数的错误认识，并在使用变式材料时引导学生认识无理数的本质属性是"无限不循环"，从而让学生明确概念的外延，更准确地掌握概念的内涵。

(3)建立相关概念间的联系。数学概念本身不是相互独立而是构成密切联系的概念体系，因此，在明确概念之后，我们还必须要引导学生积极思维，及时建立起相关概念的联系，明确概念之间的关系，从而把新概念纳入到概念体系中。例如，数的概念体系，从算术数、有理数、实数到复数的学习过程就是数的概念体系不断完善的过程；学习微分后要和积分建立概念间的联系；学习函数要和集合、映射建立概念间的联系，等等。明确了概念间的各种联系，就可以逐步将教材中隐性的概念体系结构显现出来，为学生学习数学概念，建立完善的知识结构做好准备。

(4)概念的应用。学生在明确数学概念的内涵和廓清外延之后，从严格意义上来说还没有真正获取新概念。事实上，概念的获取需要一个应用概念的过程，利用所学新概念解决数学问题，也就是在概念的教学设计中还添加一个概念运用的环节。例如，函数概念教学中设计了让学生用概念去判断某一具体的对应关系是否为函数的环节，在解决问题的同时也加深和巩固学生对函数本质概念的理解，提高学生对函数概念的应用技能。具体在概念教学应用阶段，教师应该精心设计例题和习题，包括以下三种：[①]

①数学概念的适度识别。针对概念容易出错的地方，有目的地设计一些问题，问题可以多一些隐蔽性，也可设置一些干扰因素，以供学生识别，加深对概念的理解。

②数学概念的简单运用。编制一组问题，要求学生运用所学概念解决这组问题，这组问题应有一定的变化和递进性，难度不宜太大。

③数学概念的灵活运用。教师除了利用教材问题以外，还可以选择有关的问题作为例题或习题，培养学生灵活运用数学概念解决问题的能力。

三、数学概念教学案例与评析

【案例】　抽样调查概念的教学设计[②]

【目标和目标解析】

1.了解抽样调查及相关概念。

能用自己的语言叙述什么是抽样调查，举例解释什么是总体、样本、样本容量。

---

① 罗新兵、罗增儒：《数学教育学导论》，第 108 页，西安：陕西师范大学出版社，2008。

② 转引自曹才翰、章建跃《中学数学教学概论》，第 453 页，北京师范大学出版社，2008。

2.理解抽样调查的必要性和样本的代表性，样本容量的适量性；感受样本估计总体的思想。

针对不同的问题情境，能解释为什么要抽样（即抽样的必要性），并能设计出一种蕴涵随机观念雏形的抽样方法（即学生设计的抽样方法是随机抽样，但不要求学生很明确地提出，体现样本的代表性），能比较合理地确定样本容量。在这些活动中，渗透样本估计总体的统计思想。

3.初步体会统计思想和确定性思维的差异性。

【教学问题诊断分析】

在前面的学习中，学生以学习确定性数学为主。虽然学生对统计活动有初步认识，并学习了统计图表，用全面调查方法收集数据，但没有接触过抽样调查。本课要求学生在解决具体问题的过程中，体会统计中的重要思想——样本估计总体，以及统计结果的不确定性。学生已有知识经验与本节要达成的教学目标之间存在质的差异，学生要从确定性数学过渡到不确定性数学。已有知识经验对新的学习造成负迁移，可能导致学生在学习中出现的困难是：对样本估计总体的思想、对统计结果的“不确定性”产生怀疑，对统计的科学性有所质疑；对样本的随机性要求不理解。教学中要通过具体实例进行解释。例如，可以让学生解释如下现象：为什么可以通过“滚动字幕，嘉宾喊停”的方式选取幸运观众？

根据上述分析，确定本课时的教学难点：

如何使学生真正理解样本的随机性，以及从随机样本可以推断总体。

【教学支持条件分析】

事先下载或自编程序，程序要实现如下功能：储存100人的视力情况，可以按照要求抽取样本，并记录各个样本的数据，对数据进行处理得出结果。

【教学过程设计】

（一）获得新知

问题1 为了了解咱们班同学的视力不良率（视力低于5.0为视力不良）及其成因，提出保护视力的建议，准备对咱们班学生进行视力调查，你采取怎样的调查方法收集数据？（只说出你解决问题的方案，暂且不予以实施。）

【评析】 上一节课学习了全面调查，本问题可以复习运用全面调查获得数据的方法，同时为引出新问题、引发认知冲突作铺垫。

活动方式：由学生独立思考，之后汇报其解决方案。

学生解答预设：设计一张调查表，请全班同学逐一填写自己的视力情况及其成因，再对调查表进行统计（通过全面调查），就可以知道咱们班同学的视力不良率及其成因了。

问题2 为了了解咱们年级10个班同学的视力不良率及其成因，提出保护视力的建议，准备对咱们年级学生进行视力调查，你采取怎样的调查方法收集数据？（只说出你解决问题的方案，暂且不予以实施。）

【评析】 让学生初步感受到，如果仍然采用全面调查，则需要一定的人力、时间和物力等，虽然能完成，但是比较麻烦。逐步靠近新问题、引发认知冲突。

活动方式：由于此问题仍然可以用全面调查的方法解决，故由学生独立思考，之后汇报其解决方案，教师予以帮助，使其表达规范。

学生解答预设：设计一张调查表，将咱们班同学分成10组，分别负责调查一个班同学的视力情况，然后再对调查表进行统计、汇总，就可以知道咱们年级10个班同学的视力情况。

问题 3 为了了解咱们学校 30 个班同学的视力不良率及其成因情况，提出保护视力的建议，准备对咱们年级学生进行视力调查，你采取怎样的调查方法收集数据？（只说出你解决问题的方案，暂且不予以实践。）

【评析】 让学生初步感受到，如果沿用全面调查，那么耗费的人力、时间和物力实在是太大了，完成起来比较困难。更加靠近新问题，思维敏锐的同学可能已经感受到应该寻找别的解决方法了，学生正走进一种"愤悱"状态。

活动方式：学生独立思考，再汇报解决方案，教师予以帮助，使其表达规范。

学生解答预设：类似问题 2 的解答，将班里同学分成 30 组，分别调查收集数据。

问题 4 为了了解咱们市中学生的视力不良率及其成因，提出保护视力的建议，准备对咱们市学生进行视力调查，你采取怎样的调查方法收集数据？（只说你解决问题的方案，暂且不予以实施。）

【评析】 让学生明确感到，再用全面调查是很难完成任务的。按照原来的思路难以解决问题，而且有一部分学生可能会有疑问：有这种必要吗？从而引起思维冲突，使学生切实感到抽样的必要性。大部分学生已经进入了"愤悱"状态，从而激发学生学习新知的强烈欲望。

活动方式：学生独立思考，汇报其解决方案，教师予以引导、分析，提出抽样的必要性。估计还会有少数学生沿用原来思路。

学生解答预设：

(1)将班里同学分派到各个学校，分别调查该校学生的视力情况，再统计、汇总数据。

追问：这样虽然可以解决问题，但请你估计完成这个任务需要多少人？用多长时间？还有更好的办法吗？

【评析】 激活学生的"愤悱"状态，使思维冲突显化，思维指向性明确。

活动方式：学生独立思考，教师组织交流，寻找解决问题的最优方案。

(2)由咱们班同学负责，组织各校分别收集数据，我们只要最后结果。

(3)借助网络数据收集。

教师评价：这些方法能达到目的，但都局限在全面调查内。

辅助提问：如果你想知道一锅汤的味道，是不是需要喝完这锅汤呢？由此你能受到什么启发？如何解决问题 4？

【评析】 通过学生熟悉的生活现象，建立已有经验与新问题间的联系。启发学生获得解决问题的思路。

活动方式：在学生独立思考的基础上，教师组织交流，寻找解决问题的最优方案。

(4)可以抽取本市一部分学校，进行调查。

教师评价、点题：这种方法有效地解决问题 4。这就是今天要研究的问题——抽样调查。

问题 5 你了解到的本市中学的类型有哪些？请你大致描述各类学校学生视力好坏的相对情况。根据这些信息，你认为应当抽取哪些学校进行视力调查？为什么？

【评析】 通过具体问题使学生认识到样本必须具有代表性。初次接触本节课的难点。

活动方式：学生独立思考，再相互交流，汇报活动成果，教师予以引导、分析，指出要分类选取，渗透分层抽样方法，提出样本的代表性。

学生解答预设：按照各类学校中学生的数目，多者多抽，少者少抽，然后进行视力调查，这样获得的数据基本可以代表本市学生的视力情况。

教师讲解：本市所有中学生的视力就是总体，其中每个学生的视力就是一个个体；抽到的各位同学的视力组成一个样本。

辅助问题：请同学们按如下步骤操作，并回答问题：在你的操作中所选取的样本不同，调查结果相同吗？这些结果可以采信吗？

操作步骤：第一步，随机选取 20 人记录其视力情况（是否属于视力不良的范围）；第二步，计算这 20 人的视力不良率。

【评析】 学生可能会想，不同的人抽取的样本是不同的，这些样本都能作为总体的代表吗？本问题就是针对这一疑问设置的。鉴于学生的年龄特点，应当让学生进行具体操作，通过实例帮助学生突破难点，使他们初步体会：只要样本是随机抽取的，那么就可以用它来估计总体的情况。

活动方式：分组合作，即每个小组一个操作平台，按相同的规则操作：包括如何抽取样本，样本容量是多少？然后计算各自的数据，并对各组数据进行比较。在误差允许的范围内其值近似相等，由此可见随机抽取的样本与各组的具体操作手法关系不大。

学生活动：按照要求操作，获得数据，并比较各组的结果。

教师释疑：统计结果带有不确定性。但当样本数量适量，且是随机抽取的，那么就可以从样本推断总体的情况。这就是重要的统计思想——样本估计总体。

（二）巩固新知

练习 1 请你设计完成下列任务的方案，并指出其中的总体、样本：

（1）了解某批灯管的寿命；

（2）检验某批烟花爆竹的质量。

【评析】 丰富学生的感性认识，提供概括的基础。进一步认识总体、样本；理解抽样调查的必要性和样本的代表性，感悟样本估计总体的统计思想。

活动方式：学生独立思考、交流，教师点评。

学生解答：略

练习 2 请你根据以上实例解释什么是抽样调查，举例说明总体和样本。比较全面调查和抽样调查的异同，指出为什么要抽样，抽样需要注意什么，抽样调查中蕴涵怎样的数学思想。

【评析】 在丰富的感性认识的基础上，抽象概括出基本知识。这是对本课的小结。

活动方式：学生独立思考，整理笔记，汇报，教师补充以使知识完整。

学生解答：略

教师讲解：（梳理知识，揭示统计思想）。

关系图：

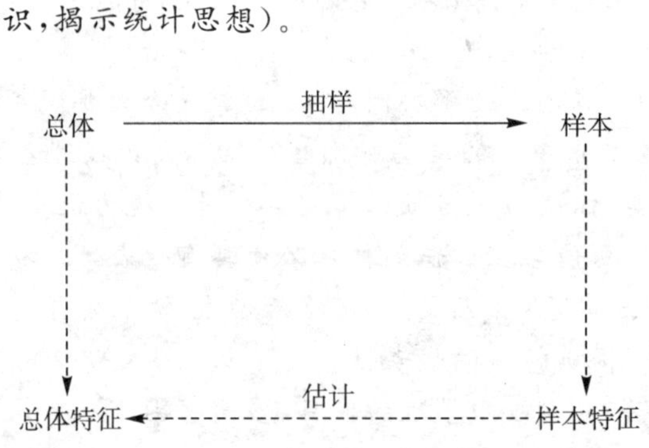

【目标检测设计】

1. 阅读教材，归纳本节课的基本知识，写出你对抽样的必要性、如何保证样本的代表性的认识。

【评析】 巩固基本知识，督促学生看书、做总结。

2. 选择题：

(1)下列调查，比较适用普查而不适用抽样调查的是(　　)

A. 调查全省食品市场上某种食品的色素含量是否符合国家标准

B. 调查一批灯泡的使用寿命

C. 调查你所在班级全体学生的身高

D. 调查全国初中生每人每周的零花钱数

(2)某课外兴趣小组为了解所在地区老年人的健康状况，分别作了四种不同的抽样调查。你认为抽样比较合理的是(　　)

A. 在公园调查了 1000 名老年人的健康状况

B. 在医院调查了 1000 名老年人的健康状况

C. 调查了 10 名老年邻居的健康状况

D. 利用派出所的户籍网随机调查了该地区 10%的老年人的健康状况

【评析】 促进学生理解抽样的必要性和样本的代表性。

(“中学数学核心概念、思想方法教学设计”课题组研究成果，薛红霞、李锦秀)

第二节　数学命题的教学

数学课程中表示概念具有某种性质或概念之间具有某种关系的判断叫做数学命题。数学命题记录和反映了人类对客观世界数量关系和空间形式方面的规律性认识，它们是数学学科知识重要的组成部分。我们有必要从逻辑、课程教学的角度对数学命题作深入的分析。

一、数学命题的相关逻辑知识

(一)判断与命题

概念产生之后，人们就要运用已有的概念对客观事物进行肯定或否定。对思维对象有所肯定或否定的思维形式叫做判断。关于数学对象及其属性的判断叫做数学判断。

判断要借助于语句表达，表示判断的语句称为命题。在数学中，用来表示数学判断的陈述句或符号的组合叫做数学命题。它是数学的基本组成部分。例如，“$1+2=3$”、“线段 AB 的长为 10cm”、“四边形 ABCD 是平行四边形”等都是数学命题。

由于判断有真假，所以数学命题也就有真命题和假命题之分。命题的“真”和“假”，称为命题的真值，我们分别用 1 和 0 表示。一个命题要么真，要么假，二者必居其一。

(二)复合命题与命题联结词

把几个已知命题联结起来，构成的一个新命题，称为复合命题。新命题的真假由已知命题的真假所决定。构成新命题时，联结已知命题的词语称为命题联结词或逻辑联结词，主要的命题联结词有下面五个：

1. 否定(非)

每个命题，都有一个与它意义相反的命题，这个命题称为原来命题的否定。若用 p 表示一个命题，它的否定，为命题“非 p”，记作 $\bar{p}$，例如，p：∠A 是直角；$\bar{p}$：∠A 不是直角；q：x＝5；$\bar{q}$：x≠5。

显然 p 与 $\bar{p}$ 的真值恰好相反。可用下表规定“$\bar{p}$”的真值：

p	$\bar{p}$
10	01

2. 合取（与，且）

用命题联结词合取（与，且），把两个命题 p 和 q 联结起来，构成新命题“p 合取 q”，记作 p∧q。它的意义是，只有在 p、q 都为真时，p∧q 才为真。例如，p：AB∥CD；q：AB＝CD；p∧q：AB 平行且等于 CD；又如，p：△ABC 是等腰三角形；q：△ABC 是直角三角形；p∧q：△ABC 是等腰直角三角形。

可用下表规定“p∧q”的真值：

p	q	p∧q
1	1	1
1	0	0
0	1	0
0	0	0

事实上，中学数学中常常采用合取式，但叙述或记法简化了。例如，合取式“2 是质数∧3 是质数”简单表述为“2 和 3 都是质数”。

3. 析取（或）

把两个命题 p 和 q 用命题联结词“析取”联结起来，得到新命题“p 析取 q”，记作 p∨q。它的意义是，只要 p、q 中有一个为真时，p∨q 就为真。例如，p：x＞2；q：x＝2；p∨q：x≥2；又如，p：△ABC 是等腰三角形；q：△ABC 是直角三角形；p∨q：△ABC 是等腰三角形或直角三角形。

可用下表规定“p∨q”的真值：

p	q	p∨q
1	1	1
1	0	1
0	1	1
0	0	0

(4)蕴涵（如果……，则……）

把命题 p、q 用“如果（若）……，那么（则）……”联结起来，构成新命题“如果 p，那么 q”，记作 p→q，称为蕴涵命题。它的意义是，只有在 p 真且 q 假时，p→q 方为假。其中的 p 称为条件，q 为结论。例如：p：两个加数都能被 5 整除；q：这两个数的和能被 5 整除；p→q：如果两个加数都能被 5 整除，那么它们的和也能被 5 整除。

可用下表规定"$p\to q$"的真值：

p	q	$p\to q$
1	1	1
1	0	0
0	1	1
0	0	1

(5)等价(当且仅当)

把命题 p、q 用"当且仅当"联结起来，得到新命题"p 当且仅当 q"，记作"$p\leftrightarrow q$"，称为等价式。

"$p\leftrightarrow q$"的含义是，只有当 p、q 同为真或同为假时，"$p\leftrightarrow q$"的真值方为真。否则是假的。可用下表规定"$p\leftrightarrow q$"的真值：

p	q	$p\leftrightarrow q$
1	1	1
1	0	0
0	1	0
0	0	1

如果 $p\leftrightarrow q$ 是一个真命题，我们用 $p\equiv q$ 来表示，称为等值式，读作："p 等值于 q"，它表明命题 p 和 q 的真值总是相同。需要说明的是，等价式与等值式是不一样的。前者是从已知 p、q 构成一个新命题 $p\leftrightarrow q$，而后者是指两个命题间的关系 $p\equiv q$，它本身不是命题。

比如复合命题$(p\to q)\wedge(q\to p)$的真值表和 $p\leftrightarrow q$ 的真值表是完全相同的(如下图所示)，称它们有等值关系，也称它们逻辑等价，用"$(p\to q)\wedge(q\to p)\equiv p\leftrightarrow q$"表示，在数学逻辑推理中是可以互相代换的。

p	q	$p\to q$	$q\to p$	$(p\to q)\wedge(q\to p)$	$p\leftrightarrow q$
1	1	1	1	1	1
1	0	0	1	0	0
0	1	1	0	0	0
0	0	1	1	1	1

(三)条件命题

在数学中，如果命题具有形式"$p\to q$"，并且 p、q 之间在内容、意义上有着联系，p 是给出事物具有(或不具有)某种属性，则称这个命题为条件命题(或假言命题)。在条件命题"$p\to q$"中，p 称为命题的条件，q 称为命题的结论。将命题 $p\to q$ 中的条件、结论换位或换质，并得到条件命题的几种形式：

原命题：$p\to q$(若 p 则 q)

逆命题：$q\to p$(若 q 则 p)

否命题：$\overline{p}\to\overline{q}$(若 $\overline{p}$ 则 $\overline{q}$)

逆否命题：$\overline{q}\to\overline{p}$(若 $\overline{q}$ 则 $\overline{p}$)

其中，可以证明原命题与逆否命题是一对等价命题，否命题与逆命题是一对等价命题。另外必须注意，条件命题的否命题与该命题的否定是两个不同的概念。否命题是针对条件命题而言的，而任一命题都可以有它的否定命题。命题的否定与原命题是一对矛盾命题，其真值一真一假，而条件命题与其否命题则可能同真，也可能同假。

例如：原命题："如果两个角是对顶角，则这两个角相等。"(真)

逆命题："如果两个角相等，则这两个角是对顶角。"(假)

否命题："如果两个角不是对顶角，则这两个角不相等。"(假)

逆否命题："如果两个角不相等，则这两个角不是对顶角。"(真)

(四)公理、定理、公式

在原始命题基础上经过逻辑推理，可以得到许许多多真命题。数学课程选择其中一些反映数学基本事实且具有一定认识功能、逻辑功能、实用功能的命题，构成教材的核心内容，这些就是数学公理、定理、公式。

(1)公理。如果一些命题的真实性不能再用别的命题来证明，而它们却是证明其他真命题的依据。这些不加证明而被承认其真实性的命题叫做公理。公理虽然不能加以证明，但有其合理性，它是从大量客观事物与现象中抽象出来的，符合客观规律。恩格斯称"数学上的所谓公理，是数学需要用作自己出发点的少数思想上的规定"。例如："两点确定一条直线"、"经过直线外一点，有且只有一条直线和这条直线平行。"

(2)定理。定理是经过推理证明而得到的真命题。数学定理一般具有假言命题"若 p 则 q"的形式，其中 p、q 由一个或若干个命题组成，p 叫做定理的条件，q 叫做定理的结论。由定理直接推出的真命题叫做推论。推论和定理的含义没有什么本质的区别。在数学课程中，将一个定理的条件与结论进行全部或部分换位，就得到定理的逆命题、偏逆命题，它们都未必为真，但如果证明了是真实的，则分别称为原定理的逆定理、偏逆定理。

例如：原命题："若 a，b 是偶数，则 a+b 是偶数。"(真)

逆命题："若 a+b 是偶数，则 a，b 是偶数。"(假)

偏逆命题："若 a 是偶数，a+b 是偶数，则 b 是偶数。"(真)

(3)公式。公式也是经过推理证明而得到的真命题。数学公式是一类用纯数学符号表达概念之间数量关系且在一定范围内恒成立的数学命题。如：幂的三个运算公式：$a^m \cdot a^n = a^{m+n}$，$(a \cdot b)^m = a^m \cdot b^m$，$(a^m)^n = a^{m \cdot n}$。

二、数学命题教学设计要点

(一)数学命题的学习方式

命题学习是指发现命题和理解命题语句所表达的意义，在数学中主要是指公理、定理、公式的学习。数学命题的学习可以分为发现学习和接受学习。

(1)在发现学习情形下，新命题的内容并没有直接呈现给学生，而是在教学条件下，教师设计和呈现相应的问题情境来加快学生的发现进程，学生通过解决这些问题得到猜想，通过检验和修正猜想，从而导致新命题意义的发现。因此，在教学条件下，新命题的发现一般是指教师指导下的发现。

适合发现学习的数学命题类型主要包括以下几种：

①对于概括程度低于已有知识结构中相关知识的新命题，由于其可以直接纳入原有的认知结构中，教师可以指导学生采用自主性学习的方式，在学习活动中经历探究、发现的过

程，主动建构与已有知识的逻辑关系。例如，学习菱形的相关定理时，可以采取个体自学—小组交流—汇报总结的形式，让学生自己将菱形的有关性质纳入平行四边形的认知结构中，获得菱形的性质定理。

②对于概括程度高于原有认知结构中有关知识的新命题，教师需要设计适当的问题，创设情境，引导学生通过对已有知识进行归纳、综合，概括出新命题。例如，在学习有理数加法法则时，教师可以用足球比赛为实际背景提出有关净胜球的问题，让学生利用以前所学正数加法法则等数学知识解决实际的问题，引导学生在解决问题的过程中归纳出有理数加法法则。

③对于与原有认知结构中有关知识属于并列关系的新命题的学习，教师要引导学生将已有知识和新命题在一定意义上进行类比或对比，从而获取新知识。例如，学习不等式的同解定理就可以通过和方程的同解定理类比，利用它们的相似性类化出新的知识结构。

(2)在接受学习情形下，新命题的内容是直接呈现给学生的，接受学习可以是机械的，也可以是有意义的。如果学生只是逐字逐句地记住命题，而没有经过任何语义加工，那么这种学习就属于机械学习；如果学生能够主动地对定理进行深层次的加工，那么这种数学定理的学习就是有意义的学习。一般情况下，对于与具体经验背景联系不紧密的，较抽象、超过学生发现能力的命题，通常情况下还是采取接受学习。比如，在“三垂线定理”的学习中，由于定理本身较为抽象，很难与学生的生活经验建立联系，因而更适合采取以教师直接讲解为主，引导学生主动、有意义的接受学习，在学习过程中教师也可以引导学生采取质疑、小组讨论等多种形式开展学习活动。

(二)数学命题的教学设计

1.数学命题分析

在进行数学命题教学设计时，教师首先要对数学命题进行分析，主要从以下几方面着手：

(1)数学命题的语言表达。要用准确的语言叙述命题的内容，理解语义，并分析其中易错难懂的关键性词语。

(2)数学命题的结构。即分析命题的条件、结论和逻辑关系，并进一步分析该命题与其他有关概念、命题之间的联系。

(3)数学命题的证明。根据命题的条件与结论，确定恰当的、符合学生认知水平和思维能力的命题证明方法。

(4)确定数学命题的学习形式，针对不同的学习方式，做好教学前的相关知识准备、教具准备、教学心理的准备。

2.数学命题的教学过程

数学命题的教学过程可分为四个阶段：命题的引入、定理(公式)的证明、命题间的相互联系、命题的巩固与应用。

(1)命题的引入。数学命题主要是指公理、定理、公式、法则等知识，我们在选择教学引入的方法时要针对知识本身的特点，选择最佳的导入方式，常用的方法有以下几种：

①从观察具体实例、动手操作、实践活动中引入。不同年龄阶段的学生在掌握数学命题时，其心理特征有所差异，但就总体而言大部分学生(年级越低越明显)在公理、定理、公式的学习方面很大程度上依赖于直接感知，没有感性认识，他们在心理上就不能很快接受，更谈不上主动地思维，建构和运用知识。如果在命题发现教学时，采用由学生熟知的具体事例或

生活经验归纳出规律，向学生提供一系列的实例和素材，让学生在具体情境中通过观察、实验、操作、讨论，探索规律，提出猜想，形成假设，然后引入数学命题，这样的引入方式使得学生的大脑皮层处于高度兴奋状态，产生进一步认识的欲望，思维活动积极、活跃，提高了命题学习的效率。

例如，学习“在所有连接两点的线中，线段最短”这一公理，课本中采用把连接两点的曲线、折线拉直，与线段比较的办法。在教学中，应具体操作，而不要仅仅是口头表述一下。此外还可以利用学生走路的经验，两地之间，走直路或走弯路，或走折线形的路，哪个路程最短。这样学生便会对公理有深刻印象，并能学着加以应用，而公理教学往往都是采用此种方法引入。

②通过推理直接发现结论。在数学命题教学中，一些命题是可以借助其他已知命题通过逻辑推理而来，这些新命题本身必须要与学生已有的知识具有内在的逻辑联系，并且学生具有理解命题意义的心理倾向，那么在这种情况下，学生也能进行积极的思维。

例如，“三角形任何两边的和大于第三边”，就是由公理“两点之间，线段最短”直接推出的。还有“直角三角形斜边上的中线等于斜边的一半”，也可采取由演绎推理直接推出的办法。再如多边形的内角和定理可以由已知的三角形的内角和定理出发，通过四边形、五边形、六边形……一直推理到 n 边形，通过归纳、类比推理作出猜想，引入定理。

③由原命题引出其他形式的命题。利用命题间的关系，由原命题通过命题形式上的变化，直接构建出新的命题，如逆命题、逆否命题、偏逆命题等，当然必须要证明新命题为真。

例如，由线段垂直平分线的性质定理（线段垂直平分线上的点到这条线段的两个端点的距离相等），让学生制作出它的逆命题（到线段两端点距离相等的点在这个线段的垂直平分线上）并证明，从而得到线段垂直平分线的逆定理。又如，对于垂径定理“垂直于弦的直径平分这条弦，并且平分这条弦所对的弧”，可和学生一起用制作偏逆命题的办法引入它的几个推论。

(2)定理（公式）的证明。定理（公式）的证明是定理的重要组成部分，是定理教学的重点，也是整个中学数学教学的重点之一。处理好定理证明的教学，可以使学生建立起所学定理与已有认知结构间的联系，加深对定理的理解。许多定理的证明方法本身就是重要的数学方法，所以定理的证明不仅是得出结论的手段，它本身也是学生学习的重要内容。定理证明的教学还是学生学习思维方法，发展思维能力，培养良好的思维品质和思维习惯最为重要的过程。证明教学包括以下三个方面：

①明确定理、公式的条件与结论。进行命题证明的前提就是必须明确该命题的已知条件和要证明的结论。定理、公式是真值为真的条件命题，一般地，前提是结论的充分条件，具有“若 p 则 q”的形式。但有一些定理的表述为了简练，采取简化的形式，使得条件和结论变得不十分明显，学生开始时会感到难以掌握。典型的例子是“对顶角相等”，要向学生解释，其标准形式是“如果两个角是对顶角，那么这两个角相等”。

对于用文字叙述的定理，分清条件和结论后还要进一步用数学符号表达出来。如“三角形三个内角的和等于180°”。即“如果三个角是三角形的三个内角，那么这三个角的和等于180°”。用数学符号表达为：

已知：$\triangle ABC$ 的三个内角为$\angle A$、$\angle B$、$\angle C$，

求证：$\angle A+\angle B+\angle C=180^\circ$。

由于$\triangle ABC$ 的三个内角已约定用$\angle A$、$\angle B$、$\angle C$ 表示，所以课本上该定理的“已知”简

写为“已知△ABC”。

在教学中注意分清定理的条件和结论，注意对关键的词语加以分析，有助于学生养成认真读题、审题的良好习惯。

②回顾与定理、公式有关的数学概念，分析证明思路。首先，定理、公式与数学概念密切联系着，表达人们应用数学概念所作出的正确判断。因此，弄清与定理、公式有关的概念，是学习定理、公式的前提。例如，学习定理“在角平分线上的点到这个角的两边距离相等”，便要让学生首先回忆“角平分线”和“点到直线的距离”这两个概念。然后，在命题的条件和结论已经明确的基础上，从已知数学概念、公理、定理、法则、公式以及解题经验出发，探索命题证明的途径，分析命题证明的思路，对各种可能的证明思路提出假设，通过分析比较，选择最可能成功的假设，如果无法取得成功，就去寻找另外的证明假设，直到找到从条件到结论的途径。

③掌握命题证明的数学表述。在教学实践中，有些学生已经分析出命题证明的思路，但是无法顺利将具体证明用数学语言表达出来，这是因为仅有证明的大方向，在证明语言表达过程中很有可能产生错误，所以，通过学习命题证明的数学表述，可以促使学生真正理解命题，为后续的应用奠定基础，同时可以培养学生严谨的、缜密的思维习惯。因而，命题证明的数学表述不仅让学生学会命题证明的逻辑表达，而且能够调整完善推理程序。

④掌握命题证明的思想方法。命题的证明不仅是得出结论的手段，它本身也是学生学习的重要内容。在命题证明教学中，许多定理的证明方法本身就是重要的数学方法，所以除了证明以外，教师还有一项很重要的教学任务就是要让学生体会和掌握蕴涵在命题证明中的数学思想方法。命题证明的教学还是学生学习思维方法，发展思维能力，培养良好的思维品质和思维习惯最为重要的过程。这就是要求教师在日常教学中结合具体知识不断渗透，在课堂小结时作适当提炼，只有这样才能有效揭示命题证明中的思想方法。

(3)命题间的相互联系。当学生学完新的命题后，和概念学习一样，必须要逐步建立新命题与已知有关公理、定理、公式间的联系，逐步教会学生把已学过的定理、公式系统化。因为只有把数学命题整理系统化，才能更清楚地看出它们的来龙去脉、地位作用，才能深入掌握，牢固记忆。我们可以按命题间的逻辑关系来整理。例如，在“两角和与差的三角函数”一章教学之后，对和角公式、差角公式、倍角公式、半角公式、积化和差、和差化积以及万能公式进行系统的整理。或者我们按命题的作用进行整理，例如，在“平行线”教学后，对有关定理按性质和判定两类加以小结、整理。

有些定理、公式间的联系，还需要深入考察才能建立。例如，对直线和圆的位置关系中的相交弦定理、切割线定理、割线定理，在复习小结时，可从运动的角度把它们联系起来，统一成一个圆幂定理。

(4)命题的应用。数学公理、定理、公式、法则的真正掌握只有在实际应用中才能逐步完成。中学数学课本中，定理、公式之后都配有例题和习题，教师在命题应用设计时，特别需要重视例题的设计和练习的设计，要善于组织和应用这些材料，例题数量应该适中，数量过少不足以巩固所学命题，数量过多又显得简单重复，不能引起学生兴趣。例题设计还应有一定的递进性，遵循由易到难、由简单到复杂、由单一到综合、由无干扰到有干扰的原则，在题型设计上还应包括综合题、应用题、探索性问题、创造性问题、开放性问题等。除了例题以外，还应设计一定数量的课堂练习，让学生有练习的机会，让学生有模仿的体验，课堂练习主要是模仿性的问题，但也应有一些适当变化，给学生留下思考的空间。学生最终通过解题的训练，进一步加深对知识的理解，积累方法与经验，提高思维水平，培养分析和论证能力。

三、数学命题教学案例与评析

【案例】《勾股定理的逆定理》教学设计①

【教材分析】

在教材中，开门见山给出了勾股定理，然后又给出这个定理的证明。按照传统的教学，课堂教学理应把重点放在定理的掌握、记忆以及如何运用定理等方面上，教学生学会怎样运用代数计算的方法，去判定一个三角形是否是直角三角形，也就达到了教学目的。然而，根据《数学课程标准》，这显然是不够的。《数学课程标准》强调：以培养创新精神和实践能力为重点，关注和促进每个学生的身心健康发展，致力于人人学有价值的数学，人人都能获得必需的数学，不同的人在数学上得到不同的发展。这突出体现了数学的基础性、普及性和发展性。为此，这节课我将采用体验探究的教学方式，教师配合引导，让学生通过动手、动脑、操作、观察、分析、合作、交流、猜想，归纳出规律。然后，再让学生从实践和理论两个方面去验证它，使每个学生体验数学知识的形成过程，增进他们对数学定理的理解和学数学的信心。

【学生分析】

1. 前面，学生已学过了勾股定理，初步了解了数形结合的思想方法，对直角三角形三条边的数量关系有了了解。

2. 学生以往的学习方式单一、被动，缺少自主探索、合作学习、独立获取知识的机会。

3. 初中生好奇心强，思维活跃。他们厌倦枯燥、乏味的说教和“满堂灌”。因此，需给他们充分的时间和空间，让他们动起来。这样一来，不仅使他们学会动脑思考，还学会动手实践；不仅学会独立思考，还学会与他人合作；不仅学会主动探索规律，还学会发现规律，人人体验和感悟数学家发现规律的过程和发现规律的艰辛；同时享受成功的乐趣。

【设计理念】

1.《数学课程标准》指出：对学生数学学习的评价，既要关注学生学习的结果，更要关注学生在学习过程中的变化和发展；既要关注学生数学学习的水平，更要关注他们在数学实践中所表现出来的情感和态度。

2. 荷兰数学教育家弗赖登塔尔认为：学习数学唯一正确的方法是实行再创造，也就是由学生本人把要学的东西发现或创造出来，教师的任务是引导和帮助学生进行这种再创造的工作，而不是把现成的知识灌输给学生。因此，教师在课堂教学中，应不断创造自主探索与合作交流的学习环境，让学生有充分的时间和空间去实践，去动手操作，去观察分析，去合作交流、发现和创造所学的数学知识。人人经历数学再创造的过程，人人体验数学规律的生成和发现的过程，使人人有机会去分享成功的喜悦。

3. 心理学认为：认知从感知开始，感知是认知的门户，是一切知识的源泉。在课堂教学中，让学生人人参与、积极动手动脑、合作交流的探究活动，能激发学生学习数学的兴趣，对提高学生的数学素养和数学意识也是十分有意义的。

【教学目标】

1. 了解并掌握勾股定理的逆定理。在体验探究活动过程中，亲身体验并感受知识生成

---

① 吕世虎：《初中数学新课程教学设计与特色案例评析》，第 29 页，北京：首都师范大学出版社，2003。

和发现的过程。

2.培养敢于实践、勇于发现、大胆探索、合作创新的精神。增强学好数学、用好数学的信心和勇气。

3.学会应用数学知识去解决一些实际问题。

【教学准备】

1.教师制作好与实验活动有关的课件、幻灯片。

2.学生备好实验用品:剪刀、纸张、直尺。

3.教师预设好课堂活动中可能出现的问题和应对办法。

4.学生按照学习水平的差异,划分好活动小组。

【教学过程】

(一)创设问题情境,引导学生思考,激发学习兴趣

大约在公元前2700年,我们知道,当时的生产工具很落后,测量技术也不是很高明。可是,古埃及人却建成了世界闻名的七十多座大大小小的金字塔。这些金字塔的塔基都是正方形,其中最大的一座金字塔的塔基是边长为230多米的正方形,然而,那时并没有直角三角板,更没有任何先进的测量仪器。这的确是个谜!你能猜出金字塔塔基正方形的每一个直角,古埃及人究竟是怎样确定的吗?要解开这个谜,还是让我们先从一个小实验开始吧。

电脑显示:古埃及人的金字塔。让学生猜测一下它的塔基可能的形状?(学生有的猜是四边形,有的猜是正方形……)这时教师动画演示,剖开塔基的截面,显示它的形状,正方形的形状得到认同,从而引出探究的问题:公元前2700年,古埃及人就已经知道在建筑中应用直角的知识,那么你知道古埃及人究竟是怎样确定直角的吗?

【评析】　这一情境的设计使学生产生了求知的欲望,激起了学生探究活动的兴趣。

(二)通过学生动手操作,观察分析,实践猜想,合作交流,人人参与活动,体验并感悟"图形"和数量之间的相互联系

1. 画图:画出边长分别是下列各组数的三角形。

(单位:厘米)

A:3、4、3;　　B:3、4、5;

C:3、4、6;　　D:5、12、13;

2. 测量:用你的量角器分别测量一下上述各三角形最大角的度数,并记录如下:

A:__________　B:__________　C:__________　D:__________

3. 判断:请判断一下上述你所画的三角形的形状。

A:__________　B:__________　C:__________　D:__________

4. 找规律:根据上述每个三角形所给的各组边长,找出最长边的平方与其他两边的平方和之间的关系。

A:__________　B:__________　C:__________　D:__________

5. 猜想:让我们猜想一下,一个三角形各边长的数量应满足怎样的关系式时,这个三角形才可能是直角三角形呢?

你的猜想是__________。

幻灯片显示:上述猜想操作提纲。学生根据提纲内容,分组进行探索、讨论。教师巡视诱引,协助"学困生"解决困难。

（活动期间，学生求知的热情空前高涨，甚至连平时不爱发言、不爱学习的学生都积极行动了起来，主动参与到小组的活动中来，几个顽皮的学生也被当时探究的氛围给同化了。在小组活动的过程中，不同知识水平的学生，加强了沟通，消除了隔阂，个性得到了张扬，潜力也得到了发挥。然后教师请各组同学分别讲述他们所猜想的结论、探究的过程，教师再进行补充完善，并且对合作好的小组给予表扬。）

【评析】 通过学生动手操作，观察分析，实践猜想，合作交流，参与实践活动，不仅培养了学生团结协作的精神，也调动了"学困生"学习的积极性，还发挥了教师组织者、参与者、指导者的作用。

（三）继续动手实践操作，思考探究，验证猜想

1. 看谁能想起来：

任意想出三个数字，要求：其中两个数的平方和等于第三个数的平方。

2. 动手画：以上题中你想出来的三个数为边长，画一个三角形。

3. 再画一个好吗？

以上题中你所画的三角形的两条较短边长为直角边，另画一个直角三角形。

(1)剪一剪：把上述你所画的三个三角形分别用剪刀剪下来。

(2)叠叠看：把你刚才所剪下来的两个三角形叠合在一起。

(3)动动脑：请你想一想，叠合后的两个三角形存在什么关系？你还能得出什么结论呢？

(4)通过以上的实践操作验证你们的猜想是否正确？

(5)你能再叙述一下这个猜想吗？

(6)请说明上述猜想与勾股定理有什么区别和联系？

(7)你能给上面的猜想起个名字吗？

幻灯片显示：上述验证提纲。让学生通过想、画、剪一剪、叠叠看的方式，来进一步验证猜想的正确性。然后请学生给这个结论起一名字：一个猜想经过证明是正确命题，叫定理。那么与勾股定理是相逆的命题叫什么呢？

（有的学生回答：既然这两个定理是互逆的，那就叫它勾股定理的逆定理吧！这个想法得到了大多数学生的认同，于是教师再和学生一起将探究的结论由猜想改为定理。）

【评析】 这样通过动手操作来验证结论，比较直观，也比较形象，既加深了学生对定理的理解和记忆，又培养了学生学习数学的兴趣。同时，也使学生认识到，任何数学规律的发展都离不开验证这一过程。当然，有时为了进一步调动学生学习的积极性和激起他们学习的热情，也可以用结论的发现者——学生的名字给定理命名。

（四）让我们一起看一下大屏幕，怎样从理论上进行验证

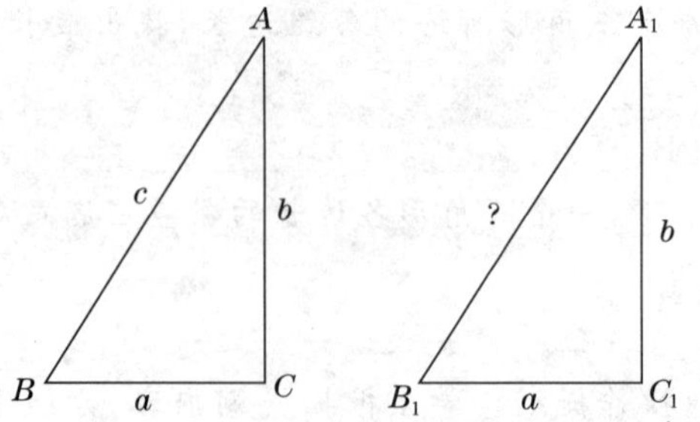

已知：在 ΔABC 中，$AB=c$，$BC=a$，$CA=b$，$a^2+b^2=c^2$，如图所示，

求证$\angle C=90°$。

证明：作$\triangle A_1B_1C_1$，使$\angle C_1=90°$，$B_1C_1=a$，$C_1A_1=b$，那么$(A_1B_1)^2=a^2+b^2$（　　）

$\because a^2+b^2=c^2$

$\therefore A_1B_1=c(A_1B_1>0)$

在$\triangle ABC$和$\triangle A_1B_1C_1$中，

$\because BC=a=B_1C_1$，$CA=b=C_1A_1$，$AB=c=A_1B_1$

$\therefore \triangle ABC\cong\triangle A_1B_1C_1$（　　）

$\therefore \angle C=\angle C_1=90°$

幻灯片显示：猜想结论的理论验证过程。让学生边观看边思考：这里是怎样判定一个三角形是直角三角形呢？并在括号里填出理由。

【评析】　加深学生对新旧知识的回忆和联系，培养学生学数学的严谨性和科学性，提高他们的逻辑推理能力，使活动的兴奋点由动手操作向视觉集中状态转变，减轻疲劳，保持旺盛的注意力。

（五）质疑

刚才，我们通过实验发现并验证了一个很重要的结论：勾股定理的逆定理。那么，同学们，你们知道它与勾股定理有什么区别和联系吗？在应用它的时候，还要注意什么呢？

【评析】　学贵有疑，疑则有进，进一步加深学生对定理的理解。

（六）应用

1. 很久很久以前，古埃及人把一根长绳打上等距离的13个结，然后用桩钉成一个三角形，你知道这个三角形是什么形状吗？并说明理由。

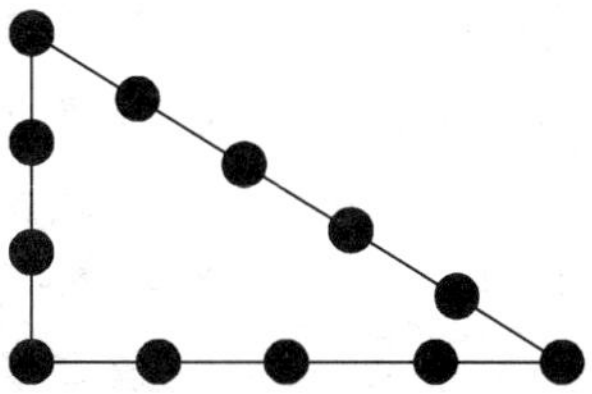

【评析】　此应用题照应开头，解开金字塔塔基之谜，巩固新定理的学习。

2. 判断由线段a、b、c组成的三角形是否是直角三角形。

(1)$a=7$，$b=24$，$c=25$　(2)$a=5$，$b=13$，$c=12$　(3)$a=4$，$b=5$，$c=6$

3. 在$\triangle ABC$中，$a=15$，$b=17$，$c=8$，求此三角形的面积。

【评析】　加深学生对定理的理解和应用。

4. 如图所示，在四边形ABCD中，$AB=3$，$BC=4$，$\angle ABC=90°$，$AD=12$，$DC=13$。动动脑筋吧！你能求出这个四边形的面积吗？怎样求？

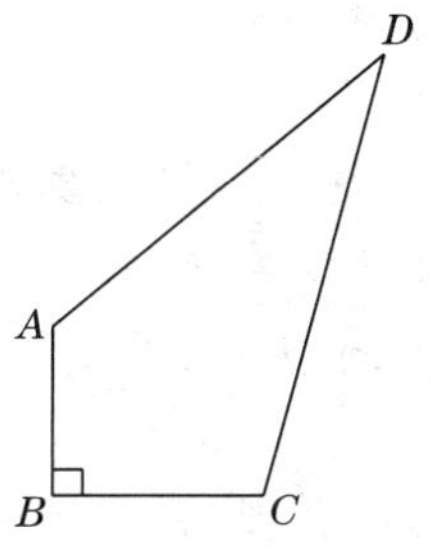

【评析】 此问题的设计，力图培养学生综合运用勾股定理和其逆定理的能力。

（七）小结

1. 通过本节课的学习，你知道一个三角形的三边在数量上满足怎样的关系时，这个三角形才是直角三角形呢？

2. 请你总结一下，判断一个三角形是否是直角三角形，都有哪些方法？

3. 通过此次实验活动，你学到了什么？你感受最深的是什么？

【评析】 教师提问，学生小结，使学生逐渐养成学习、总结的良好习惯。

（八）作业

1. 书面作业：略。

2. 思考作业：假如前几天爸爸去一家钢窗厂，定做了钢窗，一周后，钢窗厂派人前来送货。恰巧，这天爸爸临时外出。怎么办呢？动动脑筋，你能想出办法替爸爸验收并确定这批钢窗的各角都符合“每个角都是直角”的要求吗？

3. 实践作业：课余时间成立学习实验小组，组织伙伴们去一建筑工地，向建筑师们请教一下：他们在打地基之前，是怎样先画出地基线的？

4. 整合作业：我们把能成为直角三角形的三条边长的三个正整数，定义为勾股数（或勾股弦数），你能编写一个程序来捕捉出 200 以内的所有勾股数吗？

（编程序可以向信息技术课老师或编程专家请教。）

【教学反思】

在十几年的教学实践中，我常常思考：怎样才能培养和发展学生的创新能力，增强学生的创新意识呢？

首先，教师自己要有创新意识和创新精神。就拿教材来说吧，教师不要把教材当作本本，当成一成不变的知识，原封不动地灌输给学生，而是要根据学生的具体情况，如认知特点、心理特点以及认知水平的差异，采取不同的教学方式、方法，创造性地和有选择性地利用和处理教材，设计出符合学生实际情况的教学过程。但其指导思想不能变，那就是有利于基础知识、基础技能的掌握和学生创新能力的培养，能最大限度地使教学的设计过程面向全体学生，充分照顾不同层次的学生，使设计的思路符合新课程倡导的理念。

总之，教师不要把数学教育单纯地理解成知识的传授和技能的训练。照本宣科，抱残守缺，是培养不出创新人才的。进行以探究为主的课堂教学，就是创新教学方式的一种。这种方式可适用于定理、性质、法则、公式以及一些数学规律的学习。因为学生进入社会后，几乎很少直接用到数学中的某个定理和公式，但数学教学中所体现出来的思想、方法以及善于合作交流、敢于探索的精神，却是人们一生中长期受用的。

“勾股定理的逆定理”这节课的学习，我采用了体验探究的教学方式。在课堂教学中，首先由教师创设情境，提出问题；再让学生通过画图、测量、判断、找规律，猜想出一般性的结论；然后由学生想、画、剪一剪、叠叠看、去验证结论……使学生自始至终感悟、体验、尝试到知识的生成过程，品尝到成功带来的乐趣。这不仅使学生学到获取知识的思想和方法，也体会到在解决问题的过程中与他人合作的重要性，而且为学生今后获取知识以及探索、发现和创造打下良好的基础，更增强了学生敢于实践、勇于探索、不断创新和努力学习数学知识的信心和勇气。

要想真正搞好以探究活动为主的课堂教学，必须掌握多种教学思想、方法和教学技能，不断更新与改变教学观念，使课堂真正成为学生既能自主探究，师生又能合作互动的场所，把学生培养成为既有创新能力，又能够适应现代社会发展的公民。

作为教师，在课堂教学中要始终牢记：学生才是学习的主体，学生才是课堂的主体；教师只是课堂教学活动的组织者、引导者和合作者。因此，课堂教学过程的设计，也必须体现出学生的主体性。

（黑龙江大庆　翟永强）

第三节　数学问题解决的教学

问题是数学的心脏，解决问题是数学教育的核心内容，是数学知识和技能学习的延伸，是一种高级形式的学习活动。著名数学教育家波利亚曾强调指出：中学数学的首要任务就是加强解题训练……掌握数学意味着什么？这就是说善于解题，不仅善于解一些标准的题，而且善于解一些要求独立思考、思路合理、见解独到和有发明创造的题。可见，在数学教学中，解决问题是基本的和主要的思维活动形式。无论是形成概念、掌握命题，还是训练技能、发展能力，都必须通过解题活动来实现，解题也是评价学生学业水平的主要途径。因此数学问题解决的教学是数学教学的重要组成部分。

一、数学问题解决概述

在数学课程中，问题体系与概念体系、命题体系处于同等重要的地位。数学题的质与量，数学题的配置与选择，直接影响到学生数学技能的训练，对概念、命题知识的理解程度，以及学生数学能力的发展。

以数学对象或数学课题为研究客体的问题解决叫做数学问题解决，也就是说，以数学为内容，或者虽不以数学为内容，但必须运用数学知识才能解决的问题都称为数学问题。数学问题解决注重解决问题的过程、具体的解题策略以及思维方法，是以提高学生数学能力和解决问题的创造性能力为目标的。

在数学问题解决过程中，学生不仅需要找到具体的解决问题的办法，而且需要学会如何收集信息，制订解决问题的计划，如何实施计划、评估计划及其实施过程等。数学问题解决作为学习者的一个心智活动过程，应是一个发现的过程、探索的过程、创新的过程。借助这一过程，学习者可以使用原先掌握的知识、技能以及对数学问题的理解来适应一种不熟悉的情形，并把它们运用于解决新的困难。因此，数学问题解决的教学在数学教学中显得尤为重要，是对有关概念教学、命题教学、数学思想方法教学的有力补充。

二、数学问题解决的教学设计要点

（一）数学问题解决的学习方式

数学问题解决的学习方式主要是有意义的发现学习。首先，问题解决的学习必须是有意义的，具体是指学习者在解决问题的学习中，必须要从已知的数学知识和已有的解题经验出发，将其与新问题建立起实质性的联系。其次，数学问题解决的学习方式以发现学习为主。前面我们学习的有关数学概念、命题的学习方式可以采用有意义的接受学习方式，而数学问题解决则几乎不可能通过接受学习来获得意义，因为数学解题的各种方法、技巧、类型、策略和思想，不可能仅靠教师讲解几个例题，把解法呈现给学生，然后学生进行积极的同化就可以获得的。这样的解题学习是机械模仿式的，只能应付一些定式的数学常规问题。因而数学问题解决最有效的学习方法是在解题中学习解题，即学生尽可能地独立进行数学解题活动，从中体会解题的技巧、策略的选择，学会数学地思维。因此数学问题解决的学习方式是有意义的发现学习。

（二）数学问题解决教学的过程

数学解题教学的目的就是要让学生通过解题学会解决数学问题的一般方法，掌握解决数学问题的相关知识和策略，进一步提高数学能力。数学问题解决的教学过程一般分为四个阶段：

1.引导学生弄清问题，理解题意

数学问题解决教学的第一步就是要引导学生认真审题，分清题目的已知条件和求解目标，弄清题目的结构、特征、类型等，这是解题的起点，是能正确解题的先决条件。因此，在解题教学中，教师首先应强调审题的重要性，要采取切实有效的措施培养学生认真审题的习惯。理解题意有两个层面：一个是对问题的表面理解，指解题者逐字逐句读懂描述问题的句子，能用自己的语言重述问题；另一个是对问题的深层理解，指在问题表述理解的基础上，进一步把问题的每一陈述综合成条件、目标统一的心理表征。对问题的深层理解，需要根据对各种类型问题一般特征的概括和当前问题的基本特征，利用解题认知结构中适当的解题经验，才能对问题作进一步的理解。

一般地，数学问题的已知条件比较多，关系比较复杂，相互联系不直接，还会包含一些隐蔽条件，已知条件和结论之间的关系也比较错综复杂，因而在审题时，教师需要引导学生有意识地去做一些化归工作，把问题转化为熟悉的、简单的或已有典型解法的问题。另外，学生除了要弄清有关概念的含义外，必要时还要引导他们深入挖掘题设中对解题有用的隐含条件，多角度、多方向地进行探索，把隐蔽条件转化为显性条件，为探索解题途径提供决策依据。

2.启发学生思维，探索解决问题的途径

探索解决问题的途径就是在审题的基础上，开始寻求条件和结论之间的关系，通过类比、联想、化归、猜想、检验等思维活动探寻到解题方法，这一过程是解题中最为重要的一环，也是数学问题解决教学的关键环节。

教师在进行解题教学时，首先，事先要对问题进行深入研究，做好充分准备，在解题示范时要展现解题的过程，充分暴露自己在解题时的原始思维。因为学生常会感到困惑，为什么教师的分析总是成功的，而自己往往就分析不出来。其实，除了水平与经验的差别以外，他们不知道教师也并非每次分析都行得通。为此，在教学中应尽可能暴露思维的过程。必要时，对于很自然地想到、但走不通的思路，不妨也提一提，使学生懂得，走不通，赶紧回头，再另辟新径，让学生充分了解教师在探索问题解决途径时所犯过的错误、所走的弯路，了解问题解决的全过程，从而体会和获得思考问题的具体方法，掌握问题解决的科学程序。其次，教师要为学生创造独立思考的探究空间，要在学生有了思考体验之后，再积极启发学生思维，而不是什么都包办代替，过早过急地给出答案。当学生对某个数学问题已经尝试了各种方法，从不同的角度都作了探究，但却无法解决时，对于学生来说他也是有所收获的，因为整个探究的体验、对条件的分析、类比联想的过程、所犯的错误等等都是在体验过程中积累的过程性知识，这些知识将会在他日后的学习中发挥更大的潜在作用。最后，教师要鼓励学生大胆想象，勇于提出自己的见解，即使学生提供的思路和自己备课时不一样，也不要因为担心教学任务不能完成而即刻否定或不置可否，而要正视学生的大胆猜测或质疑，这恰恰是培养学生创造性思维的绝佳途径。

3.解题方案的实施

解题方案的实施是指将所探索的解题思路制定成详细的假设方案，然后进行严格的推理证明、计算或者反驳假设，直到确定解决方法，实现求解目标为止。在这一阶段，教师要引导学生选择恰当的解决问题的叙述方法，应力求简单明确，能够完整地反映题目的解答过程。值得一提的是，学生在形成方案，进行推理论证的过程中，容易将推理过程简单化或跳跃化，从而使得推理过程漏洞百出。因此，在这一环节教师要注重培养学生的逻辑推理能力，养成每一步推导都要有理有据的解题习惯。

4.组织开展解题反思的活动

解题反思是提高学生数学问题解题能力的关键环节，也是我们日常教学中最薄弱的环节。事实上，知识需要学生自己去领悟才能获得真正意义的理解，而领悟就必须经历反思的过程。反思这个环节就是对解题过程进行整理，对其中涉及的基础知识、数学思维方法进行归纳总结，对不同的解题思路进行比较，并思考优化、改进解题过程，是数学学习过程中一个再概括环节。如果在解题后学生不进行必要的反思，那么问题解决的学习只能停留在较低的经验水平，反之，学生的思维就可能在较高的层面上得到概括，对问题所涉及的知识、思想和方法的体验、领悟会更加深刻，真正提高自身问题解决的能力。

我们可以尝试从以下几个方面让学生开展解题反思活动：

(1)对整个解题的思考过程进行反思，包括出现哪些错误，走了多少弯路等等，并反思自己在数学基础知识准备方面的不足。

(2)对问题解决过程中出现的数学思想方法进行反思。

(3)对问题解决过程中遇到的有联系的数学问题进行反思。

(4)对问题本身进行反思，比如能否改变、替换问题的条件、结论等构造新的题目。

三、数学问题解决教学案例与评析

【案例】《较复杂相向行程问题》教学设计[①]

【教学目标】

1.会用转化的思想方法把先后出发或途中不相遇的应用题转化成同时出发或途中相遇的应用题。

2.能正确解答先后出发或途中不相遇问题中求全程、先行路程、相距路程、行的时间和速度等数量。

【任务分析】

目标1属于认知策略学习，目标2属于高级规则学习。按加涅的智慧技能学习层次论，高级规则学习的前提条件是掌握简单规则，在这里是预先掌握相向同时出发并相遇问题的解答方法。这里的认知策略对高级规则学习起支持性作用。

---

① 庞国维：《数学学习与教学设计》，第210页，上海教育出版社，2005。

【教学过程】

一、相向行程问题基本数量关系训练

1. 出示下图。

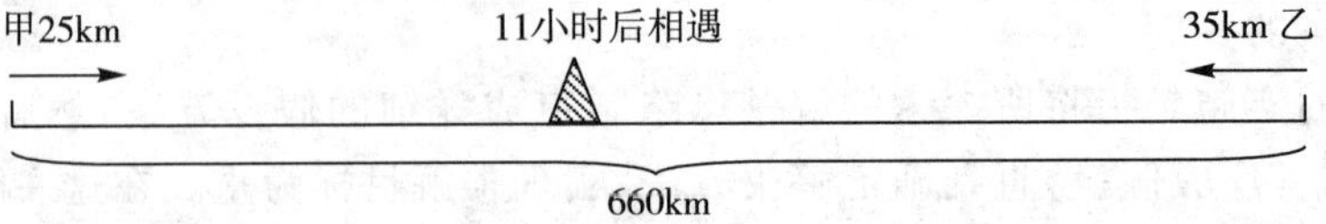

学生审题：说出出发地点、出发时间、运动方向和最后结果，并说出求全程的算式。

（教师板书）

(25＋35)×11＝660(km)

或 25×11＋35×11＝660(km)

你是怎么想的？全程在上面算式中各是什么数？

生：全程在上式是“积”，在下式是“和”，再指出加数与因数。

2. 根据下面要求的数量说出等式，教师板书，学生说出怎么想的。

？＝11　　？＝25＋35

？＝35　　？＝25

3. 小结。

(1)行程问题必须先审题。

(2)上面情况的应用题是相向行程问题中最基本的一种应用题。

(3)它有两种基本数量关系，看下面图(投影)。

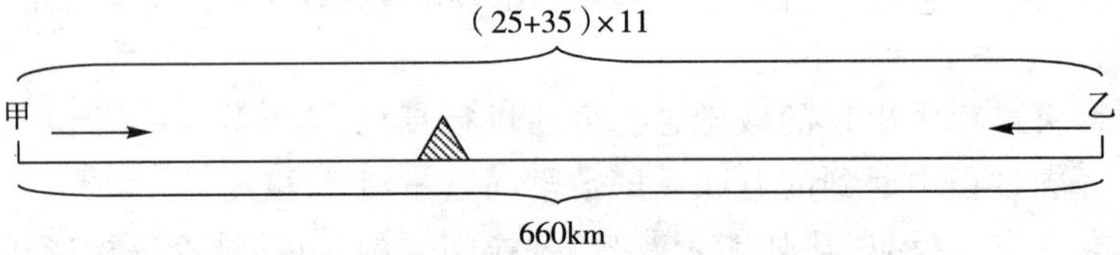

数量关系一：速度和×相遇时间＝总路程

数量关系二：相遇时甲行的路程＋乙行的路程＝总路程

二、新课

1. 引进新课题。

(1)出示下图，要求审题。

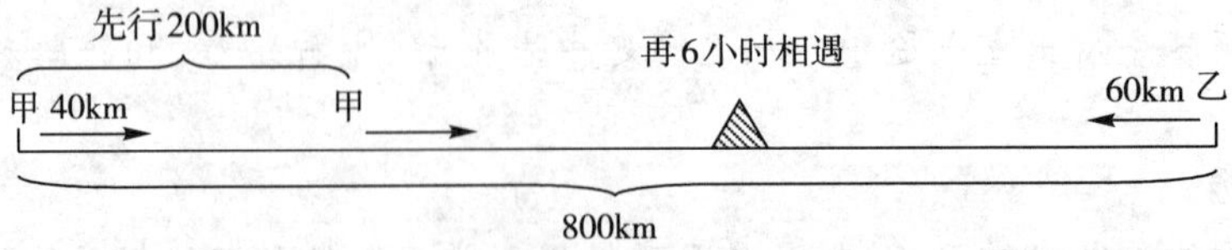

你能用手势表示两车的运动情况吗？(学生试做，请个别学生做)

师：上述情况是相向而行，先后出发，途中相遇问题。与上题有什么区别？(生：个别回答)

师：区别在出发时间不同，上题是同时出发，本题是先后出发。

(2)熟悉分段与全程。

哪段甲单独行？哪段甲、乙共同行？甲走了几段？乙走了哪段？再写出全部路程800km的算式。

在学生交流并说出分段方法时，出示下面三图：

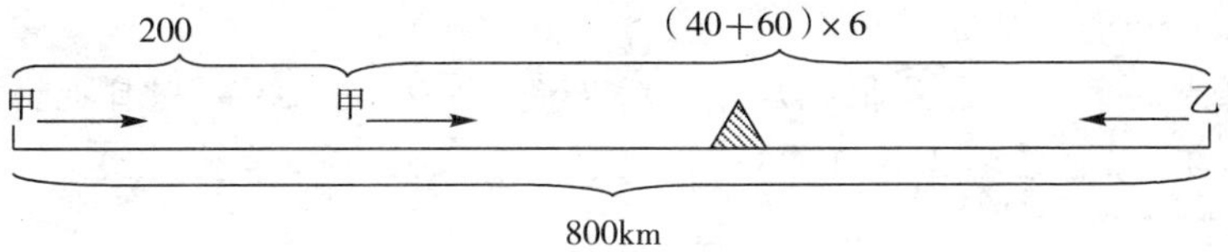

200+（40+60）×6=800（km）

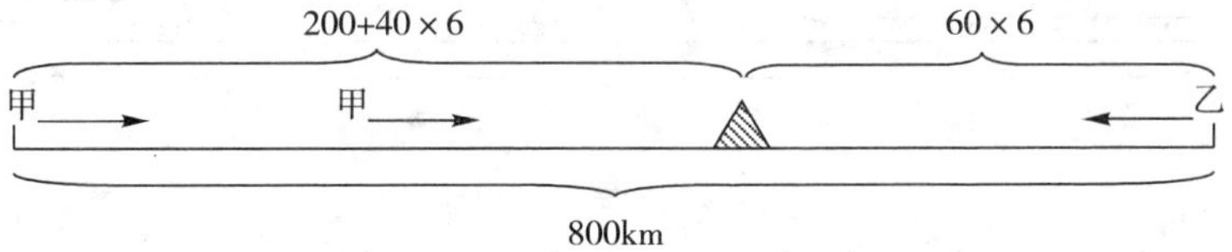

（200+40×6）+60×6=800（km）

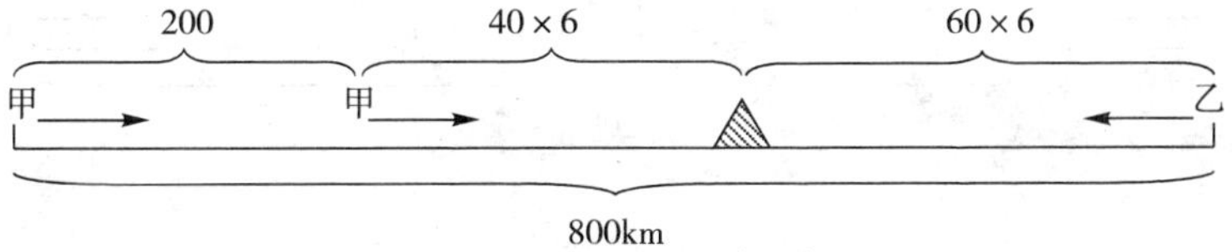

200+40×6+60×6=800（km）

怎么求先行路程？怎么求后来共行路程？（生：先列式，再指名说）

（教师板书）

800－(40＋60)×6＝200

800－200＝(40＋60)×6

(3)怎么求相遇时间与速度呢？这是本课学习的主要内容，提出学习要求，会用转化的思想求出相遇时间与速度。

【评析】　通过学生熟悉的例子复习同进出发、相向而行途中相遇的行程问题，使这一行程问题图式在学生头脑中加深记忆，更加清晰。

2．学习转化方法，求出未知数量。

(1)转化的方法就是把要学的知识转化成已学过的知识，或是把较难的题转化成较容易的题。

上题如何转化成我们已熟悉并掌握的同时出发的行程问题呢？总路程发生了什么变化？(点名学生回答)

师：当把甲的出发点前移200km，就转化成同时出发的行程问题了。但总路程应是800－200。看下图：

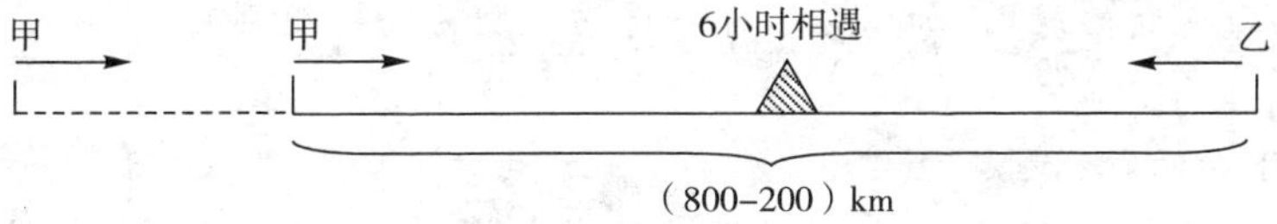

(2)请列式分别表示出 6 小时，40km 与 60km。

(交流并板书)

(800－200)÷(40＋60)＝6(小时)

(800－200)÷6－60＝40(km)

(800－200)÷6－40＝60(km)

师：上面三式的第一步就是把先后出发转化成同时出发，这样，题目也由难变易。

(3)再出示下图，自己排出等于 265、40、6、25、20 的式子，学生列式后指名板演交流并检验。

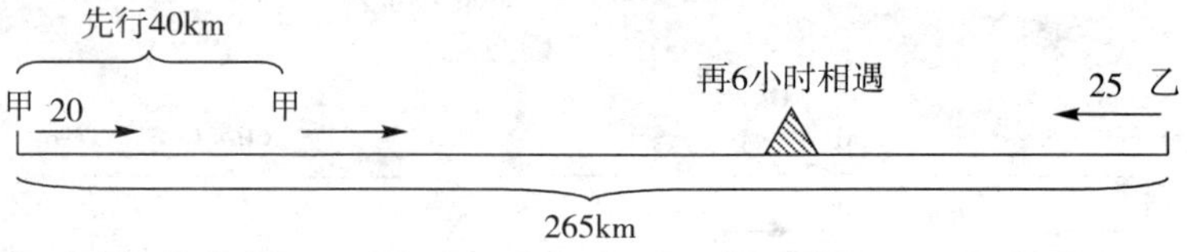

(4)再出示下图说出是什么情况。

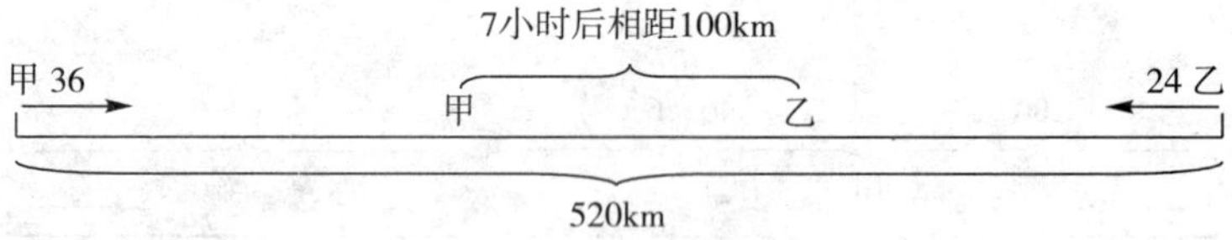

请列式表示出 520km。

交流：(36＋24)×7＋100＝520

　　26×7＋24×7＋100＝520

如何把途中未相遇转化为相遇题呢？讨论后看下图：

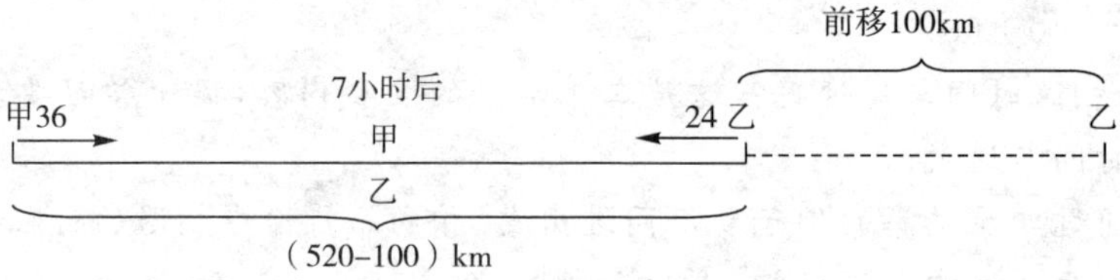

再列式表示出 7 小时，36km，24km。

列式后交流：(520－100)÷(36＋24)＝7(小时)

　　(520－100)÷7－24＝36(km)

　　(520－100)÷7－36＝24(km)

【评析】　本课教学的目的是教会学生运用问题转化策略，教师呈现新课题，即先后出发、相向而行途中相遇的问题，先后出发或途中不相遇的新问题转化成同时出发或途中相遇的旧问题，从而习得新的规则(加涅称这样习得的规则为高级规则)。

三、巩固练习

列式解答下面两题：

(1)甲乙两车从相距 350km 的 A、B 两地同时相向而行，甲每小时行 40km，4 小时后还相距多少 km?

(2)甲乙两车从相距 940km 的两地相向而行,甲每小时行 60km,先行 1 小时后,乙再出发,乙车每小时行 50km,再经过几小时后两车相遇?

【评析】 通过课堂习题的方式及时对问题解决的策略加以应用,巩固知识,训练技能。

四、本课总结

1. 认真审题是解应用题的前提,也是解行程问题的前提。

(1)要了解是哪种情况。

(2)要了解各个路程段的情况。

2. "转化思想"是一种很好的分析解题的方法,通过"转化"变难为易,从而能把一道较复杂的应用题正确地解答出来。

【评析】 本课涉及的问题计算很容易,难点在问题理解,解决问题理解的关键是将新问题转化成原有图式或以同化的策略进行转化。本课的教学设计突出这种认知策略或思维策略的教学。

(华东师范大学附属小学　胡本炎)

第四节　数学思想方法的教学

一、数学思想方法概述

(一)数学思想方法的含义

数学学科在其产生发展的过程中,形成了一系列反映自身特点的数学思想方法,当这些思想方法固着于人们的大脑中并为其掌握和运用时,它就将会长远地发挥作用。由于它们具有普遍的意义,因而学习者理解和掌握数学思想方法比掌握形式化的数学知识更为重要。

数学方法包括数学内在的研究方法和应用数学去解决实际问题的具体途径、方式与手段。"思想"是对客观事物的理性认识,是认识的高级阶段。数学思想是人们对数学事实(数学知识和数学方法等)的理性认识,既包括对数学科学的看法,对数学本质与规律的认识,也包括学习数学知识、处理数学问题时的意识与取向,思想蕴涵于运用数学方法分析、处理和解决数学问题和现实问题的过程之中。

数学思想与数学方法本身又密不可分,它们统一于数学学习活动之中。数学思想的作用,必须通过具体方法的运用体现出来。正因为如此,数学思想和数学方法往往不加以严格区别,常常统一说成数学思想方法。

(二)中小学数学中蕴涵的数学思想

在初等数学中,数学思想十分丰富,并有着不同的层次,国内外许多论著从不同的角度对此进行了研究。这里给出数学思想的一种分类。①

第一,概念型的数学思想。如函数思想、方程思想、集合思想、极限思想、相似思想等。这类思想以有关的数学概念为背景内容,比如,函数思想的内涵就是某一关系系统中的若干变动因素是相互制约的,其中某些因素变化了,必定引起另一因素的变化,等等。

① 郭思乐:《数学素质教育论》,第 133 页,广州:广东教育出版社,1991。

第二,方法型的数学思想。如分类思想、变换思想、归纳思想、递推思想、逼近思想等。这类思想常用于指导解题方法的选择与运用。比如,分类是将复杂的问题系统分解为几个子系统,使问题简单化。又如,变换是改变原问题的内容或形式,利用变换后新形式的简洁性或变换过程中的不变性,去有效地解决问题,等等。

第三,结构型的数学思想。如公理化思想、模式化思想、简约化思想等。掌握这类思想可以帮助人们形成较高层次的数学观点和意识,对深刻理解数学的精神、数学内容的结构体系有着指导作用。

关于数学思想的论著已有很多,下面我们选择一些基本的数学思想作一介绍。

1. 方程思想

笛卡儿有个著名的万能公式:任何问题可转化为数学问题,任意一个数学问题可归结为代数问题,最后,任何类型的代数问题可归结为解方程的问题。这充分说明了方程思想的重要价值。方程思想首先将问题归结为求一个或若干个未知量的问题,并设置未知数,通过寻求已知量与未知量之间的等量关系,建立与未知量个数相等的若干个独立的方程或方程组,最后求值达到解决问题的目的。

2. 函数思想

现实世界的万物之间存在着各种各样的联系,事物之间的变化相互影响、相互制约,函数思想正是数学中反映和研究事物之间联系和变化规律的重要思想。

在中学数学中,关于函数的知识和概念分三次出现,第一次概念是指在一个变化过程中有两个变量,x 与 y,如果对于 x 的每一个值,y 都有唯一的值与它对应,那么就说 x 是自变量,y 是 x 的函数。这是用“变量”的概念来叙述函数的意义。第二次是在引进集合与对应等概念的基础上,用集合对应的观点解释函数的定义。最后,在高中学习微积分时对函数作了进一步的介绍。函数是中学数学中很重要的一部分内容,中学数学中的大部分知识都可以统一在函数的观点下,如数、式、方程、不等式、数列等,对于这些内容,如果能够用函数的观点去进一步认识和体会,则对这些知识和函数将有更深入的理解。

不仅中学数学的大部分内容可以有机地统一在函数的观点下,在遇到有关数学问题时,也常可将其转化为函数问题来处理,这种用函数观点处理问题的思想,就称为函数思想。

3. 化归思想

所谓化归思想就是把待解决或未解决的问题,通过某种手段或方法,将之归结为一类已解决或比较容易解决的问题,最终解决原问题。在中学数学中,化归思想随处可见,比如,有理数的运算分解为判别符号和绝对值的计算,从而转化为学生所熟悉的算术数的运算;解二元一次方程组时,通过消元将之转化为简单的一元方程;分式方程、无理方程、超越方程通过换元转化为代数方程;借助于坐标系,将平面二次曲线的有关问题转化为方程、不等式、函数等代数问题;运用数学模型法将实际问题转化为数学问题,也体现了化归思想等等。总之,数学化归是一种思想,一种思维模式,它总是沿着复杂问题简单化、生疏问题熟悉化、未知问题已知化、抽象问题形象化的方向进行。在解决具体问题时,还需根据实际情况,选择化归的途径,寻找化归的方法。

以上仅介绍了中小学数学中基本的数学思想和方法,还有很多其他的数学思想,如集合思想、概率统计思想、优化思想、分类思想、极限思想等等,这里就不再一一说明。

（三）中小学数学中的数学方法

数学方法是人们在数学研究、数学学习中解决问题的步骤、程序与途径。数学方法不仅要了解，还要单独的训练，才能成为数学技能的一部分。数学方法与数学概念、命题、问题相互影响，相互作用，使数学成为一个有机的整体。中小学数学方法有很多，我们这里介绍一些基本的方法。

1. 数学中一般科学方法

这类数学方法包括抽象、概括、分析、综合、归纳、类比等等。这些方法教给人们如何思考问题，探索发现，所以具有广泛的适用性，不仅适合于数学学科，也适用于其他学科和日常生活工作。下面我们挑选几种方法作一简要介绍。

数学中的“抽象”是指不考虑事物或对象所有其他方面的特性，而分离出事物或对象的空间形式和数量关系特征。数学抽象的方法有很多，一种是从外部世界进入数学的抽象，一般是通过数学模型方法实现的抽象；另一种是数学内部概念的发展，形成不同层次的数学对象，具有不同层次的抽象度。比如，解析几何中先分别讨论圆、椭圆、双曲线、抛物线，然后才讨论一般二次曲线，在这一抽象过程中，数学对象的外延越来越大，而内涵越来越小，对象更具一般性。

“概括”是把抽象出来的若干事物的共同属性归结起来，以形成对一类事物的普遍性认识的思维方法。比如求二面角的平面角的方法可以概括为作出平面角和不作出平面角两大类，这是方法的概括。

“分析”是指对对象加以分解，对它的各个组成部分、方面、因素、层次分别加以研究，从而认识事物本质的一种思维方法；反之，“综合”则是把分解的各个部分联合起来成为一个整体，对整体加以观察的思维方法。由此延伸出“执果索因”和“由因导果”的思考方法。

“归纳”是通过对某类事物中的若干特殊情况的分析得出一般结论的思维方法。一种是对解题思想、方法的归纳，另一种是由特例得出一般性的数学结论，这种归纳得到的结论只能是猜想，是否正确还有待证明，称为不完全归纳，它是一般性的思维，是或然性的推理。完全归纳法和数学归纳法仅适用于数学，完全归纳法与分类和演绎有关，数学归纳法用于证明与自然数有关的命题，它们都是严密的推理论证的方法。在数学中我们常常靠不完全归纳猜测结论，用完全归纳法、数学归纳法或其他方法去证明。实际上，通过观察特例到猜想结论，再依靠演绎的方式证明过程，也有效地锻炼了学生的思维水平。

“类比”是根据两类事物存在的一些相似或相同的属性，猜测其他的一些属性也可能相似或相同的思维方法。比如，将勾股定理在三维空间进行类比推广，得到长方体中，对角线平方和等于长、宽、高的平方和。

2. 具有操作程序的方法

这类方法包括待定系数法、配方法、消元法、换元法、因式分解法、数学归纳法、比较法、反例法、坐标法、完全归纳法等等。这些方法适用于解决数学内部的问题，并且有各自的适用范围，如配方法适用于如 $ax^2+bx+c(a\neq 0)$ 的代数式的恒等变形。这些方法一般都具有较为清晰的操作步骤，比如消元法、配方法、数学归纳法等，它们在数学知识体系中与数学概念、命题的地位相当，掌握这些数学方法是掌握相关数学技能的必要准备。

除此之外，数学方法还有很多，比如还有数学模型化方法、非常规的数学方法等等，在此不一一说明。

二、数学思想方法教学设计要点

数学思想方法是数学知识的本质，相对于其他数学知识来说它是隐性的、抽象的，它为分析、处理和解决数学问题提供了思考方向和具体的解决策略，它蕴涵于运用数学知识处理、解决数学问题的过程之中。从教学角度来看，数学思想方法的教学有其特殊性，它是伴随着知识的教学和问题的解决而进行。因此，数学思想方法的教学有两个基本的途径：一个是在数学知识的教学过程中归纳、提炼数学思想方法，另一个是在数学问题解决的过程中使用数学思想方法。在数学思想方法教学的过程中，以下几个问题值得关注：

（一）数学思想方法的教学以“渗透”为主要特征

数学思想方法源于一般数学知识，但又高于一般数学知识，隐含于数学知识的体系之中，它的具体内容没有在教材中明确地揭示和总结出来，因此数学思想方法的教学不可能像具体的数学知识一样有一条独立与明确的纵向发展的主线，而只能伴随着数学知识教学的进程，以数学概念、数学命题等显性的数学知识为载体，有目的、有计划、有步骤、不断地向学生“渗透”。由此，数学教师不仅需要有扎实的初等数学和高等数学的基础知识，还必须掌握重要的数学思想方法的内涵，以及与相应的数学知识的联系，在具体数学知识的教学中要精心设计学习情境，善于引导学生充分挖掘教材中的数学思想方法，通过归纳、概括等思维形式，使学生在潜移默化中理解和掌握相应的数学思想方法。

例如，关于数的运算知识，从有理数的加法、乘法运算开始，教材中就运用了由特殊到一般的归纳方法以及数形结合的方法得出这两种运算的法则；以后又进一步在实数运算中再次运用上述方法得出类似的运算法则。在这里，教材中并没有明确出现“归纳”、“数形结合”、“类比”等数学思想方法的名称，教学时也不是开始接触上述数学知识内容就指明运用了什么数学思想方法，而是引导学生一起按这些方法的具体步骤操作，让学生从亲身经历的数学活动过程中逐步领悟，待到学生反复运用多次后，教师才不失时机地归纳、提炼出使用的数学思想方法的名称、步骤等。①

（二）数学思想方法的学习应当在数学活动中进行

学生对数学思想方法的认识和体会要在他们亲自参与数学活动的过程中进行。数学思想方法的学习是在数学活动过程中发生的，离开了活动过程，思想方法也就无从谈起，只有以学生现有的思维发展水平为依据，组织他们积极参与教学过程，在老师的启发引导下逐步感悟、体验、形成与掌握数学思想方法。比如，观察、实验、归纳、类比这些数学方法的掌握离不开学生的实践活动，在“一元二次方程的根与系数的关系”这节课中，教学目标是掌握韦达定理及其证明以及它的应用。但该内容中还蕴藏了“归纳→猜想→证明”这一重要的数学思想方法，因而可以采用小组合作、讨论交流、探究发现的活动方式，让学生在学习韦达定理的同时也体验到数学的思想方法。另外，数学问题的解决也是数学活动主要的、典型的方式。例如，在平面几何问题的解决过程中，才能让学生对运动变化的观点、几何变换的思想方法有进一步的理解，并增强应用能力。总之，数学的思想方法既蕴涵在知识的内容之中，又存在于掌握知识的活动过程中，因此，我们在学习显性知识的同时，更要在各种数学活动中领会、感悟和习得数学思想方法。

---

① 李求来、昌国良：《中学数学教学论》，第 294 页，长沙：湖南师范大学出版社，2006。

（三）数学思想方法的习得是一个长期反复的过程

首先，我们必须认识到数学思想方法的学习不会一蹴而就。数学思想方法比具体的数学知识具有更高的抽象性和概括性，依据中小学生的认知水平和特点，他们对隐性数学思想方法的认知比对具体数学知识的认知更为困难，对它们的认识、理解是有一个过程的，通过一两节课或几节课的学习，很难达到教学目的，因此，数学思想方法的领悟、理解的过程较长，也决定了数学思想方法教学的长期性。

在具体数学知识的学习过程中，学生应该对其中蕴涵的数学思想方法产生感性认识，经过多次反复、比较，经历从个别到一般、从具体到抽象、从感性到理性、从低级到高级的认识过程，最终寻找到恰当时机概括成数学思想方法，然后在问题解决过程去选择和运用思想方法，进一步深化对它的认识。换句话说，数学思想方法的领会和掌握是在长期的学习过程中经过多次反复，逐步提高的螺旋式上升的。

第三章　数学课堂教学技能训练与测评

第一节　数学导入技能训练与测评

一、数学导入技能的基本形式

一堂数学课应该如何开头，没有固定的模式，依据教学对象的不同、知识内容的不同，导入方式也有所不同。采用什么方式导入，需要在深入钻研教学内容、明确教学目标和分析学生认知特点的基础上确定。以下介绍一些数学课堂教学导入的常用方法，结合具体的案例加以说明。

(一)直接导入

直接导入是教师在上课开始就开门见山地阐明本课的课题，学习的主要数学知识，以及知识的结构、关系，知识的重点和难点，将教学目标完整清晰地呈现给学生，引起学生思想上的重视并产生认知需要。这种导入存在一定的局限性，方式比较单一，不易激发学生学习数学的兴趣，但特点是能使学生对所学知识一目了然，对本节课的学习有一个总的概念和基本轮廓，它能提高学生自学的质量和效率，适合对条理性强的教学内容的教学。

(二)新旧知识联系导入

数学是一门系统性很强的科学，数学知识往往具有前后的有机连贯性，每一个概念、定义、法则、定理和公式都源于或发展于相应的旧知识基础之上。因此在讲授新知识时，应选择那些与新知识密切联系的旧知，利用新知与旧知之间的逻辑联系，找出新旧知识之间的联结点，使学生把自己获得的知识和技能从已知的对象迁移到未知的对象上去，从而在旧知的基础上发展、延伸出新知，在数学教学中，通常所说的复习导入、练习导入、类比旧知导入等都可以归为旧知导入，旧知导入是最常用的新课导入法。

运用这种方法导入新课，既可以巩固旧知识，又能使学生对新知识的理解由浅到深、由简单到复杂，循序渐进，同时有利于用知识体系来启发学生思维，促进学生对新知识的理解和掌握。需要说明，这种导入法的运用是建立在教师对教材的宏观把握及对学生原有知识结构比较了解的基础上的。因此，能否找准与新课知识相联系的旧知识点，是教师需重视的问题。

例如，如学习立体几何中“二面角”的概念时，可通过对平面几何中角的概念的回忆：从一点出发引出两条射线所组成的图形，然后把平面问题空间化，将“点”改为“直线”，将“射线”改为“半平面”，这样就自然而然地引出了二面角的概念：从一条直线出发引出两个半平面所组成的图形。又如，通过分数的基本性质类比导出分式的基本性质；等比数列的概念及计算公式可以类比等差数列导入；由角度制的复习导入弧度制的学习；学习双曲线的定义及其标准方程时，先复习椭圆的定义及其标准方程，然后将椭圆定义中的平面上到两个定点的距离之和的“和”改为“差”，问学生动点的轨迹是怎样的曲线，然后导入新课，等等。

(三)生活实例导入

生活实例导入是指从学生已有的生活实例和现实素材出发，通过对其分析、引申，归纳、演绎出从特殊到一般、从具体到抽象的规律来导入新课。由于生活中的一些实例和情境是学生比较熟悉的，有的还亲身经历过，所以从现实生活中提炼实例来导入新课，创设思维情境，有利于激发学生的求知兴趣，充分调动学生的积极思维。这种导入类型也是导入新课的常用方法，对于低年级的学生，由于他们智力发展和思维能力水平不高，更多的是形象思维或者是经验性的逻辑思维，对于某些较为抽象的数学概念、命题的学习，采用此种导入方法效果最为明显。

例如，在对数学概念的教学导入中，教师可以以研究学生身边的一些增值率问题为出发点；在函数概念的教学中，以研究非空数集之间对应的实例为出发点等。

比如，初一的新生要学习的第一节内容就是"负数"，可以采用这样的教学情境：教师首先投影出天气预报局部图和某地区地形图，让学生观察图中数字的含义，利用天气预报的温度有零上和零下，地形图中的海拔高度有高于海平面和低于海平面这些常识，让学生发现生活中具有相反意义的量，自然地引出负数的定义。这样的情境符合学生的思维特点，降低了学习的难度，学生对知识的理解、掌握要比单纯由教师讲授效果好得多，同时也让学生感受到生活中处处有数学，从而增强对数学的亲切感，拉近与数学的距离。

（四）数学史实导入

在讲解某些数学概念、定理时，先给学生介绍一些有关的数学历史背景，通过对数学史实的回顾而自然地导入新课。用数学史实导课，避免平铺直叙之弊往往可引起学生浓厚的学习兴趣，有利于学生从无意注意迅速过渡到有意注意，同时也培养了学生的科学精神和人文精神。而且数学历史故事中都包含有某种数学思想方法，对培养学生的数学意识、数学信念有很大益处。

例如，教师在讲解求等差数列前 n 项和的公式时可以利用"小高斯的前 100 个自然数求和"这个数学史上有名的故事引入，除了对公式本身的理解有帮助以外，还会极大地鼓舞学生在数学的世界中去探究，发现奥秘。再如讲解勾股定理时，可介绍根据古希腊毕达哥拉斯学派的发现而命名的毕达哥拉斯定理，以及中国古代《周髀算经》记载的有关西周初期著名数学家商高发现的勾股定理，但商高的发现要比毕达哥达斯的早 600 多年。

用数学史实导入，要求教师多积累与中学数学有关的数学史资料，以便自己能及时准确地引用。目前中学数学教材中关于中国古代数学史的材料就有将近 20 处之多，这些都可以在教学中适时地引用。

（五）实验导入

实验导入法就是通过在课堂上直观地演示实验或引导学生动手实验、亲身实践或利用现代教育技术手段而导入新课的方法。苏联著名教育家赞可夫说过："所谓参与就是不把现成的结论直接传授给学生，而是让他们在参与知识形成的过程中理解知识，亲自尝试思维的飞跃。"通过实验导入能把学生的注意力集中到课堂上，这点符合学生的好奇心理，还能使抽象的数学知识具体化、形象化，增加学生的感性认识，让学生在实践中体会，使学生从形象思维逐步过渡到抽象思维，同时也能培养学生的动手实践能力。因此，教师应利用学生好奇、好动手的特点，针对特定的数学知识设计一些富有启发性、趣味性的实验或实践活动，使学生通过观察实验活动去分析思考、发现规律，进行归纳总结，得出所要学习的新知。

例如，在讲三角形内角和时，可让学生将三角形的三个内角剪下拼在一起，在实践中总结出内角和等于 180°的结论；学习"长方体和正方体的体积"时，让学生把预先做好的 8 个 1 平方厘米的正方体积木拿出来，让他们用这些小积木各自摆长方体和正方体。然后提出如下问题：①你摆成的长方体或正方体的体积是多少？你是怎样知道的？②你摆成的长方体或正方体的长、宽、高各是多少？你是怎样知道的？③体积与长、宽、高有什么联系？采用以上动手实验的方法导入新课，能激发学生探索知识形成全过程的兴趣。

（六）设置问题悬念导入

教师根据青少年的好奇心理，精心设计带有启发性的悬念疑难来导入新课，可以造成学生的认知冲突，从而唤起学生的好奇心和求知欲，激起他们解决问题的强烈愿望。这是一种以认知的冲突方式设疑，构成悬念的导入方法，它符合青少年有很强的好奇心的特点，当教师提出一些学生急于想解决，但运用已有知识和方法一时无法解决的问题时，学生的大脑便会出现特有的兴奋，于是他们积极思考，想方设法地去探索其中的奥秘，以获取心理上的满足。此种导入方法要求教师能创造性地驾驭教材，设计出具有启发性、探索性和趣味性的疑难问题，巧妙设置问题悬念，从而激发学生的求知欲望。

例如：在进行"有理数的乘方"的教学时，考虑到有理数的乘方是学生进入初中后所接触的一种新运算，此种运算的突出特点是随着指数的不断增大，乘方运算的结果因底数大于1或小于1而增长或减小得很快，这种抽象的数的变化正是有理数乘方的意义所在。基于此，教学时不妨设置这样的问题悬念：

把一张厚约0.1mm的纸依次折叠2次，约有多厚？依次折叠3次、4次呢？你怎么计算的？

通过计算知道，把一张足够大的、厚约0.1mm的纸继续折叠20次约有34层楼那么高（一层楼按3m计算），折叠30次约有12个珠穆朗玛峰那么高，你知道在折叠的过程中数值为什么增长得如此之快吗？这样的悬念使得学生产生强烈的好奇心和探究欲望，继而对新知的学习充满兴趣。

总之，数学课堂导入设计，要以创设自然、真实、和谐的课堂探究环境为目的，在学生的情感体验与思维冲突中激发他们学习的热情。数学课的导入方法多种多样，教师在选择时要从学生的认知水平、生活阅历、数学知识类型与特点，教学目标、自身教学风格、驾驭课堂的能力等角度去思考，从课堂教学的主要环节导入上去巧妙构思，精心设计，真正做到教师善导，学生能入。

二、数学导入技能案例与评析

【案例】 三角函数的周期性[①]

一、创设问题情境

1."离离原上草，一岁一枯荣，野火烧不尽，春风吹又生"隐含了什么数学知识？

2.（课件演示）转动的摩天轮：任意一点p的位置转动一圈后回到原来的位置。

3. 我们为什么只需排出一个星期的课程表，而不是按日期排出每天的课程表？

教师引导学生分析以上问题后，再让学生找出生活中许多周而复始的例子：时钟、季节、月、日、天体运动等，体验生活中的周期。

二、引导数学探究

1. 以星期为例，解决这样一个问题："今天是星期一，10天后将是星期几，1000天后将是

---

① 王尚志主编：《数学教学研究与案例》，第97页，北京：高等教学出版社，2006。

星期几”，从而引出 $f(x+T)=f(x)$ 的含义及应用。

2. 观察三角函数线的变化规律。

(1) 正弦函数值、余弦函数值是有规律、不断重复出现的。

(2) 其规律是：每隔 2π 重复出现一次（或者说每隔 $2k\pi, k\in Z$ 重复出现）。

(3) 这个规律用诱导公式 $\sin(2k\pi+x)=\sin x, \cos(2k\pi+x)=\cos x$ 也可以说明。

师：像这样一种函数叫做周期函数。

周期函数定义：对于函数 $f(x)$，如果存在一个非零常数 T，使得当 x 取定义域内的每一个值时，都满足 $f(x+T)=f(x)$，那么函数 $f(x)$ 就叫做周期函数，非零常数 T 叫做这个函数的周期。

【评析】 通过创设问题情境，利用生活实例导入，使学生了解数学来源于生活实际，使新课的引入自然生动，易于接受。通过具体现象让学生通过观察、类比、思考、交流、讨论，感知周期现象的存在。但是，由于数学本身的高度抽象性，虽然生活实例容易被学生接受，但由它出发建立周期函数的模型，还要经过抽象概括过程。

三、数学导入技能微格训练与测评

(一) 课堂导入技能训练

1. 选择一课时教学内容，就不同的导课方式进行设计，并分组对方案进行讨论、交流。要求能明确回答以下问题：

(1) 你所选的教学内容的教学目标是什么？

(2) 你所选择的导入方法是什么类型？

(3) 你所设计的导入方案的想法及优点是什么？

2. 选择一个优秀的数学教学方案进行导入技能的实践训练，组织 5 分钟左右的微型教学。

(二) 课堂导入技能测评

参照第一部分教学一般技能测评指标体系表制定导入技能评价单进行测评。

第二节　数学讲授技能训练与测评

一、数学讲授技能基本形式

数学教学中的讲授技能是指数学教师运用语言，辅以各种教学媒体，引导学生理解教学内容并进行分析、综合、抽象、概括，进而达到向学生传授数学知识，启发思维、表达感情、渗透思想方法的一类教学行为。根据数学课堂教学的实际情况，常用的有四种讲解类型：解释性讲授、逻辑性讲授、形象描述性讲授、总结性讲授。

(一) 解释性讲授

解释性讲授是数学课堂中使用较普遍的讲解方式，常用于给出某个数学事实（定义、定理、例题）之前或之后，包括对较为简单、直观的数学知识进行解释和说明，也包括对某个数学事实使用中的注意事项、易出错地方进行的一种讲解，通过讲解可以加深学生对这些数学事实及它的条件、结论的认识和理解。这种讲解可以是表征意义上的或是结构程序上的，也可以是语言解释上的、适应范围上的等等，主要是根据教学的内容和目的来确定。例如，讲

“完全平方公式”需要对公式结构进行解释性讲解说明。而对于较复杂的知识，单用解释说明的方法难以收到好的讲解效果，就需要其他技能的配合。

（二）逻辑性讲授

数学是具有严密逻辑性的科学，因此在数学课堂教学中必定包含了大量逻辑性的讲解。逻辑性讲授包括数学推理论证、理由原因的讲解，被大量应用于定理证明和证明题的证明过程之中。此外，数学中任何的演绎过程（如数的运算、式的变形）也必须使用逻辑性讲解，使学生明确推演的理论依据，明确计算的合理性，同时培养学生的数学逻辑思维能力和逻辑推理能力，因而逻辑性讲授是数学教学最重要的一种教学方法。在讲解中教师要使用严密、准确、简练的数学语言，指明每一步推理所依据的定义、定理、公式或法则，关键性的步骤、难点，方法讲解的速度一定要慢，必要时还要与其他讲解方式配合使用。

（三）形象描述性讲授

形象描述性讲授是在学生认识了数学知识的含义、数学问题的计算、推理论证程序之后教师再进行简单、概括的描述，会使学生的认识更明确、清晰。这种讲解通常使用通俗语言。

例如，三角函数中的诱导公式，最后概括描述为“竖变横不变，符号看象限”；在讲函数曲线时，对曲线形状的描述为“开口向上”、“向上弯”等；当讲函数的增减性时，教师在黑板上画出草图，结合手势，用类似“x 值增加时，曲线向上跑”，这些都是对解题方法、数学事实的一种形象描述性讲授。

这种形象、生动的认识，对数学事实的理解和记忆是很重要的，教师应在日常教学中注意收集，创造这方面的语言，但必须说明使用描述性讲授时，要防止用这种讲解语言代替严格的定义、定理，以及逻辑性的讲解，它只能帮助学生理解问题，是辅助性的讲解。

（四）总结性讲授

数学课堂中的总结性讲授是指教师带领学生学习某段数学知识之后，再用简单的语言进行总结概括。每节课当数学新知学完之后，或当一个证明方法、计算方法或某个数学思想方法讲完之后，都应进行总结性讲解说明。总结性讲授经常对前述数学事实进行概括，指出数学思想方法、问题的关键，指出容易忽视的问题，突出核心知识内容，采用精练、概括的语言表达出来，在教学中能起到提纲挈领的强化作用，对新的认知结构再次建构和巩固，使所学知识系统化。

在数学课堂教学中，主要通过语言讲述来传授数学知识、启发数学思维，表达感情、渗透思想方法的，因此讲授技能是课堂教学中最重要的教学技能。需要强调，讲解不是教师单独的行为，讲解以学生为对象，是师生共同的活动，因此教师要给学生反馈的时间和机会，教师要及时掌握反馈的内容。同时教师也要掌握好讲解语言的节奏、难度、准确程度、逻辑性的强弱。

二、数学讲授技能案例与评析

【案例】 奇、偶函数的定义讲解

师：从定义中可以看出。

1. 定义的关键之处在于 $f(-x)=-f(x)$；$f(-x)=f(x)$，凡满足这一特点的函数分别称为奇函数和偶函数。因此对一个函数 $y=f(x)$，判断其奇偶性，只要将 x 换成 $-x$，从 $f(x)$ 和 $f(-x)$ 的关系来断定。

例如：$f(x)=2x$，$f(-x)=-2x$ 知 $f(-x)=-f(x)$，得到 $f(x)=2x$ 是奇函数。

又例如：$f(x)=x^2$，则因 $f(x)=x^2=(-x)^2=f(-x)$，知 $f(x)=x^2$ 是偶函数。

2. 关于奇、偶函数定义域问题：当 x 为函数定义域里任意一点，则由定义知 $-x$ 也必须为定义域内一点。所以知，奇偶函数定义域为对称定义域。

【评析】　此案例中对奇偶函数定义的讲授是属于逻辑性讲解，通过两个例子的分析，进一步辨清了概念的本质属性，指明概念中隐含的更深层次的知识要点，讲解言简意赅、逻辑严密、一语中的，没有多余的话。

三、数学讲授技能微格训练与测评

(一)课堂讲授技能训练

1. 选择一课时教学内容，设计讲授方案，并分组对方案进行讨论、交流。要求能明确回答以下问题：

(1)你所选的教学内容的教学目标是什么？

(2)你所选择的讲授方法是什么类型？

(3)你的讲授方案的设计意图是什么？

(4)你所设计的讲授方案优点是什么？

2. 选择一个优秀的数学教学方案进行讲授技能的实践训练，组织 5 分钟左右的微型教学。

(二)课堂讲授技能测评

参照第一部分教学一般技能测评指标体系表制定讲授技能评价单进行测评。

第三节　数学提问技能训练与测评

一、数学提问技能基本模式

数学课堂上教师总要根据一节课的教学内容和学生的认知水平提出一系列的问题，引导学生进行思维，了解学生的学习状态，促进学生主动参与学习。依据数学课堂上学生思维活动的特征，我们可以把数学提问技能分成回忆型、理解型、应用型、分析型、综合型、评价型六种。

(一)回忆型提问

回忆型提问是一种考查学生对数学概念、数学公式、数学定理和方法等基础知识记忆情况的提问方式，通过对知识的回忆，为学习新知识提供材料，准备依据。这类问题一般比较简单，要求学生对教师的提问进行迅速的记忆搜索，回答出教师要求记忆的内容。这种类型的提问首先为学生的积极思维创造了条件，更主要的是为新知识的学习提供知识的准备，降低思维难度，为进一步的学习扫清部分障碍。

例如，“勾股定理怎么表示？”“圆锥的体积公式是什么？”学生只需要回忆相关内容即可作答；在讲解等差数列应用之前，教师可提问等差数列的通项公式、求和公式及它们的变形公式，以检查学生对基本公式的记忆情况，为等差数列的应用做好知识准备。

(二)理解型提问

理解型提问是用来检查学生对已学知识及技能的理解和掌握情况的提问方式，要求学生能用自己的语言对数学事实、概念、规则等进行描述，对已学过的知识进行回忆、解释、重新组合，对学习材料进行内化处理，推断出结论，并组织语言表达出来。因此，理解型提问是较高级的提问，此种类型的提问有利于学生对学习内容更深入的理解，可以培养学生洞察和掌握知识本质特征的能力，而且可以训练他们的语言表达能力，便于教师作出形成性评价。

例如，高一函数的概念对学生而言是学习难点，教师可以提出"为什么 $y=x$ 是一个函数，而 $y^2=x^2$ 却不是一个函数?"之类的问题让学生加以判断，这个问题的回答仅靠回忆是不够的，需要学生进行理解性思考，促使学生对函数概念认识的进一步深化。

（三）应用型提问

应用型提问要求学生能够掌握概念、定理、方法的应用，并且能主动运用新获得的知识和回忆所学过的知识解决新的问题，或进一步要求学生独立思考，灵活运用学习过的知识，进而提出解决问题的新途径、新方法、新见解，同时也培养学生的数学思维能力。数学中各种概念外延的界定，各种定理、公式的运用，各种数学方法的实施都属于应用型问题。不同于理解型问题，此类提问要求学生将已内化的信息再外化，通过知识的运用巩固所学内容。这是一种高级认知提问，不仅要求学生对已知信息回忆、归纳、分析理解，还要进行加工整理、综合考察，达到透彻理解和系统掌握。

例如，教师要求学生计算 $(3-2\sqrt{5})^2(3+2\sqrt{5})^2=$？学生按顺序计算得到结果后，教师又问"谁能找到更简便的算法?"用这样的提问激发学生探求未知的好奇心，为灵活运用幂运算法则提供新的途径。

（四）分析型提问

分析型提问要求学生识别条件和结论，或者找到条件之间、因果之间的关系。由于分析型提问属于高级认知提问，学生仅靠记忆、阅读教材或记住教师所提供的材料是无法回答的，必须通过认真的思考，对材料进行加工、组织自己的想法、寻找依据、解释鉴别，进行较高级的思维活动。对分析型提问如何回答，教师要不断地给予指导、提示和帮助，尤其对年龄较小的低年级学生，教师除了鼓励学生回答外，还必须不断地给予提示和探询，学生回答后，教师要针对回答进行分析和总结，以使学生获得对问题的清晰表述。

例如，教师提供下面推导过程，让学生分析错在何处。

$\because (-1)^2=1$，两边取以 10 为底的对数，得 $2\lg(-1)=\lg 1$，$2\lg(-1)=0$

$\therefore \lg(-1)=0$，转化为指数式为 $10^0=-1$，$\therefore 1=-1$

针对对数概念中易出现的错误，教师从反面设计问题让学生辨析，增强学生对知识掌握的准确性、全面性，同时也提高学生数学思维的分析和批判能力。

（五）综合型提问

综合型提问要求学生对已有材料进行分析、综合，独立思考，发现知识之间的内在联系，提出新见解、新观点，从分析中得出结论，或要求学生根据已有的事实推理想象可能的结论。这类提问强调对内容的整体性理解和把握，要求学生把原先个别的、分散的内容以创新性的方式综合起来进行思考，找出这些内容之间的内在联系，形成一种新的关系，从中得出一定的结论。而对综合型提问作出回答，学生需要从脑海中迅速地检索与问题有关的知识，对这些知识进行分析、综合，得出新的结论，这个过程有利于激发学生的想象力和创造力。

例如，在讲完一个定理后，可请学生谈谈对定理的认识，如：学了正弦、余弦定理后你能比较它们在解题中的不同功能吗？它们之间有什么联系？

一般地，教师在课堂上提出的综合型问题比其他层次的问题要少，这主要是由于学生要用较多的时间才能形成合适的答案，提过多的综合型问题将导致学生肤浅或混乱的回答。往往在提一些探索性问题之后再提出一个综合型问题，要比提较多的同一层次的问题的效果好得多。

（六）评价型提问

评价型提问是一种要求学生运用准则和标准对某些数学概念、数学方法、数学结论等作出价值判断，或者进行比较和选择的一种提问方式。这种提问要求学生对知识有更深层次的掌握，需要运用所学内容和各方面的知识和已有经验，并融进自己的思想感受和价值观念，进行独立思考，才能回答。它要求学生能提出个人的见解，形成自己的价值观，是最高水平的提问，这样的提问有助于纠正多数学生不善于总结数学问题、数学方法、解题思路的毛病。

例如，“在研究函数的各种问题时，都要注意函数的定义域，你认为这种说法正确吗？你能举出几类问题来说明这种观点？”回答这样的问题就需要学生在较深入理解函数定义的基础上，明确各类函数问题，如建立函数解析式、画函数图像及讨论函数其他性质等，都要求先确定函数定义域，并给予足够的重视和认识，要求学生作出分析、进行评价，并阐述自己的观点。

评价型的问题要求学生对事物的本质进行判断，因此在课堂讨论中不能频繁地出现。在一定数量的分析与综合讨论之后提出评价型问题才更为有效，过早、过多地提出评价型问题，可能导致肤浅、不成熟的判断，妨碍进一步深入思考。

二、数学提问技能案例与评析

【案例】　异面直线概念的引入①

师：在平面几何中，我们已学过不重合的两直线间的位置关系，一共有哪几种？

生：有两种位置关系：平行、相交。

师：在空间中，两直线的位置关系是否仍只有两种情况呢？（启发学生发现知识间的差异。稍作停顿，让学生思考。）

师：有没有既不平行又不相交的两直线？（启发学生寻找空间两直线间新的位置关系。）

师：（拿出准备好的两根木条）请一位同学上台来演示一下，怎样的两条直线是既不平行又不相交的。

至此，教师可利用学生演示模型，顺利地引入课题：这样的两条直线就是我们这节课要研究的“异面直线”……

【评析】　该课通过对熟悉的平面几何中两直线的位置关系的回忆型提问，启发学生思考空间中是否存在既不平行又不相交的直线，自然过渡到空间两直线的位置问题的研究，最终引发异面直线的学习，整个学习过程自然，符合学生的认知水平。

三、数学提问技能微格训练与测评

（一）课堂提问技能训练

1. 选择一课时教学内容，依据教学程序设置教学中的关键问题，要求能明确回答以下问题：

---

①　叶雪梅：《数学微格教学》，第158页，厦门大学出版社，2007。

(1)你所选的教学内容的教学目标是什么?

(2)你所设计的数学问题的依据是什么?它属于哪种问题类型?

(3)你所设计的提问环节对教学会产生什么效果?

2.选择一个优秀的数学教学方案进行提问技能的实践训练,组织5分钟左右的微型教学。

(二)课堂提问技能测评

参照第一部分教学一般技能测评指标体系表制定提问技能评价单进行测评。

第四节 数学结束技能训练与测评

一、数学结束技能基本模式

数学结束技能是指在完成一项教学内容或活动后,由教师、学生或师生共同对本节课的内容要求、知识结构和数学基础知识、基本原理、基本技能进行梳理、概括,归纳总结,使学生对所学知识形成系统,从而巩固和掌握教学内容的教学行为方式。在数学课堂中常用到的结束技能形式包括归纳概括式、前后呼应式、实践练习式、延伸铺垫式。

(一)归纳概括式

这是最常见的结课方式,在课程结束时教师将新授数学知识进行归纳、梳理,理清重点;也可以由学生来归纳,即在教师指点下由他们自行总结知识结构,突出重点,强化记忆和理解;也可以小组讨论,相互交流。这种结课方式的特点是系统完整、简明扼要,能给学生留下一个清晰的整体印象,便于记忆、理解和掌握本节课的学习内容,有助于将新知纳入原有的知识结构,形成更高层次的认知结构,从而发展数学能力。一般可以采取语言表述、列表格和关系图等多种方法进行总结概括。

(二)前后呼应式

前后呼应式的结束是针对上课开始时提出的悬念,用简洁的语言进行回答,首尾呼应,形成对照,使学生豁然开朗。这种结束需要教师在导入新课时给学生设置疑惑,结束时解疑释惑。这种设计方式应用得好,可以使学生始终处于问题之中,思维高度活跃,能给学生留下深刻印象。

例如,数学课"对数"一节的结尾:"现在,我们再来看开头所提出的折纸问题,运用我们今天所学的方法,你会不会计算?(大家动手计算,得出结果)大家看薄薄的一张纸,对折30次后竟然比珠穆朗玛峰还高,这回大家相信了吧!数学中的许多知识可以帮助我们解决碰到的难题,对数就是很好的说明。"既解决了问题,又指明了对数的使用价值。

(三)实践练习式

在课程结束时安排一定的实践活动,通过课堂练习,鼓励学生质疑问难,师生共同讨论,教师点拨和总结,力争当堂的知识当堂掌握。练习紧扣本课数学内容,通过这一环节既检查了学生对本堂课讲授内容的掌握情况,又让学生在练习中完成了知识总结。这种练习可以是做题,也可以开展多样的学生活动。

(四)延伸铺垫式

根据本课内容,引导学生把所学数学知识作适当延伸的结尾方式。在结束时不仅总结归纳所学知识,还要与日常生活、其他学科等联系起来,把知识向其他方面延伸,拓展学生的知识面，激发学生的学习兴趣，这样既有利于学生对本节课内容的理解，也可为下次课的有效进行做好铺垫。

总之，结课方式要根据该节课具体的教学目标和学生的实际情况等，多方面、多角度灵活把握。一个恰到好处的结束能够起到画龙点睛、承上启下、提炼升华乃至发人深省的作用，激发学生对下一次课堂教学的强烈渴望，同时给他们以启发引导，让他们的思维处于积极状态，从而主动地求索知识的真谛。

二、数学结束技能案例与评析

【案例】　圆的面积计算的结束部分①

教师拿出一张正方形纸片，用剪刀剪成一个圆，

师："怎样求它的面积？"

教师随即拿起剪去的部分，

师："怎样求它的面积？"

再用剪刀在圆纸片中任意剪去一个三角形，

师："现在谁能求出它的面积？"

接着又在圆纸片中间剪去一个正方形、长方形、圆等，分别请学生求出面积。然后再拿一张圆纸片，把它对折后问学生："会不会求它的面积？"

再对折后，问："现在呢？"再对折问："还会吗？"……

【评析】　这里使用的是延伸铺垫式结束课程，通过此过程学生感到兴奋、有趣、好奇，从而很好地激发了学生的求知欲，不仅有利于学生理解本节课的内容，而且为后面学习新知——扇形面积、组合图形面积的计算做好准备。

三、数学结束技能微格训练与测评

（一）课堂结束技能训练

1. 选择一课时教学内容，就不同的结课方式进行设计，并分组进行讨论、交流。要求能明确回答以下问题：

(1)你所选的教学内容的教学目标是什么？

(2)你所选择的结课方式是什么类型？

(3)你所设计的结课方案的想法及优点是什么？

2. 选择一个优秀的数学教学方案进行结课技能的实践训练，组织5分钟左右的微型教学。

（二）课堂结束技能测评

参照第一部分教学一般技能测评指标体系表制定结课技能评价单进行测评。

---

① 王秋海：《数学课堂教学技能训练》，第51页，上海：华东师范大学出版社，2008。

第五节　数学板书技能训练与测评

一、数学板书技能基本形式

板书是数学教学的重要组成部分，是数学教师在课堂上的书面语言，也是课堂上口头语言的补充。数学课堂中的板书应该根据数学学科的特点、教学内容、教学目的进行设计，常见的有下面几种形式：

（一）提纲式板书

提纲式板书是把教学内容和讲解顺序，用简明扼要的文字提纲挈领地反映出来。提纲式板书是对一节课的内容进行分析和综合，用精要的文字形成能反映知识结构、重点和关键点的提纲。这种形式的板书运用提纲式文字展现思维过程、突出教学重点，条理清楚，便于学生抓住要点，理解和掌握知识的层次和结构，提高分析概括能力。

（二）推理、运算式板书

这是数学教学中使用最为广泛的板书类型，数学教学中常见的定理与公式的推导、例题的证明、运算与求解的教学经常用到推理、运算式板书。它的最大特点是可以记录、展示数学思维的过程，易于揭示数学知识发生过程和学生认知过程，且能体现出数学的思想和方法，有利于培养学生的推理论证能力和运算求解能力。

（三）表格式板书

表格式板书是将有关内容分门别类列入表格。这类板书的优点是对比性强，类目清楚，便于学生比较、抽象、概括、归纳、分类等，使学生容易把握概念的本质，深刻领会所学知识，培养学生良好的思维习惯。

（四）图解式板书

图解式板书是用图形、文字、线条、符号、框图等形式来概括总结数学知识，通过图解可使教学中的重点和难点形象化，把数学知识的发生过程以及知识间的关系简明、清晰地表现出来，化难为易，便于学生理解较庞杂和抽象的内容，使学生形成良好的记忆。这类板书具有直观、形象的特点，能有效地引起学生的注意，便于学生对数学知识进行分析和比较，促进学生思考与记忆。

总之，板书是教学中不可缺少的一部分，是师生之间交流的一种手段。运用板书时应该注意根据教学课型、教学内容来选择适合的板书类型。一般来说，提纲式板书常用于课末小结以及复习当中，重点在于对知识的概括和归纳；推理、运算式板书常用于论证推理、解题教学之中，是数学教学中的重要部分；图解式与表格式板书表现灵活，有利于揭示知识结构，不仅能用于数学知识的分析和比较，也能用于归纳和总结。在实际教学中，有时要综合使用多种类型的板书，并与数学语言、多媒体配合使用，力求取得最佳的教学效果。

二、数学板书技能案例与评析

【案例】 平面几何“垂直于弦的直径”的板书分步图[①]

第一版板书：(图中序号表示各部分板书的顺序)

	②(标题)垂直于弦的直径		①复习轴对称和中心对称和性质(在⑤出现之前保留)
④与学生一起总结出垂径定理(板书，并加上红色波浪线)(保留)	③推导、证明垂径定理(在⑥出现之前保留)	⑤板演课本中例题(在⑥出现之前保留)	作为草稿纸，自由书写区(可擦去)

第二版板书：

	②(标题)垂直于弦的直径	①复习轴对称和中心对称和性质(在⑤出现之前保留)
④与学生一起总结出垂径定理(板书，并加上红色波浪线)(保留)	⑥补充两道有关垂径定理考试题目，让学生练习，留出足够位置让学生板演(保留)	作为草稿纸，自由书写区(可擦去)

【评析】 该板书设计版次分明，布局合理，计划性好，条理性强，架构清晰，符合教学规律，有利于学生对教学内容的理解。

三、数学板书技能微格训练与测评

(一)课堂板书技能训练

1. 选择一课时的教学内容，依据知识内容和教学程序进行板书设计，并分组进行讨论、交流。要求能明确回答以下问题：

(1)你所选的教学内容的教学目标是什么？

(2)主板书与副板书的书写内容是如何设计的？

(3)板书设计是哪一类型？

(4)设计板书方案的想法及板书方案的优点是什么？

2. 选择一个优秀的数学教学方案进行板书技能的实践训练，组织5分钟左右的微型教学。

(二)课堂板书技能测评

参照第一部分教学一般技能测评指标体系表制定板书技能评价单进行测评。

---

① 叶雪梅：《数学微格教学》，第185页，厦门大学出版社，2007。

英语课堂教学技能训练与测评

第一章 中小学英语教学方法与理念导引

第一节 国内外主要外语教学方法

一、国外主要外语教学方法

一种教学方法反映了一个时代的教学需求,也能折射出人们的教学理念,以及人们对语言、对学习的思考。在国外的教学法发展历史进程中,先后经历了语法—翻译教学法(Grammar-translation Method)、听说教学法(Audiolingual Method)、交际教学法(Communicative Language Teaching)和作为交际法一种的任务型教学法(Task-based Language Teaching)等比较著名的教学方法。这些教学方法不仅现在仍对西方语言教学起着影响作用,而且对中国的外语教学方法的发展也有重要的推动作用。

(一)语法—翻译教学法(GTM)

(1)语法—翻译教学法的历史发展。语法—翻译教学法最早是在欧洲用来教授古典希腊语和拉丁语的外语教学方法,到18世纪末和19世纪中期随着现代外语语言进入学校课程,这一方法开始被用来教授现代语言。

它可分为三个时期:18世纪上半叶,以外语译成本族语为主要具体方法,内容偏重于机械背诵语法规则,其实用目的是了解外语。18世纪下半叶至19世纪末期,以本族语译成外语为主要方法,内容注意到了阅读。其实用目的是用外语表达本族语的内容。20世纪至今,在众多学派的冲击和促进下,语法—翻译教学法已吸收了许多学派的方式、方法。

(2)语法—翻译教学法的教学理念。语法—翻译教学法是通过先详细分析语法规则,然后将这些语法知识应用到目标语、母语互译的实践中教授外语的方法。它的语言学基础是传统语言学,心理学依据是官能心理学,哲学基底是理性主义。其特点如下:

①借助原“希腊—拉丁语法”的规则,形成了非常完整、系统的语法教学体系。

②重视词汇和语法知识的系统传授,注重语言规则的归纳和列举。大多数语法翻译课本的教学大纲都按语法知识点的顺序编排,并试图有组织、有系统地教授语法。

③把第二语言教学看成是一种特殊的智力训练,把教学看成是心理发展的一种特殊途径。

④强调不同语言的共性,强调第二语言学习中母语能力和翻译能力的重要作用。考试形式自然是目标语和本族语的互译。

⑤强调阅读和写作,几乎没有系统地注重听力和口语。

⑥强调精确。

⑦强调对书面语的分析,着重原文的学习。课文主要作为语法分析的材料。其语言教学模式是阅读—分析—翻译—讲解—背诵。

(3)语法—翻译教学法的课堂操作。语法—翻译教学法的教学程序主要由四部分组成:翻译语言材料大意、讲解语言知识(语法知识)、切合原意的翻译和直接阅读。但是,在真实的课堂操作中,大部分语法—翻译教学法的课堂教学都只有语言材料的讲解过程。在这一阶段,教师首先把课文读一遍,不管是自己读还是让学生读,然后逐句阅读,分析语法现象,翻译成母语,最后进行大量的语法练习。

语法—翻译教学法把语言看作是结构型(structure)的语言知识。所以,教学中小学生是在教他们"学习语言知识"(learn about the language),而不是"学习运用英语语言"(learn to use language),也不是"用语言学习语言"(use the language to learn language)。所以这种方法难以培养学生的语言运用能力。

(4)语法—翻译教学法的现实价值。动机是制约语言学习的一个因素。对于大部分学生而言,他们既没有出国深造的机会,在短期内也没有与外国人进行交流的需要,他们学习外语最主要的目的不过是通过各类学习考试。而英语考试的重点总是放在语法、词汇、阅读理解和写作上。考试要求的是百分之百的准确率。语法—翻译教学法强调语法规则、词汇的记忆、在母语和目标语之间的句子互译、目标语材料的阅读,强调精确,因此在现实的英语教学过程中,语法—翻译教学法仍受到很多教师,特别是农村中小学英语教师的青睐。

显然,语法—翻译教学法有其独特的优势,因为对于外语学习者来说,母语始终是一个必不可少的参照,而翻译在学习中的确起着十分重要的作用,并且也是一个可行的学习方式,这些适合了外语学习者的需求和特点。

但是对于现今的中小学英语教学来说,语法—翻译教学法已经不再作为课堂教学的主导型教学方法使用了,而只是课堂教学的一种补充手段。

(二)听说教学法(ALM)

(1)听说教学法的历史发展。第二次世界大战对美国境内的语言教育有着极大的影响。为了培养大批具有翻译能力的专业人才,美国政府于1942年成立了"Army Specialized Training Program (ASTP)"。后来,美国55所大专院校也加入了这个训练外语人才的行列。之后,受到1957年苏联第一枚卫星发射成功的刺激,美国更是深感外语之重要,于是在1958年通过了国防教育条款(The National Defense Education Act),划拨经费以供研究语言、改进语言教材,以及鼓励教师进修之用。语言教育专家于是结合军方培育外语人才的课程、结构派语言学理论、行为心理学和口语—听力训练,共同发展出所谓的ALM教学法。

(2)听说教学法的教学理念。在20世纪初兴起的语言学结构主义学派(structuralism)风潮的影响下,"语言"也被视为一组在声韵、构词、句法上彼此关联,又能用来传情达意的结构体。在这个结构体中,每个组成分子之间都有直线的关联,并受到上一层级语言结构的规范。因此,根据结构学派的观点,学习语言就是学习目标语的组成结构及其规则。

当然,听说教学法的兴起除了受结构学派的影响之外,行为心理学(behavioral psychology)也是其理论根基之一。根据行为心理学的研究,人类学习的模式(包括学习语言在内)是由下列三个元素所组成:刺激(stimulus)、反应(response)、强化(reinforcement)。换言之,要学好一种语言,就要去学习一整套正确适宜的"刺激—反应"语言模式。

综合结构学派与行为心理学对语言教学的影响,可以看出ALM鲜明的教学理念:

①学习外语如同培养语言习惯,只要不断地做口语句型练习、记诵正确的对话方式,就可以减少错误的发生。

②为使学习兼具效果与效率，外语学习应该在课堂中先以口语方式来呈现，并加强学生在听和说方面的训练。唯有在听、说方面熟练之后，才能再追加读、写部分的练习。也就是说，听说教学法是“听说教学”先于“读写教学”，它较重视结构(structure)与形式(form)，如时态、语法、句型结构，却不太重视意义(meaning)。

③作母语和目标语演绎分析性的解释说明会对学生更有益处。

此外，多作对照(analogy)和归纳(generalization)等机械式的句型操练(pattern drill)会对学生的归纳能力有很大帮助，也提倡学生记忆背诵对话和句型。

④字汇和句型的教学必须在目标语的文化情境中习得。

(3)听说教学法的课堂操作。对话(dialogues)与机械式的操练(drill)是听说教学法最常见的教学活动。对话可以为目标语学习中的生字或句型提供切合的情境，教师以此来纠正学生的发音、语调或节奏错误。对话中出现的重要句型通常可独立抽出，化为各样的练习题。学生的责任就是复述，然后记熟。以下是听说教学法最常见的课堂练习方式：

①齐声练习(Choral Drill)：全班或全组齐声复诵。

②个别练习(Individual Drill)：学生个别练习。人数不多时，老师可以带着每一位学生单独念；若班级人数过多时，则只抽点部分学生单独练习，称为“Spot Checking”。

③连锁练习(Chain Drill)：全班形成一条链子，老师问A学生，A学生答完后问B学生，B学生答完后问C学生，以此类推。

④逆向组句练习(Backward Build-up Drill)：遇到难的句子，将句子分成几个部分，学生跟着教师由句尾开始学念，然后往前加字，直到念出整个句子。

⑤复述练习(Repetition Drill)：教师念，学生跟着读。复述练习可以是齐声练习(Choral Drill)，也可以是个别练习(Individual Drill)。

⑥转换练习(Transformation Drill)：学生按照提示练习各种肯定、否定、疑问、单复数句型的互换。

⑦代换练习(Substitution Drill)：教师念句型，并提示，学生利用提示来代换新句。

⑧重述练习(Restatement Drill)：学生根据教师的提示，造问句问同学。

⑨完句练习(Completion Drill)：老师说句子前半段，让学生完成后半句，使句子成为一完整句。

⑩扩展练习(Expansion Drill)：增加字使一个句子变长。老师给出句子及提示，学生找出适当的位置将提示插入句子中。

⑪缩短练习(Contraction Drill)：用一个字或词来代替一个词组或一串字，使句子缩短。

⑫合句练习(Integration Drill)：将两个句子用适当的连接词、子句或词组合为一句。

⑬重建句子练习(Restoration Drill)：教师给几个字作为提示，学生依文法需要自行加字造句。

⑭问答练习(Question-and-answer Drill)：训练学生能毫不迟疑、快速地回答问题。

⑮角色扮演(Role Play)：将对话以不同的角色分组演示出来，鼓励学生表现出适当的情感及表情。

(4)听说教学法的现实价值。听说教学法在20世纪60年代达到全盛时期，之后便开始衰退，因为教师发现学生在经过无数枯燥、严肃的机械式练习后，并不能有效胜任课堂外实际的口语沟通。同时，语言学家琼姆斯基(Noam Chomsky)提出了驳斥结构学派和行为心理学派的学习观点：转换生成语法（transformational-generative grammar）和语言能力（linguistic competence）。转换生成语法强调，语言并不只是一个层级明确的复合结构，而是由一更抽象、复杂的规则来规范。这个规范性的转换生成语法概念是人与生俱来认知能力的一部分。此外，琼姆斯基认为，语言学习并不只是经由背诵、模仿而僵化养成的语言习惯。相反，人类并不是学说话的鹦鹉，而是经由生活经验和语言能力所学习得来。琼姆斯基的观点是对结构主义和行为主义的反叛，这种新的语言思想也冲击了听说教学法的发展。

同时，听说教学法本身是有局限性的：过分集中于对语言要素的教学，忽视了交际、文化等重要因素。它是以教师为中心的，完全不管学生的心理操作过程，如学生接受老师的信息以后是如何内化的。这样的问题是听说教学法无法回答的，然而，如果不回答这样的问题就很难在教学效果上有突破性的进展。而教学内容是否适合学生也完全由老师凭经验作主观判断。教学大纲的编写也只能以教为中心。这些都是听说教学法存在的缺陷。

在目前的外语教学领域，听说教学法还在被许多教师采用。课堂上以语言要素的听说练习为主，忽略了学生的心理操作过程，缺乏交际实效。目前在一些中小学英语学习者身上出现了一种现象：听说水平较高，但读写能力却很差。究其原因可能就是采用了过多的听说教学法教授英语课，只注重听说而忽略了读写。

（三）交际教学法（CLT）

（1）交际教学法的历史发展。交际教学法产生于 20 世纪 60 年代。美国语言学家琼姆斯基抨击当时的结构主义语言学，指出语言结构理论不能解释语言中出现的创造性和语言的个体差异。同时，英国的应用语言学家们也强调语言的交际价值，认为语言教学不应该只是让学生掌握语言的结构，更重要的是让他们习得语言的交际能力。英国功能语言学家弗斯（J. Firth）、韩礼德（M. A. K. Halliday）和美国社会语言学家海姆斯（D. Hymes）等人的语言哲学原理为交际教学法的产生提供了理论依据。

20 世纪 70 年代初期，欧洲经济共同体的出现给交际教学法的产生提供了历史契机，大量需求具有外语交际能力的专门人才。1978 年，威多森（H. G. Widdowson）出版了《交际语言教学法》（Teaching Language as Communication），自此，交际教学法就应运而生了，并逐步发展为不同形态的教学途径。

（2）交际教学法的教学理念。对于英语学习者来讲，交际能力的培养是个重要方面。1971 年，社会语言学家海姆斯在《论交际能力》一文中，首次提出了交际能力（communicative competence）这一概念。交际能力包括四个方面能力：语言结构能力（grammatical competence）：语言符号本身的知识，即遣词造句的能力；社会语言能力（social linguistic competence）：在不同的社会环境中，适当理解、表达话语的能力；语篇能力（discourse competence）：把语法形式和意义融合在一起，用口头或书面语连贯地表达不同种类语篇的能力；策略能力（strategic competence）：加强交际效果或弥补由于缺乏交际能力等因素引起的交际中断所使用的策略，即交际过程中的应变能力。

此后，这些能力成为语言教学的主要目标和侧重点。交际教学法也逐渐取代了传统的教学方法。它是将语言看作交际的手段，教师有责任提高学生的跨文化意识，让学生在了解基本语言知识的基础上，学会了解语言国家的文化、背景、风土人情和生活方式。

交际教学法的假设是：学习语言的目的就是交际能力的培养。这也正是其不同于传统英语教学方法之处。由于交际教学法始终将学生看作语言实践的主体，注重教学材料源自现实生活，从学生的具体需要出发，将语法学习与应用紧密联系在一起，所以交际教学法取得了很好的成效。对教师而言，只教给学生怎样掌握词汇、语法是不够的，还必须调动学生参与课堂活动的积极性，教会学生与实际情境紧密相连的交际方法。因此，在以培养交际能力为主的课堂中，教师的角色、学生的角色与传统英语课堂教学是不同的。

总体而言，交际教学法具有以下四个特点：

①课堂教学以交际能力的培养为教学目标，而不仅限于语言能力。

②课程编排不以形式为纲，而是以功能为纲，通过功能展示形式。

③语言教学以流畅为主，而不是以准确为主，交际的最终评判标准是意义是否能真实传达。

④课堂交际教学中，学生要能创造性地使用语言。

(3)交际教学法的课堂操作。交际的原则可以用于任何技能、任何层次，也可以应用于多样的活动中，因此也很难确定一个只属于交际教学法的课堂操作程序。但弗诺奇奥(Finocchiaro)和布鲁菲特(Brumfit)所建议的交际教学法课堂操作程序具有一定代表性：

①课堂动机激发和对话展示：首先将对话情景与学生的社会经历联系起来，讨论功能和情景，如人物、角色、话题以及语言的特点，然后展示一个简短的对话。

②对对话中的语段进行口头训练。

③根据对话和情景进行问答训练。

④围绕对话话题就学生的经历进行问答。

⑤针对对话中的基本交际用语，或表示该功能的句型，教师可以举例说明，也可以利用图片、实物或表演来展示其含义。

⑥组织学生开展发现性活动，归纳功能用语的使用规则。

⑦开展口头再认或解释性活动，根据学生水平，活动数量不等。

⑧口头输出活动，一般从控制活动到自由活动。

⑨抄写对话。

⑩书面作业。

⑪学习评估，一般口头进行。

(4)交际教学法的现实价值。虽然交际教学法强调了交际价值和交际能力的培养，但是根据语言运用的原则，语言运用应该是以准确性(accuracy)和得体性(appropriateness)为主，而不是以流利(fluency)作为重要标准。因为意思和意图的传达要得体才会有效。强调功能的交际教学法所培养的流利的语言运用能力并不是语言运用中的决定性因素。因此，交际教学法后来有了新的发展，任务型教学法正是对交际教学法的进一步发展。

(四)任务型教学法(TBLT)

(1)任务型教学法的历史发展。任务型教学法，是美国教育家杜威以实用主义作为教育理论基础而提出的“学生中心，从做中学”的教学模式，他主张教育的中心应从教师和教科书转到学生，教学应引导学生在各种活动中学习。课堂教学中始终围绕既定的教学任务展开，使每节课目的明确、内容实在、效果最佳。

任务型教学法产生于20世纪80年代初，90年代盛行于英语教学界，是广为应用语言学家和外语教学实践者认可和接受的一种外语教学方法，也是教育部制定的《中小学英语课程标准》所推荐和提倡的外语教学法。

(2)任务型教学法的教学理念。学习语言的过程就是学习如何传达意义的过程。用韩礼德(Halliday,1975)的话来说,学习语言就是学习表达意义(learning how to mean)。也就是说,学习用语言表达意义的过程就是学习语言的过程。这一语言学理论就是"在用中学,在做中学"的理论基础,也就是任务型教学的理论基础之一。

任务型教学法也强调"输入与互动假设"(Ellis,1999)。克拉申(Krashen,1982)区分了语言学习的两个概念:学习(learning)和习得(acquisition)。学习是指通过教学有意识地学习语言;习得则是通过交际无意识地接触语言系统而掌握语言。克拉申强调,掌握语言大多数是在交际活动中使用语言的结果,而不是单纯训练语言技能和学习语言知识的结果。因此,学习者掌握语言必须通过"可理解性输入"(comprehensive input),假如输入在一定程度上超出个人现有的水平,习得就自然而然地产生。

作为交际教学法的一种发展形态,任务型教学法本质上仍旧属于交际教学法的范畴。其教学理念主要体现在如下几个方面:

①教学的根本目标是完成诸项语言任务。

②强调语言学习是一个从意义到形式、从功能到表达的过程,反对听说法对某种句型的反复机械操练。

③鼓励学习者创造性地运用语言进行交际。

(3)任务型教学法的课堂操作。作为任务型教学法中的课堂教学任务,至少应包含以下六个基本构成要素:

①目标。这种目标指向具有两重性:一是任务本身要达到的非教学目的,二是任务所要达到的预期的教学目的。但设计任务所期望达到的教学目标则可能是通过完成任务过程中所产生的语言交流感受语言,增强语言意识,提高交际能力,并在交际过程中应用诸如表示假设、因果关系,或"肯定"、"可能"、"也许"等目的语表达形式。作为促进学习的教学任务,教师更多地关注它的教学目的。

②内容。任务的这一要素可简单地表达为"做什么"。任何一个任务都需赋予它实质性的内容,任务的内容在课堂上的表现就是需要履行具体的行为和活动。

③程序。指学习者在履行某一任务过程中所涉及的操作方法和步骤,在一定程度上表现为"怎样做"。它包括任务序列中某一任务所处的位置、先后次序、时间分配等。

④输入材料。所谓输入材料是指履行任务过程中所使用或依据的辅助资料。输入材料可以是语言的,如新闻报道、旅游指南、产品使用说明、天气预报等;也可以是非语言的,如一叠照片、图表、漫画、交通地图、列车时刻表等。尽管有些课堂任务并不一定都要使用或依据这样的输入材料,但在任务设计中,通常提倡准备和提供这样的材料,使任务的履行更具操作性,更好地与教学结合。

⑤教师和学习者的角色。任务并非都要明确教师和学生在任务履行中的角色,但任务都会暗含或反映教师和学生的角色特点。教师既可以是任务的参与者,也可以是任务的监控者和指导者。在任务设计中,设计者也可考虑为教师和学生进行明确的角色定位,促进任务更顺利有效地进行。

⑥情景。任务的情景要素指任务所产生和执行的环境或背景条件,包括语言交际的语境,同时也涉及课堂任务的组织形式。在任务设计中,应尽量使情景接近于真实,以增强学生对语言和语境之间关系的意识。

具体的任务教学模式有所差别,但是英国语言学家Jane Willis提出的任务型教学法的基本步骤被多数人所采纳，它包括：

①前任务(pre-task)：教师引入任务，呈现完成任务所需要的知识，介绍任务的要求和实施任务的步骤。

②任务环(task recycle)：以个人、双人、小组等形式执行各项任务，小组向班级报告任务完成的情况。

③后任务(post-task)：由分析(学生分析并评价其他各组执行任务的情况)和操练(学生在教师指导下练习语言难点)两部分组成。

任务型教学的关键在于任务设计。任务设计必须具有意义性、可操作性、真实性、差距性和拓展性等。

(4)任务型教学法的现实价值。在21世纪初，任务型教学法就逐步走进了我们的英语课堂教学，它有效地协助教师进行语言教学。但作为交际教学法的发展，任务型教学法仍然处在实验阶段，各英语教师在各自的英语课堂教学中试着使用任务型教学法，但我们不能生搬硬套地使用任务型教学方法，而要结合实际教学情况、因地制宜、以班级学生特点为中心灵活地将之应用于中小学英语教学中。

二、国内主要外语教学方法

(一)张思中教学法

(1)理念。张思中教学法是华师大一附中特级教师张思中提出的一种教学方法，其核心内容是“十六字教学理念”，即适当集中，反复循环，阅读原著，因材施教。[①]

(2)“十六字教学”的操作。

适当集中：它突破了听说领先的框框，提倡适当集中学习单词和语法，把一册或者几册教科书的所有词汇集中起来，不按课程顺序，而按照重读元音归类来学，由于单词和语法现象集中，外语发音、词义、构词和语法的规律能显现出来，学习者可按规律去掌握、记忆，快捷、易学，能取得化难为易、事半功倍的效果，学生极易成功。

反复循环：每课集中学习完单词后，课后一定要记忆，由于现在的词汇是有规律的，因此很快就能记住。学习外语就是同遗忘作斗争，记忆单词，不要等到忘了再背，而是在遗忘前反复地循环和强化，这样词汇就能长久地记住。张思中教学丛书《集中识词》(根据中小学教材改编)的每一个单词都有一张小卡片，方便学生携带和循环记忆。

阅读原著：学生在掌握了相当多的单词和粗通词法之后，便可以自己去阅读外文原著。即使只读懂了部分内容，也会产生一种成功的喜悦，激发学习兴趣，造成心理优势，提高学习外语的能力。

因材施教：对上、中、下不同水平的学生，采取分组复式教学，因材施教，使不同水平的学生均能有所得，防止与克服心理上的失败定势。对于学有余力的学生，能充分发挥其潜力，超前学习。因此，张思中老师提出“能飞则飞，能跑则跑，能走则走”，使不同层次的学生都得到发展。

(二)立体化教学法

(1)理念。立体化教学法是由张正东提出来的一种外语教学方法，他认为外语教学是由

---

① 张思中：《张思中外语教学法》，第3～7页，上海交通大学出版社，1996。

目的语、学生、教学环境、经济和跨国文化五个因素相互联系、相互作用组成的立体系统。[①]其中，目的语、学生和教学环境构成三维系统，经济和发展为底，跨国文化为顶，形成一个立体化的结构。

(2)立体化教学法的操作。立体化教学法的教学操作主要有以下几个阶段组成：

①提示教学目标及相应的学习方法，排除心理障碍，目的在于明确课堂的教学目标和学习任务。

②集中讲解或针对重点内容进行听读写说的活动，以旧托新，简化新内容，从泛听开始。

③教师布置任务，学生独立学习、记忆和提问，教师对学生的学习进行适当检查。

④答疑或讲解，针对学生提出的问题开展巩固性的听说读写练习。

⑤运用性的泛读或自由读、译、说和写。

⑥课外学习指导或布置家庭作业。

第二节 新课程标准倡导的中小学英语教学理念与教学基本原则[②]

一、中小学英语教学基本理念

(一)人文主义教育(Humanistic Education)

现代教育突出了受教育者不仅要学会认知、学会做事，还必须要学会如何与人相处、如何做人。其中“相处”和“做人”实现的就是人文主义教育观。

现代教育也强调，外语教学不能只停留在对工具性(instrumental)技能的培养，还必须要加强人文素质的培养，加强情感责任、道德品质、民族精神方面的教育。新《英语课程标准》提出的情感态度的培养目标也正是为了突出当前教育的人文性，要求学生要有较强的动机兴趣，要有自信意志、合作意识等优良品质，要有祖国意识和国际视野。

(二)全人教育观(Whole-person Education)

推进素质教育就是对传统教育教学思想观念的深刻变革，要求根本上转变长期以来形成的旧的思想。因而教育的目标应该是指向学生的发展，这表现在身体与灵魂、智力与情感、创造力与敏感性、自主与责任、社会良知以及民族、文化、精神价值等各方面的发展。因此，教育应该是全人教育。

英语教学作为中小学教育的一部分，不仅应该培养具有语言交际能力的语言运用者，同时还应该培养具有积极情感态度、文化意识、高尚品质，并且具有自主能力、创新能力、解决问题能力等综合素质的人。新《英语课程标准》中就明确描述了全人教育的培养目标。根据新《英语课程标准》，基础教育阶段英语课程的总体目标是培养学生综合运用语言的能力，这包括语言知识、语言技能、学习策略、情感态度和文化意识五大方面(见下图)。

---

① 张正东:《中国外语教学法理论与流派》，第237页，北京:科学出版社，2000。

② 教育部基础教育司.教育部师范教育司:《新课程的理念与创新》，第5～15页，北京:高等教育出版社，2004。

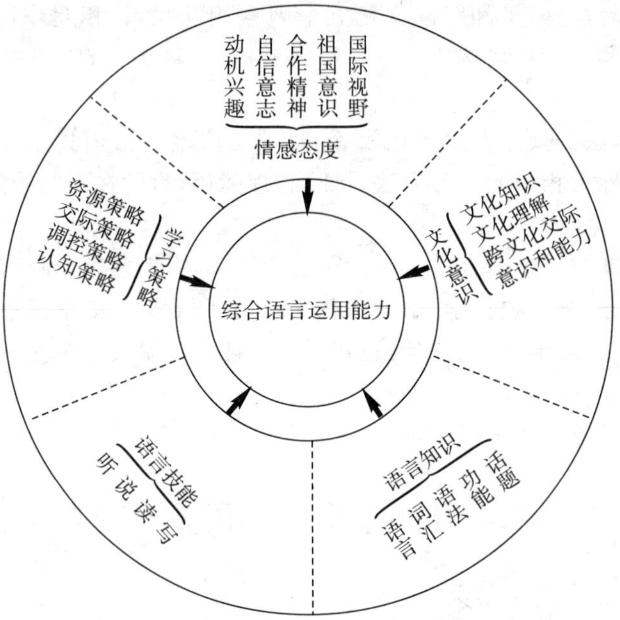

课程标准结构图

(三)终身教育观(Life-long Education)

一次性的学校教育已经不能够满足人们不断更新知识的需要。全球范围内,终身学习的思想观念正逐渐成为社会及个人可持续发展的现实要求,学习越来越成为个人的责任而不仅仅是义务。新《英语课程标准》把学习策略作为课程标准的五大标准之一,正是突出了学生在学习英语过程中自主能力、创新能力的培养。它要求学生掌握认知策略、调控策略、交际策略和资源策略,为学生以后的终身学习打下策略基础。

(四)发展性教育观(Developmental Education)

发展性教育指一切为了学生发展的教育,学生发展表现在全面发展和个性发展两个方面。

新《英语课程标准》明确提出了"面向全体学生,注重素质教育;整体设计目标,体现灵活多样;突出学生主体,尊重个体差异;采用活动途径,倡导体验与参与;注重过程评价,促进学生发展;开发课程资源,拓展学用渠道"六大基本理念,充分体现了发展性教育观。

二、中小学英语教学基本原则

(一)"以学生为中心"原则

"以学生为中心"是中小学英语教学的基本原则,它有利于提高学生的素质。"以学生为中心"就是在教学过程中鼓励学生做课堂的主人,让他们在整个教学活动中起主要作用,因为学生这一内在因素是教学质量的保证,而教师的作用就是调动一切积极因素,让所有的学生得到发展。

首先,在教学内容上,以学生为中心的教学方式,要求在学习内容范围内允许学生有多个选择;而以教师为中心的教学方式则要求所有的学生在同样的时间学习同样的内容。新的教学方式在内容选择上让学生有较大的自由空间,这样就能激发和调动他们学习的兴趣和自觉性。

其次，以学生为中心的教学方式，要求教师是学习的促进者——是站在学生旁边的指导者，为学生提供学习技能，以构建学生的知识，这样的教学方法显得灵活、生动。

再次，在课堂氛围方面，以学生为中心的教学方式，教室类似一个活跃的工作场所，学生根据分工进行不同的活动，开展学习讨论。

还有，在教学评估方面，以学生为中心的教学方式，学生在测试前就知道如何测试，能够参与测试标准的制定，在教学中能够不断获得来自教师和同伴的反馈，并有多个机会测试自己的学习成效。

最后，在技术手段上，以学生为中心的教学方式，可以促使学生采用不同的技术手段来研究、交流和创造知识。

（二）“合理目标性”原则

教学目标就是预测学习者在规定时间之内达到的学习效果。因此，教学目标正确与否直接关系到教学行为是否有效。教学目标可以按教学时间分类。中小学英语教学目标可以分为中小学英语课程总体目标、学段（小学、初中、高中）教学目标、学年教学目标、学期教学目标、单元教学目标和课时教学目标。确定前两类教学目标要依据《英语课程标准》和教学大纲，确定后四类教学目标则可以根据《英语课程标准》和具体选用的教材综合制定。

在中小学英语教学中，科学、合理地设置课堂教学目标必须做到以学生为中心、符合教学规律、符合课程标准、要具有全面性和阶段性、具有可选择性和可调整性。

（三）“有效性”原则

科学、合理地设计教学目标是达到教学目标最重要的前提因素，有效的教学活动是达到教学目标最重要的过程因素。只有教学过程中的教学活动都有效地指向目标，才能最终实现教学目标。所以中小学英语教学坚持“有效性”原则极为重要。

中小学英语学科的有效教学包括了有效果和有效率两个层面，有效教学既强调达到教学效果，又强调在规定的教学时间内达到这一效果，也就是说，教学目标应该是规定教学时间内的教学效果。这是学校教育的特性之一。

有效教学强调教学效果，这一效果显现为学生在教师引导下通过一定时间的学习所获得的进步与发展，这就必须同时强调教学效率，即用尽可能少的时间实现教学目标。

由此可知，中小学英语教学的“有效性”原则即指：中小学英语课堂教学应该有助于学生在规定的学习时间内达到或超过规定的学习目标。

“有效性”原则要求课堂教学直接针对教学目标，同时要充分发挥有限的教学时间内的效率。很多中小学英语课堂教学活动可能非常有趣，学生非常乐于参与，但可能不是直接指向教学目标，或者时间安排上不合理，大量时间被用于做非英语的活动。

有效教学要求教学目标设计恰当，而教学目标设计又要求必须以学生为中心，还要求合理安排教学时间。

（四）“真实性”原则

“真实性”原则是要求英语教师在教学中能够把握教学的真实内涵，特别是英语教育的真实目的、学习者的真实学习目的和动机、真实学习兴趣与真实学习困难等方面。同时在英语教学实践中能运用语义真实、语境真实、语用真实的教学材料。

把培养学生的英语应用能力作为教学目标，“真实性”原则就要求教师做到：把握真实的语言运用目的；采用语用真实的教学内容；设计、组织语用真实的课堂教学环境；设计编排语用真实的教学检测评估等方面。

第二章 英语教学设计

英语教学设计(English Instructional Design)是指教师通过有意识的设计来完成英语教学目标的活动。它涉及教师要将英语学习理论与英语教学理论转化成教学目标、教学内容、教学方法和教学策略、教学评价等环节，再进行具体计划、创设教与学的系统过程。

在进行课堂英语教学设计过程中，我们要充分考虑以下几个因素：

(一)课堂教学设计要与本节课的教学目的和内容紧密结合

英语课堂教学活动必须有计划、有目的、有一定的目标。活动的设计是要求学生通过教学活动对所学的语言知识达到牢固掌握和熟练运用的程度。因此，课堂教学活动的设计要紧紧围绕本节课的教学目的和教学内容进行。

(二)课堂教学设计要具有趣味性和多样性

兴趣是教学的潜力所在，兴趣的培养与教师的积极引导和教学艺术是分不开的。教师应根据英语学科的特点和学生的年龄特征，采用灵活多样的教学手段和教学方法，创设丰富多彩的教学情景，这有利于引起学生学习的动机，激发他们的学习兴趣，从而调动全体学生学习英语的积极性。这样，学生就能从被动接受转化为主动参与，由“要我学”转变成“我要学”。

(三)课堂教学设计要体现英语交际性原则

英语教学的实质是交际。课堂教学并非是“我教你学”，而是师生之间、学生之间的交流；课堂教学活动是通过交际使学生认识英语，掌握英语，形成运用英语的能力；课堂教学中师生双方的认知活动是相互依存、相互作用的，教学双方都为对方提供信息，教学就是为了促进交流。教师在课堂教学设计时，要注意设置有意义的语言情景，安排各类课堂教学活动，pair work, group work, task-based activities, role play 等等，引导学生运用所学的语言和知识进行交际，为了使英语课堂教学活动尽量体现真实的交际，教师在设计时要创造“信息沟”(information gap)，使学生感到开展交际活动的必要性。

(四)课堂教学设计应充分考虑现代教学手段

现代教学手段，如录音、录像、投影仪、幻灯、语言实验室、电脑多媒体等是现代外语教学中的重要手段，对我们大幅度地提高英语教学质量起着非常重要的作用。使用现代教学手段，有利于创造良好的语言交际环境，使学生置身于一个真实的语言环境之中，全方位地感受语言的刺激，产生运用外语的激情，增加使用外语的机会。也有利于发展学生听、说、读、写的能力。多媒体教学的生动性和形象性，能调动学生的视觉、听觉和动觉都参与到语言实践中，使学生由被动听讲变为全面参与，变化的情景、多方位的语言刺激和实践活动可以从不同角度直接或间接地激发学生的潜能。现代教学手段改变了以教师为中心的传统教学模式，提高了语言信息的活动强度，扩大了学生的知识面，节省了教学时间，提高了外语学习效率。教师在课堂教学设计时，应尽可能考虑利用现代教学手段。有条件的话，英语教师要努力学习多媒体计算机网络的使用技术，不断探索多媒体英语教学，发挥其应有作用。

（五）课堂教学设计要精心设疑提问

在课堂教学设计时，教师要根据学生的认知水平，提出形式多样、富有启发性的问题。设疑与提问是调控英语教学课堂常用的方法。它是促进师生之间信息交流反馈，推动教学流程迅速向前拓展的重要契机。对于学生来说，它还具有多种教育心理功能：既能激发学生的兴趣，集中学习注意力，又能诱发其积极思考，培养思维习惯，启迪聪明智慧，还能充分训练口头表达能力。作为教师，可以通过提问来检查和了解学生的理解程度，鼓励和引导学生深入思考问题，复习巩固所学到的语言知识。可以说，英语课堂调控的起承转合，在很大程度上取决于设疑提问活动的精心设计。

第一节　英语听说课教学设计

一、英语听说课教学内容

语言的特点之一是其交际性，新课程标准规定的中小学英语教学目标中就包括培养学生运用英语口头和书面表达思想的语言交际能力。

中小学英语新课程标准对听说的要求是按照“级”逐一分别细化的，但在具体一堂课中，听和说通常设计在一起，因而本节将两者放在一起来讨论其课堂教学设计。

中小学英语听说课教学内容“级”分类：

一级：

听做：(1)能根据听到的词语识别或指认图片或实物。

(2)能听懂课堂简短的指令并作出相应的反应。

(3)能根据指令做事情，如指图片、涂颜色、画图、做动作、做手工等。

(4)能在图片和动作的提示下听懂简单的小故事并作出反应。

说唱：(1)能根据录音模仿说英语。

(2)能相互致以简单的问候。

(3)能相互交流简单的个人信息，如姓名、年龄等。

(4)能表达简单的情感和感觉，如喜欢和不喜欢。

(5)能根据表演猜测意思、说词语。

(6)能唱英语儿童歌曲 15～20 首，说歌谣 15～20 首。

(7)能根据图、文说出单词或短句。

二级：

听：(1)能在图片、图像、手势的帮助下，听懂简单的话语或录音材料。

(2)能听懂简单的配图小故事。

(3)能听懂课堂活动中简单的提问。

(4)能听懂常用指令和要求并作出适当反应。

说：(1)能在口头表达中做到发音清楚、语调达意。

(2)能就所熟悉的个人和家庭情况进行简短对话。

(3)能运用一些最常用的日常套语(如问候、告别、致谢、致歉等)。

(4)能在教师的帮助下讲述简单的小故事。

三级：

听：(1)能识别不同句式的语调，如陈述句、疑问句和指令等。

(2)能根据语调变化，判断句子意义的变化。

(3)能辨认歌谣中的韵律。

(4)能识别语段中句子间的联系。

(5)能听懂学习活动中连续的指令和问题，并作出适当反应。

(6)能听懂有关熟悉话题的语段。

(7)能借助提示听懂教师讲述的故事。

说：(1)能在课堂活动中用简短的英语进行交流。

(2)能就熟悉的话题进行简单的交流。

(3)能在教师的指导下参与简单的游戏和角色扮演活动。

(4)能利用所给提示(图片、幻灯片、实物、文字等)简单描述一件事情。

(5)能提供有关个人情况和个人经历的信息。

(6)能讲述简单的小故事。

(7)能背诵一定数量的英语小诗或歌谣，能唱一些英语歌曲。

(8)在上述口语活动中语音、语调基本正确。

四级：

听：(1)能听懂接近正常语速的话语，熟悉话题的语段，识别主题，获取主要信息。

(2)能听懂简单故事的情节发展，理解主要人物和事件。

(3)能根据连续的指令完成任务。

(4)能听懂广播、电视中初级英语教学节目。

说：(1)能根据提示给出连贯的简单指令。

(2)能引出话题并进行几个回合的交谈。

(3)能在教师的帮助下或根据图片用简单的语言描述自己或他人的经历。

(4)能在教师的指导下参与角色扮演等活动。

(5)能在上述口语活动中使用正确的语音、语调。

五级：

听：(1)能根据语调和重音理解说话者的意图。

(2)能听懂有关熟悉话题的谈话，并能从中提取信息和观点。

(3)能借助语境克服生词障碍，理解大意。

(4)能听懂接近正常语速的故事和记叙文，理解故事的因果关系。

(5)能在听的过程中用适当的方式作出反应。

(6)能针对所听语段的内容记录简单信息。

说：(1)能就简单的话题提供信息，表达简单的观点和意见，参与讨论。

(2)能与他人沟通信息，合作完成任务。

(3)能在口头表达中进行适当的自我修正。

(4)能有效地询问信息和请求帮助。

(5)能根据话题进行情景对话。

(6)能用英语表演短剧。

(7)在以上口语活动中语音、语调自然，语气恰当。

六级：

听：(1)能抓住所听语段中的关键词，理解话语之间的逻辑关系。

(2)能听懂日常的要求和指令，并能根据指令进行操作。

(3)能听懂故事或记叙文，理解其中主要人物和事件以及他们之间的关系。

(4)能从听力材料、简单的演讲或讨论中提取信息和观点。

说：(1)能传递信息并就熟悉的话题表达看法。

(2)能通过重复、举例和解释等方式澄清意思。

(3)能有条理地描述个人体验和表达个人的见解和想象。

(4)能用恰当的方式在特定场合表达态度和意思。

(5)能用英语进行简单的语言实践活动，如访谈。

七级：

听：(1)能识别语段中的重要信息并进行简单的推断。

(2)能听懂操作性指令，并能根据要求和指令完成任务。

(3)能听懂正常语速听力材料中对人和物的描写、情节发展及结果。

(4)能听懂有关熟悉话题的谈话并能抓住要点。

(5)能听懂熟悉话题的内容，识别不同语气所表达的不同态度。

(6)能听懂一般场合的信息广播，例如：天气预报。

说：(1)能在日常交际中对一般的询问和要求作出恰当的反应。

(2)能根据熟悉的话题，稍做准备后，有条理地做简短的发言。

(3)能就一般性话题进行讨论。

(4)能根据话题要求与人交流、合作，共同完成任务。

(5)能用恰当的语调和节奏表达意图。

八级(选修)：

听：(1)能识别不同语气所表达的不同情感。

(2)能听懂有关熟悉话题的讨论和谈话并记住要点。

(3)能抓住一般语段中的观点。

(4)能基本听懂广播或电视英语新闻的主题和大意。

(5)能听懂委婉的建议或劝告等。

说：(1)能在交流中使用恰当的语调、语气和节奏表达个人的意图和情感等。

(2)能根据学习任务进行商讨和制定计划。

(3)能报告任务和项目完成的过程和结果。

(4)能经过准备就一般话题作 3 分钟演讲。

(5)能在日常人际交往中有效地使用语言进行表达，例如：发表意见、进行推断、责备或投诉等。

(6)能做一般的生活翻译，例如：带外宾购物或游览等。

九级(选修)：

听：(1)能听懂有关部门就熟悉话题作的演讲、讨论、辩论和报告。

(2)能听懂国内外一般的英语新闻广播。

(3)能抓住较长发言的内容要点，理解讲话人的观点及意图。

(4)能从言谈中判断对方的态度、喜恶、立场及隐含意思等。

(5)能理解一般的幽默。

(6)能在听的过程中克服一般性的口音干扰。

说：(1)能在交谈中把握分寸，并根据交谈对象调整用语和表达方式。

(2)能经过准备就一些专题作5～10分钟演讲，并回答有关提问。

(3)能用英语接受面试。

(4)能作一般性口头翻译。

(5)能在交际中恰当地表达自己的情感。

(6)能对在交际中产生的误会加以澄清或解释。

(7)能就国内外普遍关心的问题(例如：环保、人口、和平与发展等)用英语交谈，表明自己的态度和观点。

二、英语听说课教学设计要点

听说教学的目的是培养学生在现实生活中进行真实交际的能力，能借助听和说来完成现实生活中的各种任务，同时促进自己学习和发展。

(一)听说基本技能

(1)听力基本技能。[①] 在不同的教学阶段，听力教学的技能目标不同。主要包括：

①辨音能力(sound discrimination)：它包括音位辨别、重弱读辨别、意群辨别、语调辨别、音质辨别等，是听力理解的最基本能力。

②交际信息辨别能力(communication signal discrimination)：指谈话中新消息指示语、举例指示语、话题终止指示语、话题转换指示语等。它保证了交际实施的有效性。

③大意理解能力(gist listening)：理解谈话或独白的主题和意图。

④细节理解能力(listening for specific information)：指获取听力内容具体信息的能力。

⑤词义猜测能力(word-guessing)：指借助各种技巧猜测谈话中所使用的未知表达方式的能力。

⑥推理判断能力(inferring)：指用言外行为等非语言直接转达信息的能力，包括说话人的意图、谈话人之间的关系、说话者的情绪态度等。

⑦预测能力(predicting)：指对下文谈话的猜测和估计。

⑧记笔记能力(note-taking)：要求根据听力内容选择适当的笔记记录方式。

⑨注意力选择(selecting attention)：根据听力的目的选择听力中的信息焦点。

(2)口语基本技能。口语教学所选择的内容是由口头交际所涉及的知识与能力决定的，它包含语言、语篇、文化、策略等方面的知识与技能，因而学生口语能力的培养应该围绕语言形式、语言内容、语言功能、文化和策略等方面进行。

①语言形式运用能力：语言形式包括语音语调、词汇、语法知识以及应用这些知识的能力，要做到准确、流利、多样。

②语言内容把握能力：它包括形式多样的知识和经验，组织和运用知识、经验说明问题

① 鲁子问、王笃勤：《新编英语教学论》，第94～97页，上海：华东师范大学出版社，2006。

的能力，要做到言之有物，言之有理。

③功能变化能力：交际是语言功能的实施，因此，学生必须掌握“问候”、“道歉”、“抱怨”、“邀请”、“建议”、“致谢”、“咨询”等交际语言的变化。

④文化与策略能力：交际的得体性要求学生必须掌握一定的文化知识和相应的交际策略。

（二）听说课教学设计基本模式

（1）PWP 听说课教学模式。PWP 教学模式由听说前任务（pre-task）、听说中任务（while-task）和听说后任务（post-task）三个阶段组成。听说前阶段以确立听说期望、激活听说背景知识、展示听说话题、激发听说动机以及语言和语音训练为主要目标，通常会采用预测（predicting）、头脑风暴（brainstorming）、问题驱动（question triggering）、发现（discovering）等活动；听说中阶段是听和说的关键阶段，以信息理解、传达和技能训练为主，也是活动最为丰富的阶段。一般听说中的活动要以任务链的形式展开，应注意各任务链之间的衔接、难易度的把握和是否贴近学生生活实际。

PWP 听说课教学一般有下面几种任务类型：

①列举型听说任务：如学生听完一段语言材料后，根据一定的顺序和关系，用语言表达的形式罗列有关事实。

②比较型听说任务：如要求学生听完某种语言材料后，对类似的东西、物品等进行口头比较，说明它们之间的相同点和不同点。

③问题解决型听说任务：如学生根据听力语言材料和已有的知识合作讨论解决听力材料中的问题或与现实有关的问题。

④分享个人经验型听说任务：如学生根据某一听力语言材料内容，进而用口头表达形式和全班同学分享个人观点。

（2）PPP 听说课教学模式。PPP 模式指的是课堂教学过程中的呈现（presentation）、训练（practice）和运用（production）。它所遵循的是由控制到自由、由机械到交际、由准确到流畅的教学程序，各阶段教学目标明确，便于教师操作和检查。

①呈现：这个阶段的目标有两个：一是确立听说形式、意义和功能；二是导入听说话题、激活背景知识，为训练做准备。呈现的听说方式多种多样，可以是举例、示范、角色扮演等活动引入听说内容，也可借助动画和影视片断呈现听说内容。

②训练：练习阶段的活动多为控制和半控制的活动，教师给学生提供机会训练听和说的语言结构和功能。常见的是用新知识和旧知识交叉的具有信息沟的信息来训练听说，以听力内容为主拓展口头训练等多种形式。

③运用：运用阶段，学生不再就听力内容进行控制听说练习，而是运用所训练的技能自由进行听和说的训练，将所学内容应用到新的语境之中，解决新的问题。常见的活动是听相关话题的不同内容，口头训练可以是拓展的角色扮演、访谈、辩论、复述等。

三、听说课设计案例与评析

【教学案例】《新目标英语》人民教育出版社（七年级上）

Unit 12 My favourite subject is science

（一）新课导入

1. 利用 6 单元学过的和食物有关的单词及 5 单元的和运动有关的单词引入本课新句型：

What's your favorite...?

2.通过 pair work 巩固新句型。

3.看图谈论学科,引入本课重点词汇。

(二)巩固新单词

引导学生完成 1a 练习,并反复朗读 1a 新单词。

(三)听力训练

完成 1b 练习。

(四)口语训练

结对操练句型:

What's your favorite subject...?

My favorite subject is...

(五)听力训练

用学生感兴趣的人物图片引入听力中的句型。

完成 2a、2b 练习。

(六)口语训练

结合 2a、2b 内容结对操练新句型。

(七)书面练习

让学生根据表格内容完成对话。

(八)游戏 Guessing Game

猜一猜学生感兴趣的明星,老师和同学最喜欢的食物、水果、颜色、运动、电影、学科。

【评析】 新课导入能创设情境,利用旧单词导入课文新句型;以话题为主线,听说交叉进行。听说活动易于操作并复现旧单词;遵循了先听后说和循序渐进的原则;能学以致用,将重点词汇和语言功能通过 Guessing Game 与学生活动相联系。

第二节 英语阅读课教学设计

一、英语阅读课教学内容

阅读教学以培养学生的阅读理解能力为目标,使学生掌握一定的阅读技巧,从而从阅读中获取自己想要得到的东西,比如信息、知识、娱乐等。但在中小学不同的学习阶段,阅读教学的目标内容是不一样的,所培养的阅读技巧和策略也不同。新《英语课程标准》规定的学生阅读目标要求基本上是随着学生水平的提高而逐步提高的。

新《英语课程标准》规定的中小学阅读教学目标内容以“级”分类:

一级(读写综合):(1)能看图识字。

(2)能在指认物体的前提下认读所学词语。

(3)能在图片的帮助下读懂简单的小故事。

(4)能正确书写字母和单词。

二级:(1)能认读所学词语。

(2)能根据拼读的规律,读出简单的单词。

(3)能读懂教材中简短的要求或指令。

(4)能看懂贺卡等所表达的简单信息。

(5)能借助图片读懂简单的故事或小短文,并养成按意群阅读的习惯。

(6)能正确朗读所学故事或短文。

三级:(1)能正确地朗读课文。

(2)能理解简短的书面指令,并根据要求开展学习活动。

(3)能读懂简单的故事和短文并抓住大意。

(4)能初步使用简单的工具书。

(5)除教材外,课外阅读量应累计达到 4 万个单词以上。

四级:(1)能连贯流畅地朗读课文。

(2)能读懂说明文等应用文体的材料。

(3)能从简单的文章中找出有关的信息,理解大意。

(4)能根据上下文猜测生词的意思。

(5)能理解并解释图表提供的信息。

(6)能理解简易读物中的事件发生顺序和人物行为。

(7)能读懂简单的个人信件。

(8)能使用汉英词典等工具书帮助阅读理解。

(9)除教材外,课外阅读量应累计达到 10 万个单词以上。

五级:(1)能根据上下文和构词法推断,理解生词的含义。

(2)能理解段落中各句子之间的逻辑关系。

(3)能找出文章中的主题,理解故事的情节,预测故事情节的发展和可能的结局。

(4)能读懂常见体裁的阅读材料。

(5)能根据不同的阅读目的运用简单的阅读策略获取信息。

(6)能利用字典等工具书进行学习。

(7)除教材外,课外阅读量应累计达到 15 万个单词以上。

六级:(1)能从一般的文字资料中获取主要信息。

(2)能利用上下文和句子结构猜测词义。

(3)能根据上下文线索预测故事情节的发展。

(4)能根据阅读目的使用不同的阅读策略。

(5)能通过不同信息渠道查找所需信息。

(6)除教材外,课外阅读量应累计达到 18 万个单词以上。

七级:(1)能从一般文章中获取和处理主要信息。

(2)能理解文章主旨和作者意图。

(3)能通过上下文猜测生词词义,理解语篇意义。

(4)能通过文章中的线索进行推理。

(5)能根据需要从网络等资源中获取信息。

(6)能阅读适合高中生的英语报刊或杂志。

(7)除教材外,课外阅读量应累计达到 23 万个单词以上。

八级(选修):(1)能识别不同文体的特征。

(2)能通过分析句子结构理解难句和长句。

(3)能理解阅读材料中不同的观点和态度。

(4)能根据学习任务的需要从多种媒体中获取信息并进行加工处理。

(5)能在教师的帮助下欣赏浅显的英语文学作品。

(6)除教材外,课外阅读量应累计达到30万个单词以上。

九级(选修):(1)能阅读一般性的英文报刊或杂志,从中获取主要信息。

(2)能阅读一般英文原著,抓住主要情节,了解主要人物。

(3)能读懂各种商品的说明书等非专业技术性的资料。

(4)能根据情景及上下文猜测不熟悉的语言现象。

(5)能使用多种参考资料和工具书解决较复杂的语言疑难。

(6)有广泛的阅读兴趣及良好的阅读习惯。

(7)能有效地利用网络等媒体获取和处理信息。

二、英语阅读课教学设计要点

(一)英语阅读基本技能

中小学英语教学大纲明确指出在全面训练学生听说读写能力的基础上,要"侧重培养阅读能力",根据我国学生的学习特点和大部分地区的英语教学环境,在整个英语学习中突出"读",是具有中国特色的英语教学方法。

英语阅读课包括学习性阅读、信息性阅读和交际性阅读。目前,我国很多英语阅读课教学在很大程度上还停留在以文章为语言实体的基础上,主要通过阅读材料来传授语音、词汇、语法等语言知识,忽视了培养学生运用科学合理的阅读方法和阅读策略获取信息的能力。

中小学英语阅读基本能力的培养一般包括:

(1)判断或猜测词义能力:不用工具书而只通过上下文中的同义关系或反义关系猜测词义,或根据整个句子的意思以及利用语法知识、构词法知识判断猜测词义。

(2)理解语句之间关联的能力:能借助阅读材料中的指示词、关联词和逻辑衔接关系理解语篇之间的连贯。

(3)理解篇章结构能力:能根据语篇特点判断篇章结构类型、风格、功能和特点,培养学生的概括能力。

(4)理解细节能力:能理解具体信息和具体信息在篇章中的功能,具体信息之间的相同点和不同点。能判断正误。

(5)泛读能力:能快速阅读信息量大的阅读材料。

(6)略读能力:能略读材料部分内容,掌握篇章大意或整体情况,达到一定的阅读目的。

(7)寻读能力:就特定信息能在篇章中快速定位的能力,如人名、地名、数字、年代等。

(二)英语阅读课教学设计基本模式

英语阅读课的教学存在三种模式:一是"自下而上"模式(Bottom-up),一种是"自上而下"模式(Top-down),还有一种是"互动"模式(interactive)。"自下而上"模式强调阅读只依赖阅读材料本身所呈现的信息,这一信息加工过程是从字到词,从词到句、段、篇,由小到大的语言单位的理解过程。其教学顺序是"词—句—篇"。这是一种知识性阅读,其注意力放在识别和辨认课文中的词、句和语法等表层结构和意义特征上。

"自上而下"模式主张读者只运用一定量的信息来预测语言的结构,不是十分精确地感知、理解、领悟语言的过程。在阅读时，材料中的标题、封面、插图、某一词或某一句话等都有可能激活读者头脑中的相关知识，从而使读者对阅读内容作出预测，并使自己的预测不断得到证实或被推翻，直至最后完成阅读。

“互动”模式强调阅读不是单纯的“自下而上”或“自上而下”的心理过程，而是语义、语法、词汇等各种信息的相互作用。阅读不是单向、被动的信息接受，而是双向、主动的加工、处理信息的互动过程。在这一过程中，读者不仅阅读文字本身所包含的信息，还利用自己原先具有的相关背景知识帮助阅读，同时读者在阅读过程中还需要同时运用多种阅读技能，有低层面上的识别字词技能，也有高层面上的主题理解能力。

传统意义上的阅读课教学主要是“自下而上”模式，但这样的教学存在很多不足，无法培养学生的阅读能力。现代的阅读课教学采用更多的是“互动”模式。在具体的课堂教学设计中有下面两种：

(1)PWP 任务型阅读教学。PWP 任务型阅读教学将阅读教学分解为三段：pre-reading，while-reading 和 post-reading，各段又主要采用任务活动的形式展开。

读前阶段：教师可以借助篇章的标题、插图、重点词等，通过提问或讨论的方式介绍阅读文章的主题，鼓励学生预测所要阅读的内容，明确阅读任务，讲解必要的词汇、句法，激活相关背景知识。

读中阶段：这是阅读教学的中心环节，教师应根据阅读文章内容设计形式新颖、多样的任务活动，培养学生的阅读技巧，训练阅读策略，使学生掌握文章的体裁、结构、中心、主题、细节等。这个阶段的阅读既要解决字面阅读，又要解决推理阅读的问题。主要采取的阅读技能是判断或猜测词义，略读、寻读信息和细节，识别指代关系等。现行中小学教材已经为提高学生阅读能力和阅读技巧设计了一些练习或任务，但这还远远不够，仍需要教师不断开拓思维，大胆创新，以便帮助学生全面提高阅读能力。阅读任务可以是判断正误、多项选择、为文章提供标题、总结段落大意、找出主题支撑句、推断故事结尾、理解作者意图、填表格或对篇章信息进行归类和总结等。

读后阶段：这是依据阅读内容所开展的评价和应用性活动，旨在进一步理解课文内容，明确学习重点，巩固和扩展知识。读后活动包括讨论、复述、角色表演、小品、短剧、作文、书评、读后感、阅读或听有关的文章、预测或改变故事的结尾等。

(2)ACTIVE 阅读教学。① ACTIVE 阅读教学是安德森总结归纳而成的八部分操作教学方式：

①激活背景知识 (activate prior knowledge)。

②培养词汇知识 (cultivate vocabulary)。

③传授阅读知识 (teach for comprehension)。

④提高阅读速度 (increase reading rate)。

⑤验证阅读策略 (verify reading strategies)。

⑥评估学习效果 (evaluate progress)。

⑦激发阅读动机 (build motivation)。

⑧备选合适材料 (plan for instruction and select appropriate reading materials)。

---

① 鲁子问、王笃勤：《新编英语教学论》，第 58 页，上海：华东师范大学出版社，2006。

安德森认为阅读是一个积极、主动的过程，而不是被动接受知识和信息的过程。

三、英语阅读课设计案例与评析

【教学案例】《英语③》人民教育出版社(高二上)

Unit 1 Making a Difference-no Boundaries

Ⅰ. Teaching Aims:

1. Learn and master the useful words and phrases.

2. Train the students' reading ability.

3. Let the students learn from Stephen Hawking.

Ⅱ. Teaching Important and Difficult Points:

1. Master the following phrases and sentences pattern: work on, go on with, dream of, turn out, there is no point (in) doing.

2. Enable the students to understand the text better.

3. Improve the students' reading ability.

Ⅲ. Teaching Methods:

1. Listening method to make the students understand what they will learn today.

2. Pair work or group work to get every student to take an active part in the teaching-and-learning activities.

3. Discussion method to make the students understand what they've learned better.

Ⅳ. Teaching Aids: a recorder a projector and some slides.

Ⅴ. Teaching procedures:

Step 1: Greetings.

Step 2: Lead-in & Pre-reading (训练学生快速阅读、查找信息的能力).

Show some pictures of Stephen Hawking and ask:

T: Who is he? Do you know about him? (Choose some students to answer.)

T: Very good. It seems that you have known much about him. Today we are going to learn something more about him. Please open your books on page 3, and let's find the answers to the three questions of Pre-reading as quickly as possible.

Step 3: (Scanning) find out the answers to the following questions.

1) Why did Stephen Hawking need a PHD?

2) When did Hawking become famous?

3) When did Hawking visit Beijing?

Step 4: (Skimming)

Choose one word to each part.

Para 1	achievements
Para 2	opinions
Para 3～4	disease
Para 5～6	problem
Para 7	dream

Step 5：Careful-reading(侧重对阅读中细节问题处理能力的培养和训练，并保证学生对文章的基本结构有所了解和把握).

1）True or false questions：

（1）Hawking was told that he had an incurable disease when he was just 21 years old. （T）

（2）Finally Hawking had to give up PHD and his research. （F）

（3）He and Roger Penrose made new discoveries about the Big Bang and black holes. （F）

（4）"A Brief History of Time" is too difficult for people to understand. （F）

（Do them by the students themselves，then check the answers with the whole class.）

2）Fill the information in the form.

Name	Stephen Hawking
How old was he? （got an incurable disease）	21 years old
Became famous （ when and how）	the early 1970s made new discoveries about the Big Bang and black holes
His best-seller（Name）	A Brief History of Time.

Step 6：Post-reading:Listen to the tape and answer the questions.

（1）According to Professor Hawking，science is __B__.

A. never true　　B. always changing　　C. always true

（2）A scientific theory is good if __C__.

A. it is difficult　　B. it can be tested　　C. it can predict future events

3）Which of the following best expresses the main idea of the text ? __D__

A. Hawking is famous for his new discoveries.

B. People should come to terms with their fate.

C. A scientific theory is always wrong.

D. Anyone with great determination will achieve his success.

Step 7：Discussion（通过对比加强学生的德育，并增强学生克服困难的信心）.

（1）Who is luckier，we or Hawking? And why?

（2）What should we learn from Stephen Hawking?

Step 8：Homework.

【评析】 这篇阅读课设计突出了两点：学生阅读能力的培养和对篇章信息的把握。活动设计的任务也比较丰富，既有语言层面上的学习，也有各项阅读能力如 skimming，scanning 等的训练，能注意到阅读前、阅读中和阅读后的衔接，操作性比较强。

第三节　英语写作课教学设计

一、英语写作课教学内容

写作课主要讲授常见的写作技巧，以提高学生的英语交际能力。写作是衡量一个人语言能力的重要标志，它是一种创造行为，是自我表达和理解的综合，同时写作也是一种认知过程。写作应达到清晰、流畅和有效，因此，作者必须掌握丰富的语言知识、写作知识、策略知识，写作时目的要明确，写作要经过信息采集、观点酝酿、草稿写作和修改过程。

新《英语课程标准》规定的中小学写作教学目标内容以“级”分类：

一级（读写综合）：(1)能看图识字。
(2)能在指认物体的前提下认读所学词语。
(3)能在图片的帮助下读懂简单的小故事。
(4)能正确书写字母和单词。

二级：(1)能模仿范例写句子。
(2)能写出简单的问候语。
(3)能根据要求为图片、实物等写出简短的标题或描述性话语。
(4)能基本正确地使用大小写字母和标点符号。

三级：(1)能正确使用常用的标点符号。
(2)能使用简单的图表和海报等传达信息。
(3)能参照范例写出或回复简单的问候卡和邀请卡。
(4)能用短语或句子描述系列图片，编写简单的故事。

四级：(1)能正确使用标点符号。
(2)能用词组或简单的句子为自己创作的图片写出说明。
(3)能写出简短的文段，如简单的指令、规则。
(4)能在教师的帮助下或以小组讨论方式起草和修改作文。

五级：(1)能根据写作要求，收集、准备素材。
(2)能独立起草短文、短信等，并在教师指导下进行修改。
(3)能使用常见的连接词表示顺序和逻辑关系。
(4)能简单描述人物或事件。
(5)能根据所给图示或表格写出简单的段落或操作说明。

六级：(1)能用恰当的格式写便条和简单的信函。
(2)能简单地描述人物或事件，并简单地表达自己的意见。
(3)能用恰当的语言书写问候卡。
(4)能给朋友、笔友写信，交流信息和情感。
(5)能对所写内容进行修改。

七级：(1)能对文字及图表所提供信息进行简单描述。
(2)能写出常见体裁的应用文，例如，信函和一般通知等。
(3)能描述人物或事件，并进行简单的评论。
(4)能填写有关个人情况的表格，例如，申请表等。

(5)能以小组形式根据课文改编短剧。

八级(选修):(1)能根据所读文章进行转述或写摘要。

(2)能根据文字及图表提供的信息写短文或报告。

(3)能写出语意连贯且结构完整的短文,叙述事情或表达观点和态度。

(4)能在写作中做到文体规范、语句通顺。

九级(选修):(1)能用英文书写摘要、报告、通知和公务信函等。

(2)能比较详细和生动地用英语描述情景、态度或感情。

(3)能阐述自己的观点和评述他人的观点,文体恰当,用词准确。

(4)能在写作中恰当地处理引用的资料及他人的原话。

(5)能填写各种表格,写个人简历和申请书,用语基本正确、得当。

(6)能做简单的笔头翻译。

(7)能在以上写作过程中做到文字通顺,格式正确。

二、英语写作课教学设计要点

(一)英语写作基本技能

写作技能训练是写作教学的重点内容之一,在中小学阶段应该注意以下写作技能:

(1)句子写作技能:对英语句式的选择、句子语法的一致性、主述、强调、简介、变化等。

(2)段落写作技能:主题句、支撑句和结论句的写作技巧,举例、列举、比较对照、归纳或演绎等段落写作技巧。

(3)篇章写作技能:了解引言段与结论段的特点和写作技巧及不同文体的特点和写作技巧,例如,日记、通知、求职信、感谢信和记叙文、说明文和议论文的特点及写作技巧。

(4)提纲写作技能:了解作文提纲的特点、句式和写作技巧,短语句子的安排;主题支撑与提纲论点是否一致。

(5)信息采集技能:自由写作、头脑风暴、结构联想图、描述、对比、分析或 who/when/what/where/why/how 等写作基本信息。

(二)写作课教学设计基本模式

在中小学阶段一般不开设专门的写作课,写作教学通常是综合技能教学的一部分,但新课标强调了写作能力培养在学生综合运用英语能力中的重要地位,因而写作课必须遵照一定的步骤,循序渐进地进行,只有这样才能取得好的效果。

就写作教学而言,比较常见的教学模式有“结果法”(product-orientedness)、“过程法”(process-orientedness)两种,“结果法”强调最后成品的准确性,但忽视写作过程;“过程法”正好相反,强调写作的过程大于写作结果,能时刻关注学生在写作过程中出现的问题并能及时给予反馈,突出写作前的准备、小组合作和同伴修改等,这也是目前比较提倡的写作教学模式。下面主要就“过程法”来谈谈写作课教学设计。

“过程法”写作教学设计过程:

(1)特点:“过程法”写作教学注重学生对写作过程的体验,提供学生写作前阶段、修正阶段和重写阶段的策略;整个活动是关于写的内容,探索写的思想、观念、过程、事实和联系;教师对整个写作过程而非最终“成果”不断给予反馈,使学生所用的词汇、短语能较好地表达思想,反馈可以是来自教师,也可以是来自学生;鼓励学生与教师、学生与学生之间加强讨论与切磋。

(2)课堂教学设计。"过程法"写作教学设计分为三个步骤:写前准备(pre-writing)、写中活动(while-writing)和写后活动(post-writing)。

写前准备:准备阶段的教学目标是让学生在教师的指导下全面分析、掌握材料,形成写作提纲。具体内容包括:阅读、分析有关材料;交流观点;圈定要点;拟出写作提纲。在教学中要体现学生的主体作用,指导学生进行写作训练。例如,首先,教他们如何扩大词汇量和掌握英语惯用法;其次,教他们掌握英语基本句型,尤其是动词句型;接着,教他们动笔前如何分析材料、审题;再次,教他们利用已有的知识背景,用不同的词和句子结构表达思想;然后,教他们如何品评一篇作文,教他们阅读时记笔记。上述每一件事都由学生来完成,能极有效地提高学生的写作能力。教师的指导作用表现在决定学生该干什么,指导学生如何干,纠正学生的错误上。

写中活动:英语写作能力的提高不可能一蹴而就,要力戒"速胜论"。在英语教科书中,写作是按句子、段落和篇章三个层次来练习的。因此,教师应由易到难,由简到繁,循序渐进地进行教学,帮助学生逐步提高写作的技能,逐级提升英语写作水平。写作阶段的顺序一般是这样设计的。

①控制写作(Controlled writing)。在这一阶段,学生在教师的指导下进行写作活动,自由写作的机会较少。应提倡模仿以英语为本族语的人所写的东西。例如,可以让学生按不同体裁和主题整理一些范文,看他们如何组织写作,如何运用词语和句子,从中学习一些写作技巧;还可以让学生做一些语句排序、填空练习或解答问题,用适当的词句把这些答案重新组合构成一个有意义的故事。

②引导写作(Guided writing)。在这一阶段,学生有一些创作自由,但教师还应给学生一些有效的指导。教师可以和学生一起议定若干写作提纲,然后让学生自己写作文。近年来,高考中的"看图作文"类型的"写作"考题实际上即属于引导写作的范畴。

③自由写作(Free writing)。在这一阶段,学生可以进行自由写作,他们可以写自己喜欢的主题。最好的办法是要求学生每天用英语记日记、写信等,他们可充分表达自己的思想。教师也可每天确定一个统一的题目(如 My favorite... 等)让学生写。需要说明的是,开展这种活动最好要求学生有一个专门的自由写作本子,定期上交教师批改。这样过一段时间后,学生可对照自己前边的写作,看自己取得了多大的进步。

写后活动:修改阶段是反馈机制下的一个开放性过程,其教学目标是通过师生信息互动,使学生的作文逐步完善。具体包括:学生自改、互改;教师面批或全批;根据学生普遍存在的问题进行集体指导,然后对文章进行多层面的修改。学生的英语写作应有教师的审阅和评价。看拼写和语法结构;看表达的思想及表达方式;看对材料的分析是否正确、是否有新意,文章是否切中题目,等等。

三、英语写作课设计案例与评析

【教学案例】《新目标英语》外语教学与研究出版社(八年级上)

Module 11 Unit 3 The Weather Language in Use

Ⅰ. Teaching Aims:

1. 指导学生用目标语言表达学习英语的真实感受。

2. 通过过程式的写作教学活动,再根据学生的情况适当调整学习难度,让全体学生树立学习英语的信心,培养学生学习英语的兴趣。

3. 通过小组合作活动和互动，在活跃课堂学习气氛、降低学习难度的同时，又培养了学生合作学习的习惯。

Ⅱ. Teaching Focus:

1. 培养学生的合作学习精神。

2. 写作不是孤立的学习过程，而是贯穿着听、说、读的过程。

3. 写作不是被动地接受的过程，而是主动参与的过程。

Ⅲ. Teaching Difficulties:

学生用英语表达天气，兼顾细节的听力练习。

Ⅳ. Teaching Procedures:

Step 1. Pre-writing

1)Brainstorming

(1)Ask and answer(5m).

T: What's the weather like today?

S1: It's sunny. (Look out of the window and find out the answer.)

(2)Look and say(教师出示有关天气的图片，让学生说出天气的单词。5m): windy, rainy, snowy, showery, cloudy, stormy, foggy, icy, cold, hot, cool, warm, dry, wet...

(3)Playing guessing games(5m)(教师分发有关天气的图片给每一组学生).

S1: Is it rainy?　　S2: No, it isn't.

S3: Is it cloudy?　　S2: No, it isn't...

(4) Listen to the tape and complete the table.

City	Temperature	Weather
Beijing		
Shanghai		
Xi'an		
Guangzhou		
Hongkong		

(5)Discuss and Group leaders report 小组长作报告(教师写下主要内容或用多媒体显示。5m):

City	Temperature	Weather
Beijing	−7℃～1℃	cloudy, icy
Shanghai	5℃～8℃	windy, rainy
Xi'an	−1℃～4℃	snowy, cloudy
Guangzhou	10℃～20℃	showery, sunny
Hongkong	17℃～21℃	rainy

S1: What's the weather like in...?　And what's the temperature in...?

S2:

Step 2. While-writing (12m)

(1)Write a weather forecast using the information in the table.

(2)让学生列出写作提纲：问题—解决办法。

(3)按规定时间完成该作文。

Step 3. Post-writing

写作完毕后自我评价或以小组形式评价,视整体学生的学习水平而定。以课件显示。(10m)

(1) Ask 4 students who finish their writing come to the front of the class and read aloud their weather forecast.

(2) Peer feedback. Students work in groups and read, criticize, and proofread their own writing.

• Did you list out all the information in the table?

• Did you spell every word right?

• Did you make any mistakes or errors?

• Is it logical between the sentences?

• Is it acceptable? (Does it begin with "good morning" and end with "thank for your listening"?)

(3) Rewriting exercises. Awkward sentences or confusing paragraphs from student reports are distributed and rewritten by students.

(4) Teacher feedback. This may take place at several stages during the writing process, rather than at the end of the process, where it no longer serves any useful purpose. The teacher may comment on quick writes, rough drafts, and peer feedback, for example.

Ⅴ. Assessment sheet (1-Worst; 5-Best):

questions	1	2	3	4	5
1. I can talk about the weather.					
2. I can describe the weather.					
3. I can make predictions about the weather.					
4. I can under weather reports.					
5. I can write advice on the best time to visit a place.					

【评析】 这篇写作教学设计采用的是"过程法"教学模式,允许学生自我探索和进行个人写作。各种写作教学策略都运用到学生写作过程中,锻炼了学生的实际动手能力和思维能力。能让学生自我反思写作过程,作出对写作的结果性评价。

第三章　中小学英语课堂教学技能训练与测评

第一节　英语导入技能训练与测评

一、英语导入技能基本模式

导入技能，又称定向导入，是教师进入新课时运用情境教学方式来引起学生注意，激发他们的学习兴趣，使学生明确学习目的、形成学习动机和建立知识间联系的一系列教学行为。

（一）导入的功能

精心设计的导入能调动学生的学习兴趣，使学生情绪高涨，有助于取得良好的学习效果。它的功能主要有下面几点：

（1）提供必要的信息以激发学生的学习兴趣，激发学生学习动机和引起学生注意，使学生进入学习的准备状态。兴趣是学习动机中最现实、最活跃的成分，学习动机是推动学生进行学习的内在动力，学生一旦有了学习动力，就会产生学习自觉性和学习热情。

（2）设置问题情境和制造学习氛围，引起学生对所学课题的关注，引导学生进入学习情境，使学生进入学习的准备状态。

（3）为学生学习新的英语语言项目、新的词汇、新的阅读或听力内容做导引和铺垫，使学生知道教学活动的目标和任务、活动的方向和方式，从而使学生产生学习期待。

（4）在导入活动中，教师将所设置的学习情境作用于学生，从而激发他们的认知需要。

（5）在导入活动中，强化学生的反应，使学生产生进一步参与教学活动的需要。

（二）导入技能的基本模式

（1）旧知识导入。学习是循序渐进的，只有以较低的知识把握为前提，才能保证对与此相联系的较高层次知识的理解和掌握。即使是同类知识，要上新台阶也需要原有知识做铺垫。有经验的英语教师很注意引导学生温故知新，以复习、提问、做练习等方式作为教学活动的开始，提供新、旧知识的联系支点。这种导入可以使学生感到新知识并不陌生，便于将新知识纳入原有的认知结构中，降低学习新知识的难度，易于引导学生参与学习。

例如，教师在准备教学生“What's that? It's a ...”这样的结构时，可以先复习“What's this? It's a ...”这样的旧句型。教师可以借助图片和学生进行问答演示训练旧知识来引入新知识，引导学生体会并总结“What's this?”和“What's that?”两个句型结构的区别。

（2）直观导入。在英语教学中，教师可以用图片、简笔画、幻灯片、PPT 演示、图表、实物、录像等直观教具创设情境，进行导入。直观导入易引起学生兴趣，能帮助学生理解所学的语言项目。

例如，在介绍介词 on，in，behind 和 under 时，可以采用实物直观导入方法。教师拿一个小球放在讲桌的不同位置，引导学生理解和运用 on，in，behind 和 under。在进行“问路和指路”教学时，教师可以采用直观的演示向学生导入问路和指路的语言输出。

（3）设疑、悬念导入。以认知冲突的方式设疑，以强烈的感情色彩构置悬念来导入新话题。教学过程本身是一种提出问题和解决问题的持续不断的活动。富有经验的英语教师在教学开始时，就能根据学生的认知水平提出形式多样、富有启发性的问题，引导学生回忆、联想、预测本课学习话题。

例如，在英语阅读和听力教学中，教师经常会用到设疑、悬念导入方法，引导学生对即将学习的阅读和听力材料进行预测，使学生对所读文章和所听内容更感兴趣，提高阅读速度和听力效率，更快更多地获取信息。并且使学生能为正确预测篇章所涉及的部分内容而感受到成功的喜悦。

(4)故事导入。中小学生都爱听故事。在英语教学导入阶段，教师可以把要教的语言放在体现这种语言的故事中，用故事来引导学生，激发学生的兴趣，通过故事情境帮助学生理解语言的应用。

二、英语导入技能案例与评析

【教学案例】《牛津高中英语》凤凰出版传媒集团等（高二下）

Module 6 Unit 4 Helping people around the world

【导入部分】

1. Flash 歌曲《爱的奉献》导入(3m)：

它是由一系列图片配上一些非常贴切的文字组成，里边主要讲到在中国和世界的很多贫困地区甚至在一些大城市都存在不少的困难人群，他们食不果腹，他们衣不蔽体，他们到处流浪，他们为了生计到处奔波，他们期待能有机会上学。

2. 情感教育输入：学生看得很安静，体会自己应该好好珍惜这么好的学习机会，珍惜这么好的生活。同时我们应该伸出援助之手去帮助他们。

3. 问题驱动(7m)：

What do you think of the situation of people in the flash?

What can we do to help them?

Besides ourselves, who can we call on to help those people in trouble?

...

【评析】 本导入部分利用了多媒体 flash 课件直观演示，既有富有感染力的歌曲，又有感人至深的图片演示，不仅能调动学生的情趣与注意力，又能进行情感教育输入。同时以问题来激发学生思考，激活学生掌握的与课文话题相关的背景知识。

三、英语导入技能微格训练与测评

(一)英语课堂导入技能训练

(1)选一中小学现行英语教材某课时教学内容，就不同的导课方式进行设计。由英语授课教师自选一个感兴趣的课题，设计导入方案，并分组对方案进行讨论、交流。要能明确回答以下问题：

①你所选的教学内容的教学目标是什么？

②你所选择的导入方法的种类是什么？

③你所设计的导入方案的想法及优点是什么？

④导入的是一个概念、一个原理、一节课，还是一个活动，等等。

(2)选择一种优秀的中小学英语课教学方案进行导入技能的实践，组织 5 分钟左右的微型教学。

(二)课堂导入技能测评

参照第一部分教学一般技能测评指标体系表制定导入技能评价单进行测评。

第二节　英语讲授技能训练与测评

一、英语讲授技能基本模式

讲授技能指的是教师通过语言及各种教学媒体创设情境，呈现新语言知识，使学生初步理解语言知识的教学行为方式。讲授是课堂教学的中心环节。教授技能要求教师采用多种教学方法和手段，创设有意义的语境，把新知识恰当地融入语言交谈的情境中呈现给学生，使学生在有意义的语境中首先获得对新语言知识的感性认识。然后，通过启发性问题调动学生的积极思维，引导学生在充足的语言材料中逐步理解新语言知识的内在联系和规律。

(一)讲授的功能

教师讲授技能水平直接影响着学生的学习水平和学习能力，它还是实现教学目标的关键。教师要想在实际教学中很好地运用讲授技能，就要全面了解和掌握讲授技能的功能。讲授技能的目的和功能可以概括如下：

(1)激发学生学习兴趣，调动学生学习积极性：在讲授阶段，教师在教学内容的设置、教学媒体的使用及教学的行为方式等方面，都要尽可能地给学生以适当的刺激，以引起他们的注意。如用提问、动作、手势或有效的直观教具等一系列教学手段和方法，使学生对所学语言产生兴趣，从而激发他们的学习欲望，调动他们的学习积极性。

(2)创设语境，建立新旧语言的联系：利用学生已有语言知识和背景知识创设有意义的语境，同时把新语言有机地融合在精心创设的语境中，让学生在设计的语言情境中理解新语言知识。

(3)使学生感知和初步理解新语言知识：讲授阶段的主要目的是要学生感知和理解新语言知识，因此，要想方设法让新语言材料在学生的头脑中留下深刻的印象，要精心创设语境，在有意义的语境中把新语言呈现给学生，可通过启发性问题来调动学生积极性，引导学生在充足的语言材料中逐步理解新语言知识的内在联系和规律。

(二)讲授技能的基本模式

讲授的技能在英语教学中是一种普遍使用的技能，如同在其他科目教学中一样。在教学中，学生可能会问到很多问题。在备课时教师首先预测学生会提出什么样的问题，然后针对这些问题准备对策，研究解答这些问题的方式，以确保在教学活动完成后，学生能够理解所学知识。

这种讲授是有计划的讲解，即在课前的备课时有计划、有准备地解答学生可能会提出的问题。另外，还有一种讲授是即时性的讲解，学生在课堂上忽然提出某一个相关问题，教师当堂解答，这种讲授是未经教师事先准备的即席讲解(Spontaneous Explanation)。在这里我们着重讲有计划的讲授，但是它的基本原则也适合即席讲授。

讲授有三种主要模式：

(1)语言讲授。这种讲解在不使用任何其他手段而只用语言的情况下进行。例如，人们听收音机广播节目时，里面所讲解的内容靠的都是语言。但是，在课堂教学时，教师为了取得良好的教学效果，不能只靠语言讲授，还要加以说明。

(2)说明。教师利用图、表、录像、电影、讲义等对最重要的部分讲授内容加以强调,促进学生理解。

(3)示范演示。教师对某些生词例句、某语言点提供示范,演示某一语言功能等。通过示范、演示,使难点或抽象的内容清晰明确。

二、英语讲授技能案例与评析

【教学案例】《牛津高中英语》 凤凰出版传媒集团等(高三上)

Module 9 Unit 4 Behind beliefs

【讲授部分·阅读课】

1. Analyze the structure of the report (10m)

Listening(播放幻灯片)

Listen to a report about a historic religious site The White Horse Temple. While listening, please find out what aspects about the White Horse Temple the report mainly covers.

Then ask the students to answer the following questions.

Q: What aspects about the White Horse Temple does the report mainly cover? (播放幻灯片)

A: A brief introduction of the temple.

The story behind the temple.

The architecture of the temple.

The importance of the temple.

Q: Which paragraphs of the report mainly cover the above aspects? (播放幻灯片)

A: Paragraph 1 gives a brief introduction of the temple.

Paragraph 2～5 tell the story behind the temple. Paragraphs 6 tells about the architecture of the temple.

Paragraph 7～9 covers the importance of the temple.

Q: So what's the structure of the report?

A: (播放幻灯片)

Part 1 (Para 1) A brief introduction about the temple.

Part 2 (Paras 2～5) The story behind the temple.

Part 3 (Para 6) The architecture of the temple.

Part 4 (Para 7～9) The importance of the temple.

2. Comprehension (15m)

Part 1(Para 1): A brief introduction of the temple (播放幻灯片)

Read Para 1 again and fill in the blanks:

The White Horse Temple is __________ in __________, Henan Province in the __________ east of China. Being the __________ __________ temple in China, it __________ one of the most __________ temples in all of China.

Part 2(Paras 2～5): The story behind the temple. (播放幻灯片)

Read Paras 2～5 again and try to answer the following questions. (播放幻灯片)

Q:1. What did the story originate in?

Q:2. What did Mingdi dream of that night?

Q:3. What was the golden man like?

Q:4. How did the officials interpret his dream?

Q:5. Why did Mingdi instruct his officials to go to India on his behalf as agents?

Q:6. What did the officials bring back to Luoyang from India?

Q:7. How were the Buddhist readings and images of Buddha brought back to Luoyang?

Q:8. Where were the Indian monks invited to stay in Luoyang?

Q:9. Why did the Honglu Temple get its present name, the White Horse Temple?

Q:10. What change did renaming the temple bring about to the Chinese language ?

Part 3(Para 6): The architecture of the temple.(播放幻灯片)

Read Para 6 again and try to find out the characteristics of the architecture of the temple. (播放幻灯片)

The architecture is interesting and ________ particularly in building ________ and ________.

The temple ________ is centered around a southern-facing ________ that is shaped like a ________. On both sides are different ________/and the rooms where the ________ live.

Show pictures of different halls and rooms.

The ________known ________ pagoda in China, Qiyun Pagoda, ________ stories tall, stands in the ________ corner of the complex. The pagoda ________ the tombs of the two ________ monks who originally travelled to China.

Part 4(Paras 7～9):(播放幻灯片)

Read Paras 7～9 again and then do the pair work.

Pair work: Please work in pairs and make a list of things that make the White Horse Temple important to Chinese People and history.

Ask aboutthings that make the White Horse Temple important.(播放幻灯片)

【评析】 本节讲授课主要是阅读课类型,但听和说训练都能有机地融合在学生的阅读探究过程中,在阅读中国最古老的佛教寺庙“白马寺”的介绍的基础上,使学生积极参与到整个课堂的听说活动中,在教师一步一步的引导下,培养学生的文化意识和爱国主义情操。同时,整个讲授活动形式多样,如有思考性的问题回答、语言理解层面上的填空、多媒体全程辅助教学、学生合作探究学习等,体现了以学生为本、以能力培养为主的课堂设计模式。

三、英语讲授技能微格训练与测评

(一)英语课堂讲授技能训练

(1)选一中小学现行英语教材某课时教学内容,就不同的讲授方式进行设计。由英语授课教师自选一个感兴趣的课题,设计导入方案,并分组对方案进行讨论、交流。要能明确回答以下问题:

①你所选的教学内容的教学目标是什么?

②你所选择的讲授方法的种类是什么?

③你所设计的讲授方案的想法及优点是什么？

④讲授的是一个概念、一个原理、一节课，还是一个活动，等等。

(2)选择一种优秀的中小学英语课教学方案进行讲授技能的实践，组织 5 分钟左右的微型教学。

(二)课堂讲授技能测评

参照第一部分教学一般技能测评指标体系表制定讲授技能评价单进行测评。

第三节　英语提问技能训练与测评

一、英语提问技能基本模式

提问技能是指教师通过提出问题来检查和了解学生的理解程度，鼓励和引导学生深入思考问题，复习、巩固、运用所学到的语言知识的一种教学行为。提问是师生在课堂上互相交流的一种形式。对于学生来说，提问是一种策略；对于教师来说，提问是一种教学技能。

在英语教学中，我们所说的提问不仅是指使用疑问句形式，而且是指缺乏信息或者需要信息时而作出的发问。在英语里，同是疑问句型，却有多种不同的功能，当然其中也包括提问的技能，例如：

Can you hear me at the back?（提问）

Can you speak slowly, please?（建议）

Do you think I should go?（请求指点）

Why don't you stop talking?（恼怒）

Do you really think that's the right thing to do?（不赞成）

Are you kidding me?（不相信）

Would you please not make so much noise?（抱怨）

May I say how beautiful you look today?（称赞）

May I congratulate?（祝贺）

因此，我们不能把提问的技能与使用疑问句完全等同起来。

(一)提问的功能

(1)获取信息。

(2)引起学生的注意。

(3)使对某问题产生兴趣与好奇。

(4)分析学生可能存在的问题。

(5)了解学生的观点和态度，了解对教学活动的安排，作业布置、教学方法的使用。

(6)评价学生的语言掌握情况。

(7)鼓励学生积极思考。

(8)鼓励学生参与课堂活动，营造活跃的课堂气氛。提问可以改变传统课堂中的师生角色，学生从完全被动的接受到主动的参与。

(9)表达对学生的关心。询问学生的家庭情况，对某事的看法、感受等，可以促进师生之间的和谐、融洽。

（二）提问技能的基本模式

(1)回忆性提问：是指利用事实性问题让学生追忆学习过的知识内容，主要用来检查学生对所学的知识是否记住了。

例：根据某篇课文问：When was Abraham Lincoln born? Where was he born? How did he die?

除了使用特殊疑问句外，教师还可以使用是非问句来了解学生对所学的知识的记忆情况。回忆性提问只能了解记忆情况，不能了解学生是否完全理解了所记的内容。

(2)理解性提问：指教师为检查学生对所学知识理解的程度而提出来的问题。

例：Can you tell us the main idea of the text?　What's the difference between …? Can you retell the story?

(3)分析性提问：指教师要求学生找出原因、条件、结果等。

例：Why is Jim unhappy?　What should he do to make himself much stronger? How can we manage to control pollution?

这类问题在课文中一般没有直接讲述，没有现成的答案。学生自己要重新组织所提供的语言材料，找出根据，指出原因。它可以帮助学生概括、整理或系统化所学知识。

(4)综合性提问：指教师为培养学生综合性思维能力所提出来的问题。学生要利用所掌握的知识进行分析，得出自己的结论或看法。在综合分析的过程中，学生往往要利用逻辑推理的能力和想象力。

例：Without the Internet, what will happen to the world?　What should we do to make more friends? What should we do to save rare animals?

(5)评价性提问：指教师为培养学生的判断能力所提出来的问题。这类提问让学生阐述观点、评判价值、提出原因，即重点不在如何，而在为什么。

例：Why do we need to protect rare animals? Why is it wrong to cut trees freely?

二、英语提问技能案例与评析

【教学案例】《英语》人民教育出版社（九年级上）

Unit 1 Topic 2 What a large population! Section C 1A

【提问部分】

1. 多媒体 PPT 课件演示：一幅哭泣的地球图片。

2. 提问设计（5m）：

T：Look! Who is she?

Ss：She is the earth.

T：What's she doing?（做哭的表情和动作）

Ss：She is crying.

T：How does she feel?

Ss：She feels sad.

T：Why is she so sad? Can you guess?

S1：The earth is so sad because the air is getting more and more polluted.（S2, S3, S4...）

S5：Because there are too many people on the earth.

T:But I can't understand. Don't you think the more people there are, the better it is? What will happen if there are too many people on the earth?

Ss:If there are too many people, there'll be a lot of problems.

T:What are they?

...

【评析】 该提问设计遵循了由浅入深、环环相扣、逐步引导、由易到难的教学原则,符合学生认识事物的思维规律,会促使学生持续学习,并有利于学生养成良好的思维习惯。学生在体验语言实践的同时,扩大语言的信息量、实践量。同时,几种提问模式都在提问链中得到了运用。

三、英语提问技能微格训练与测评

(一)英语课堂提问技能训练

(1)选一中小学现行英语教材中某课时教学内容,就不同的提问方式进行设计。由英语授课教师自选一个感兴趣的课题,设计提问方案,并分组对方案进行讨论、交流。要能明确回答以下问题:

①你所选的教学内容的教学目标是什么?

②你所选择的提问方法的种类是什么?

③你所设计的提问方案的想法及优点是什么?

④提问的是一个概念、一个原理、一节课,还是一个活动,等等。

(2)选择一种优秀的中小学英语课教学方案进行提问技能的实践,组织5分钟左右的微型教学。

(二)课堂提问技能测评

参照第一部分教学一般技能测评指标体系表制定提问技能评价单进行测评。

第四节 英语结束技能训练与测评

一、英语结束技能基本模式

结束技能是教师结束教学任务的方式,教师通过归纳、总结、实践、转化、深化等教学活动,对所教授的知识和技能及时地加以系统化和巩固、运用,使新知识有机地融入学生原有的知识结构中。运用这项技能能及时得到教与学效果的反馈,让学生体验到掌握新知识的乐趣,激发学生继续学习的动机。

(一)结束的功能

(1)总结、概括或重申所学语言和知识的要点,帮助学生找出规律。

(2)引导学生不仅仅停留在对所学文章中词汇、句子的理解上,而是要引导学生领会课文内容、文章主题、作者情感态度等。

(3)引导学生参与评价活动,解决实际问题。

(4)检查和自我检测学习效果,巩固所学知识。

(5)布置课后任务。

(二)结束技能的基本模式

(1)系统归纳:在教师指导下,引导学生动脑动手,总结所学知识的规律、结构或主线,及时强化重点，明确关键。

（2）简短小结：在课堂讲授新知识后，教师要在结束阶段进行小结。声音要洪亮，小结要简单扼要，逻辑清楚。

（3）比较异同：在结束部分，教师要善于观察、发现，运用比较来小结新知识，例如，介绍东西方文化课或语法教学课时，比较是一种很重要的小结方法，能帮助学生理清新知识，强化记忆。

（4）领悟主题：在结束阶段，有时教师必须帮助并引导学生领悟文章的主题。教师可以通过精要的论述或揭示本质的问题，使学生领悟所学的新知识。

（5）巩固练习：在结束部分，恰当地安排一些实践活动，既可以使学生将所学的知识或语言加以强化和运用，也可以使课堂的教学效果得到及时反馈。巩固练习包括：完成练习册的练习，做一些补充练习或活动（角色扮演、复述、讨论、听写、完成对话、缩写、阅读和写作等）。

（6）新悬念设置：提出新问题留给学生思考，或提出下次将要学习的教学内容引起学生的注意来结束。

二、英语结束技能案例与评析

【教学案例】《英语　模块2》北京师范大学出版社（高一下）

Unit 5 Lesson 3 Experiment in Folk

【结束部分】

Step 1 Role play (*about 6m*)

Students work in pairs. One student who acts as a reporter interviews the other one as Kong Xiangdong.

Step 2 Language study (*about 7m*)

1. Read these sentences, paying attention to the bold words.

(1) *He was made to practice the piano* ***so*** *much* ***that*** *at times, he thought about giving up.*

(2) *The concert last week was* ***such*** *a success* ***that*** *Kong's Dream Tour Concert is expected to run for the next two years.*

(3) ***As*** *his mother was a great music lover, he lived with music from birth.*

(4) ***Since*** *his music style was new, he decided his haired style had to be new too.*

(5) *She had to draw piano keys on a piece of paper so* ***that*** *he could learn as early as possible.*

(6) *Kong explained that he tried this* ***because*** *he wanted to create something new.*

2. Group competition.

Task 1 Read the above sentences again and complete the table with the linking words: *because, as, since, so…that, such…that, so that.*

Type of clause	Linking words
cause	
result	
purpose	

Task 2 Join the pairs of sentences below with the correct linking words.

(1) I finished all my homework early. My mum said I could go out and play basketball.

(2) We had a good time on holiday in Beijing. We didn't want to come home.

(3) There weren't enough textbooks for everyone. Some people had to share.

(4) We had to stop the football game. It was getting dark.

Step 3 Homework (*about* 1*m*)

Write a passage.

从下列任务中选择你最喜欢的一位，用英语写一篇120词左右的短文。要求根据所给信息做适当发挥，且需包括以下三部分内容：

1. 对该人物的简单介绍。

2. 喜欢该人物的理由。

3. 从该人物身上得到的启示。

Thomas Edison	William Shakespeare	Helen Keller
Inventor; Creative; diligent; full of wisdom	writer; Talent; imaginative; man of all ages	Ordinary but great woman; disabled; optimistic; eager to learn
"Genius is one percent inspiration and ninety-nine percent perspiration."	"Life is a stage."	"... if I had the power of sight for three days."

【评析】 这篇课文的结束部分有三个阶段：根据课文的角色扮演，进行语言知识总结和布置作业。角色扮演以课文信息来锻炼学生的理解能力和表达能力。语言知识总结将本课的语言知识点作了概括的运用，强化了学生对知识点的理解。作业是对本课人物介绍阅读的进一步拓展练习，既能提供机会加深学生对本课语言知识的理解，又能培养学生高层次的思维能力、道德观和价值观。

三、英语结束技能微格训练与测评

（一）英语课堂结束技能训练

(1)选一中小学现行英语教材某课时教学内容，就不同的结束方式进行设计。由英语授课教师自选一个感兴趣的课题，设计结束方案，并分组对方案进行讨论、交流。要能明确回答以下问题：

①你所选的教学内容的教学目标是什么？

②你所选择的提问方法的种类是什么？

③你所设计的提问方案的想法及优点是什么？

④提问的是一个概念、一个原理、一节课，还是一个活动，等等。

(2)选择一种优秀的中小学英语课教学方案进行提问技能的实践，组织5分钟左右的微型教学。

（二）课堂提问技能测评

参照第一部分教学一般技能测评指标体系表制定提问技能评价单进行测评。

第五节　英语板书技能训练与测评

一、英语板书技能基本模式

板书是指教师为辅助课堂口语的表达而写在黑板或投影胶片上的文字或其他符号。它是教师依据教材，通过分析、综合，把教材的各知识点，按一定时间、空间、逻辑顺序展示出来，形成完整的知识网络，而这一思维过程是通过板书形式形象生动地呈现在学生面前，使学生在接受具体知识的同时，理解、掌握思维方法，促进其思维能力的提高。因此，板书不仅是知识传授的桥梁，也是启迪和开发智力的重要手段。

板书可分为两大类：正板书和副板书。正板书或称主体板书，是教师在对教学内容进行概括的基础上，提纲挈领地反映教学内容的板面语言，往往写在黑板的左侧和中部。它是教师在备课过程中精心设计的，一般都作为教案的一部分事先写好，在黑板上存留时间较长。副板书的内容多为教学过程中临时用到的学生不是很清楚的词或符号，是对正板书的补充，一般写在黑板的右侧，可以随机擦掉。

【板书设计简略图】

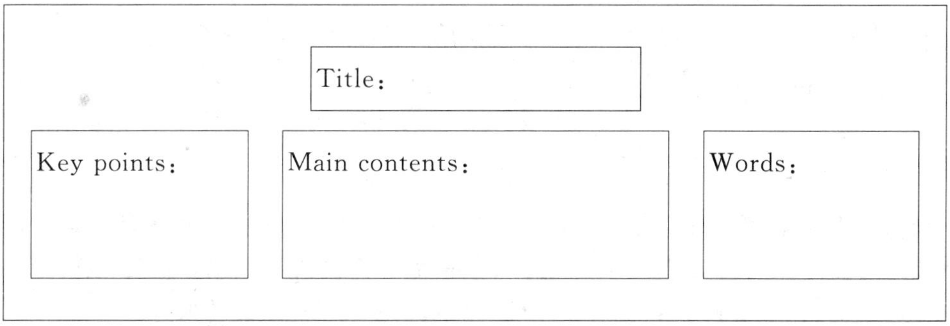

（一）板书的功能

（1）有利于学生理解和掌握所学语言知识：英语课堂的口语教学主要以英语为主，而板书可以准确、清晰地展示教师讲述的主要内容以及所授知识的内在逻辑关系，使学生一目了然。

（2）有利于加强学生记忆：在英语教学中，学生每天要接触大量的语言材料，如果光靠听的话，不仅当时印象不深，课后还容易忘记。板书配合教学就可以把学生的耳朵和眼睛都集中于课堂教学活动上，这样，记忆的知识也更牢靠。

（3）有利于启发学生思维，能够起到预设课堂深层的作用；好的板书能够进行反复的利用，从而提高课堂的教学效率。

（二）板书技能的基本模式

中小学英语课堂教学板书技能的基本模式主要有下面几种：

（1）提纲式：是将一节课的教学内容进行分析和综合，提纲挈领地写出。这种形式能突出教学的重点，便于学生抓住要领，掌握学习内容的层次和结构，有利于学生对问题进行分析和概括。这种板书多用于对课文篇章的分析和讲解，突出关键词和主题句等。

（2）列表式：是把纷繁的教材内容排比分类，依项列表，使之清晰、明了，便于理解和记忆。它直观性强，富有表现力。语法教学常用此式，以显示异同和相互关系。

(3)图解式:这种方法是用箭头、线段等符号按照发展顺序将某一过程表示出来,组成文字图形的板书方法。这种板书能直观地展示教学内容,使许多难以用口头语言表示清楚的内容一目了然。

(4)辐射式:这种板书是以关键词为中心,从不同的方面加以引证和揭示其各方面的联系。特点是中心明确,可显示事物的内部结构。阅读中的篇章和段落分析、写作分析等多可以用这种板书方法。

(5)并列式:这是以多层横式出现的板书。各层之间的关系是并列的,特点是格式整齐,眉目清楚。

二、英语板书技能案例与评析

【教学案例】《新目标英语》人民教育出版社 (八年级下)

Unit 3 What were you doing when the UFO arrived?

New words:	What was the boy doing? He was singing.	Other words:
alien, UFO,	What were they doing? They were singing and dancing.	
barber, bedroom,	Where were they singing and dancing? (practice)	
kitchen, bought,	(1) UFO (2) barber (3) bathroom (4)bedroom (5)kitchen	
land, got, shirt,	(6) land (7)cut (8)alien (9)bought (10)shirt (11)while	
while	(12) get out (13) tack off	

【评析】 本课主要介绍过去进行时的语法,板书的左侧主要是本课学的新词汇,中间是讲解语法时所需要介绍的例子和学生进行任务操练所需使用的词汇,这两部分展示给学生的是本课的重点内容,右侧主要是随机出现的词汇或短语等,主要是旧知识,但可以帮助学生直观地激活已知的知识。这个板书主要用的是并列式,直观清晰,重点突出。

三、英语板书技能微格训练与测评

(一)英语课堂板书技能训练

(1)选一中小学现行英语教材某课时教学内容,就不同的板书方式进行设计。由英语授课教师自选一个感兴趣的课题,设计板书方案,并分组对方案进行讨论、交流。要能明确回答以下问题:

①你所选的板书内容的目标是什么?

②你所选择的板书方法的种类是什么?

③你所设计的板书方案的想法及优点是什么?

④板书的是一个概念还是一个原理,等等。

(2)选择一种优秀的中小学英语课教学方案进行板书技能的实践,组织5分钟左右的微型教学。

(二)课堂板书技能测评

参照第一部分教学一般技能测评指标体系表制定板书技能评价单进行测评。

第六节 英语说课和计算机辅助英语教学

一、英语说课

(一)含义

所谓"说课"就是指教师有准备地在一定场合下,分析学生现有的认知基础,根据教学任务,阐述教学目标,讲解教学方法的一种有计划、有目的、有内容、有组织、有理论指导的教学研究和交流的活动形式。现在说课作为一种新的教学研究方式,已经不断地被各级教育部门和许多教育工作者所重视和关注。

(二)说课的意义和特点

(1)"说课"是一个开放性活动,它源于备课又高于备课,是备课的深化和提高。要想说好课,教师必须钻研大纲、教材,必须带着备课中的问题去深入学习有关教育理论,反复推敲琢磨自己的教学设计是否可行,说出其备课中的思考,即不仅要说出"教什么"和"怎么教",更要说出"为什么这样教"。将其备课的理论依据展现给听众,将教学设计的思维活动过程从隐性变为显性,从无声变为有声。使教师半封闭式的个体备课劳动置于集体的监督之下。这样,说课教师的知识、能力和修养等状况随之直接表露出来。

(2)"说课"为上课提供理论依据。"说课"有着很强的理论性和实践性,它能促使课堂教学趋于科学化。"说课"是介于备课和上课之间的一种教研活动,它为备课提供了理论依据,并为上课提供了理论指导。也就是说,运用说课对备课的理性思考去指导课堂教学。它不仅能提高课堂教学效率,而且能提高教师自身的业务能力。由于"说课"活动把"说"和"评"结合起来,使说课教师从备课的静态个体行为转化为动态学术讨论,形成一种研究氛围,大家互相切磋,集思广益,在这个基础上,说课人再将有价值的反馈信息作用于自己的备课之中,并矫正充实原先的教学设计,使得课堂教学更趋于科学化、理性化,从而发挥"说课"对课堂教学每一个环节的指导作用。"说课"在备课和上课之间架起了桥梁,使教学活动与教研活动达到和谐统一。

(三)"说课"的内容与要求

由于"说课"时间的限定(一般不超过20分钟),因此英语教师应简要而概括地说明所定英语课题的教材内容、教学对象、教学目标、教学过程、教学方法、教学评价及其设计思想等,具体地说:

(1)说教材(教材分析)(Analyzing teaching material)。

①说课型(Lesson type):要具体说明是听说课、阅读课、写作课还是复习课。

②说本课在教材或单元中的地位(Status and function)。

③说教学指导思想(Teaching guideline)。

④说教学目标和要求(Teaching aims and demands):目标和要求一般包括认知目标、智能目标和德育目标。

⑤说教学重点(Key teaching points)。

⑥说教学难点(Difficult teaching points)。

⑦说教具(Teaching aids)。

(2)说教法(Teaching methods):本节课主要采用何种教学方法,如听说法、任务型教学法等。

(3)说学法(Study methods):本节课鼓励引导学生主要采用哪种学习方法,如任务型学习、合作式学习或探究式学习等。

(4)说教学过程(Teaching procedures)。

①说导入部分:具体采用何种方法导入,有什么作用,具体要花多长时间等。

②说讲授部分:具体说明一节课的重点内容,如何安排教学任务,如何帮助学生理解新学知识和要花多长时间等。

③说结束部分:具体说明如何安排学生活动,包括操练、角色扮演、对话等;如何安排巩固活动;如何安排课后作业及准备要花多长时间等。

(5)说板书:具体说明板书的设计。

(四)英语说课案例及评析

【说课案例】《英语》人民教育出版社(高二下)

Unit 14 Freedom fighters

一、教学内容:

课型:(听说课)Warming up & listening taken from Unit 14 Freedom fighters; Talk about civil rights and freedom fighters.

二、教材分析

1. 本课在单元中的地位:The topic for this unit is freedom fighters. This lesson is the first lesson in Unit 14. It's also a main point in this lesson. Talking about freedom fighters, we mostly think about the struggle of black people for freedom. However, freedom fighters have existed throughout the ages and in different societies.

2.教学指导思想:

(1) Encourage students to talk about causes and effects.

(2) Enable the students to understand the main idea of the target language.

(3) Get the students to express something on civil rights and freedom fighters themselves.

(4) Train the students to listen carefully for specific details.

3.教学目标:

(1)认知目标:

Target language:

• freedom, murder, prison, characteristic, Negro, foundation, judge, join hands...

• What happened first was that...;That led to...; ...happen as a result...;

(2)智能目标:

• Help the students to talk about causes and effects with the target language.

• Enable the students to listen carefully for both key words and details.

• Improve students' expression abilities.

(3)情感目标:

• Stimulate the students' interests of knowing history of other countries.

• Understand how struggle was an important part in their lives.

• Express comments correctly.

4. 重难点分析：

(1)教学重点：How to make students understand the work of the freedom fighters and make comments.

(2)教学难点：

• How to encourage the students to talk freely and actively on causes and effects.

• How to make use of the listening materials for further understanding.

5. 教法分析：The task-based method-PTP (pre-task: lead in the topic; task-cycle: the process of finishing task; post-task: the process of showing and making further understanding)

Reasons: task-based pair-work, group-work and making discussion, it can practise the useful expressions and structures. By free discussion, the students' interest and attention will be improved.

6. 学法分析：Tasked-based learning; independent and cooperative learning

三、教学过程分析

Step 1: Revision (2m).

Purpose: Strengthen the knowledge of last lesson.

Step 2: Lead-in (5m).

Purpose: Arouse the students' interest of this unit and this lesson.

Methods：Task-based questions:

We are now living in a civilized world with every human race living in harmony with each other. And as a human being, what we are now paying more attention to is the human right.

Discussion:

(1) Was every human race treated equally in the past? How about now?

(2) Were the blacks treated as equal citizens? How did they get their freedom?

(3) Who devoted themselves to this? Do you know any famous freedom fighters? (Be prepared for the reading part.)

Step 3: Warming-up (brainstorming) (5m):

Purpose:

(1) Open the students' mind.

(2) Get them to be interested in what is going to learn.

Methods: Look at the two pictures and read the notes about them. Then have a discussion in groups of four. Try to explain why they are great men and in which way struggle was an important part in the lives of these men.

(Pictures, discussion, competition, brainstorming)

Step 4: Listening.

Purpose:

(1) Study how to catch main ideas and key words.

(2) Further understanding.

Methods:

(1) Give the students some time to read the questions and make sure they understand what information they should listen for in the listening. (Exercise 1,2,3)

(2) Give all students opportunity to understand and answer the questions. (Exercise 4)

(Discussion, give them some instructive questions)

Step 5: Summary and homework.

Purpose:

(1) Review the lesson. Make the students know clearly what they have learnt in this lesson.

(2) It's important for the students to speak English as much as possible in class or after class. It's necessary for them to do some extensive exercise faster to consolidate the knowledge they learnt.

Methods:

1) Self-assessment: what did we learn in this lesson?

2) Homework.

四、板书设计

Unit 14 Freedom Fighters

Warming-up:	Listening:
What happened first was that...	What kind of talk did Martin Luther?
That led to...	King Jr. give?
...happened as a result of ...	What did his speech talk about?
One of the reasons why...	When did he give his talk?

【评析】 这篇说课教案基本上概括了本节课的中心内容和教学思路，前后设计步骤衔接性较强，突出了这节课的听与说。问题驱动和任务驱动能较好地配合本节课的实施。

二、计算机辅助英语教学

随着互联网技术的迅速普及与推广，中小学英语教学中以网络技术和多媒体技术为核心的计算机辅助教学不断深入发展而日趋成熟。多媒体采用录像、录音、投影、幻灯、电视、电脑等多种教学媒体融合在一起形成一种辅助教学手段，诸如运用 PowerPoint，Authorware 和 Flash 等软件开展英语教学。作为一种新的媒体模式，它极大地丰富了学习内容，扩大了知识领域，活跃了课堂气氛，激发了学生学习英语的兴趣，优化了课堂环境。

(一)计算机辅助英语教学的特点

(1)视听结合，符合学生感知规律。学生在学习同样材料时如能同时使用视觉、听觉，比单用听觉，学习效果会好得多。而计算机辅助英语教学以其形象、生动、丰富的图像等，充分调动学生的视觉、听觉器官，符合学生的感知规律，使学生在轻松、愉快中掌握知识。

(2)直观、形象，符合学生记忆规律。多媒体课件可最有效地将抽象的知识形象化、具体化；多媒体动静结合的特点，能充分再现语言情景，达到声、画交融，使学生有如身临其境，理解更加透彻，原来枯燥的语言材料，不用费很大劲就能记住。说明计算机辅助英语教学符合学生的记忆规律，能产生良好的教学效果。

(3)交互式教学，能提供良好的情境。计算机辅助教学能提供交互式教学环境，在教学活动中，计算机对学生提出的问题能快速做出反应，对学生所提供的答案能作出逻辑判断并及时向学生反馈信息。在这种学习环境中，学生可根据自己的学习基础和兴趣来选择学习的内容，并主动参与、投入到模拟的语言环境中，从中吸取纯正的、地道的语音模式，学生还能身临其境地感受到真实的语言环境。这种由交互性所提供的情境，有利于实现英语的交际技能培养目标。

(4)扩展课堂容量，提高教学效率。计算机具有十分大的信息容量，能够将文字、图形、图像、动画、视频、声音等集成和控制起来。运用多媒体教学可以生动、直观、科学、准确地传递大量信息，丰富教学内容，增加课堂容量，使学生能够全面、客观地认识世界。多媒体课件可在课前预制，既节省了课堂上板书的时间，又可使课堂紧凑、有条理，重点难点一目了然，从而大大提高教学效率。

(5)个别化教学。计算机辅助英语教学可根据学生的学习能力、兴趣、学习速度和学习风格等个人特点来安排教学，实现个别化教学。如利用教学软件实现人机对话、师生对话。我们还可以针对学生的学习水平，利用多媒体教学软件建立英语试题库来实现个别化教学。

(6)提高学生学习的主动性、积极性：计算机辅助教学具有集成性，它集声音、图像、图形、动画、文本于一体，增强了教学的趣味性，能使模拟内容形象逼真，为学生的学习创造一种有特色的学习环境和氛围，充分调动学生的学习主动性、积极性。

(二)计算机辅助英语教学的原则

(1)既助教也助学的原则。计算机辅助英语教学是助教，然就本质而言，教是为了学。因此，进行计算机辅助英语教学设计时，核心思想是助学，应围绕“计算机帮助学”而展开。它的意义不在于帮助教师教学，而在于其在形式、内容、方法等方面更有助于学生的学习。

(2)以学生为中心的原则。计算机辅助英语教学中学生应该处于中心地位，以学生为主体，以“发展学生的综合语言运用能力，使语言学习的过程成为学生形成积极情感态度、主动思维和大胆实践、提高跨文化意识和形成自主学习能力的过程”为目标。

(3)形式与内容统一的原则。计算机辅助英语教学是一种教学手段，它是教学思想的外显形式，形式必须为教学内容服务，并能完成教学目的，而不要成为一种花哨的形式或一个点缀。

(三)计算机辅助英语教学存在的误区

(1)不恰当地追求“多媒体”，忽视了其对教学的干扰。过度地运用多媒体不仅不能增强教学效果，反而干扰学生的思考，干扰了课堂教学，削弱了课堂教学效果。

(2)追求多媒体演示的“外在美”，忽视“内在美”。提倡课件应该有友好的界面，操作简单、方便。应该把解决英语教学中的问题放在第一位。

(3)重视电脑媒体的运用，忽视其他媒介的运用。教师不要用在课堂上动动鼠标、敲敲键盘来代替手势，教师变成放映员，学生45分钟面对着屏幕；不要把原先低效的“人灌”，变成高速的“机灌”，把电脑变成“应试教育”的帮凶。板书和手势语、身势语是中小学英语语言教学中不可或缺的辅助教学手段。

(4)重视演示现象、说明问题、传授知识，忽视揭示过程、培养能力。使用计算机辅助英语教学，要选择好教学方法，精心设计教学，更为重要的在于我们要建构学生认知环境，揭示问题过程，而不要进行简单的现象演示。

(5)重视形象思维，忽视抽象思维。电脑的特点是能够使静态变为动态，抽象变为形象，但是过多地使用电脑，把一切抽象问题都形象化，又不利于抽象思维能力的培养。一切都形象化了，学生抽象概括的能力就可能下降，而英语又是一门特别需要抽象思维能力的学科，抽象思维能力的削弱不利于英语的再学习，特别不利于高等英语的学习。

(6)重视教师的如何“教”，忽视学生的如何“学”。以“教”为主的多媒体设计不宜过多。用电脑辅助教学成功的主要标志应该是：有利于学生主动参与；有利于揭示教学内容的实质；有利于课堂交流的高效实现；有利于学生思维和技能的训练。

(7)把“是否使用了电脑”作为“优质课”评比的条件之一。一堂课的好坏是看有没有以较合理的教育思想和教学方法为指导，教学效果如何，而不是使用了何种媒体。

思想政治(品德)课课堂教学技能训练与测评

第一章　思想政治(品德)新课程理念解读

第一节　思想政治(品德)课程性质

一、对思想政治(品德)课程性质的认识

思想政治(品德)课程应该是什么样的课程？其性质如何？人们对此一直争论不休，甚至出现一些模糊认识：如“思想政治(品德)课是文化知识教育课”、“思想政治(品德)课是德育课”、“思想政治(品德)课是思想政治教育课”、“思想政治(品德)课是德育智育兼备课”、“思想政治(品德)课是公民课”等，这些认识给实际教学带来了困难，使得思想政治(品德)课的功效难以全面发挥，造成思想政治(品德)课的实效性不强。从1996年教育部颁布《全日制普通高级中学思想政治课课程标准(试行)》开始，人们对思想政治(品德)课程性质的认识逐步清晰。

1996年4月教育部颁布的《全日制普通高级中学思想政治课课程标准(试行)》中界定该课程的性质为：“是对中学生系统进行公民品德教育和马克思主义常识教育的必修课程，是中学德育工作的主要途径……思想政治课的设置，是我国学校社会主义性质的重要标志之一。”1997年4月教育部颁布的《九年义务教育小学思想品德课和初中思想政治课课程标准(试行)》中界定该课程的性质为：“是对学生系统进行公民品德教育和初步的马克思主义常识教育，以及有关社会科学常识教育的必修课程，是学校德育工作的重要途径，是我国学校教育社会主义性质的重要标志之一。”2001年10月教育部颁布的《九年义务教育小学思想品德课和初中思想政治课课程标准(修订)》中界定该课程的性质为：“是对学生系统进行思想品德教育和初步的马克思主义常识教育，以及有关社会科学常识教育的必修课程，是学校德育工作的主导渠道，是我国学校教育的社会主义性质的标志。”这三个课程标准对思想政治课程性质的界定突出了这门课程在学校课程体系、学校德育工作整体以及学校教育全局中的地位，并把“公民品德教育”摆到了首要位置，给人们对思想政治(品德)课程性质的认识提供了新的思路。但是，这三个课程标准的界定中又把“公民品德教育”和“马克思主义常识教育以及有关社会科学常识教育”并列在一起，使人们在实际工作中难以准确把握课程的根本任务。同时，简单将之界定为“必修课程”，并没有清晰准确地说明思想政治(品德)课的课程形态。

新世纪以来，随着基础教育新课程改革的进一步展开，思想政治(品德)课的课程和教学改革也在如火如荼地开展。在全面总结思想政治(品德)课程改革经验的基础上，教育部相继于2003年5月颁布《全日制义务教育思想品德课程(实验稿)》和2004年3月颁布《普通高中思想政治课程标准(实验)》，把原初中的思想政治课更名为“思想品德课”，并对思想政治(品德)课的性质进行了更加清晰的界定。

2003年5月的《全日制义务教育思想品德课程(实验稿)》指出:“本课程是为初中学生思想品德健康发展奠定基础的一门综合性的必修课程。主要有思想性、人文性、实践性和综合性等特点。”这个界定突出了思想性是思想品德课的根本性质和灵魂,它不仅决定了课程的方向,也规定了课程的基本特征。并且突出课程要尊重学生,为学生的全面发展提供帮助,要注重课程与学生生活经验和社会实践的联系,引导学生言行一致,强调综合的课程形态是思想品德课程的构建方式。

2004年3月的《普通高中思想政治课程标准(实验)》指出:“高中思想政治课进行马克思列宁主义、毛泽东思想、邓小平理论和‘三个代表’重要思想的基本观点教育,以社会主义物质文明、政治文明、精神文明建设常识为基本内容,引导学生紧密结合与自己息息相关的经济、政治、文化生活,经历探究学习和社会实践的过程,领悟辩证唯物主义和历史唯物主义的基本观点和方法,切实提高参与现代社会生活的能力,逐步树立建设中国特色社会主义的共同理想,初步形成正确的世界观、人生观、价值观,为终身发展奠定思想政治素质基础。”这个界定突出了高中思想政治课的核心价值是对学生进行马克思主义基本观点教育,基本内容是提高学生认识、参与当代社会生活的能力,基本目标是培养公民的思想政治素质。它不仅指出了思想政治课既具有更为宽泛的学科性,又具有特别重要的德育功能,并且突出了思想政治课在学校德育工作中起着基础的导向作用。

2003年5月和2004年3月的课程标准对思想政治(品德)课程性质的界定,不仅突出了我国思想政治(品德)课公民教育的社会主义性质,更加体现了现代公民素质教育的理念,具有鲜明的中国特色,同时突出了综合性是思想政治(品德)课程的形态。

二、思想政治(品德)课程性质的内涵和特点

(一)思想政治(品德)课程性质的内涵

思想政治(品德)课的核心价值是对学生进行马克思主义基本观点和基本方法教育,突出培养学生的社会主义现代公民素质。但是,它在初高中的侧重点有所不同,初中思想品德课突出为学生形成良好的道德品质和心理素质,养成遵纪守法和文明礼貌的行为习惯奠定基础,而高中思想政治课侧重为学生的终身发展奠定思想政治基础。尽管侧重点不同,但是,作为“社会主义的现代公民教育课程”的性质是贯穿始终的。

理解思想政治(品德)课程性质的内涵,必须理解以下内容:

第一,思想政治(品德)课是社会主义性质的课程,必须毫不动摇地坚持。《中华人民共和国宪法》规定:“中华人民共和国是工人阶级领导的、以工农联盟为基础的人民民主专政的社会主义国家”,“马克思列宁主义、毛泽东思想、邓小平理论和‘三个代表’重要思想是我国的指导思想”。我国的思想政治(品德)课必须要体现这一规定,这就决定了思想政治(品德)课的性质必须是社会主义的,不能动摇。

第二,思想政治(品德)课以课程为载体,是学校德育工作的主导渠道。思想政治(品德)课与学校其他德育工作途径不同的是,它以课程为载体,通过对学生进行马克思主义心理学、伦理学、法学、社会学、经济学、政治学、文化学、哲学等基本观点和基本方法的教育,以及我国国情和中国特色社会主义常识教育,培养学生具有良好的思想政治素质、道德法纪素质和健康的心理品质,这是不同于学校的各科课程、班主任工作、党团工作、时事政策教育等其他德育工作途径的,它在整个学校德育工作中起着导向和奠基的作用。

第三,思想政治(品德)课突出对学生进行现代公民素质教育,不同于一般文化课程。思

想政治(品德)课在对学生进行马克思主义基本观点和方法以及有关社会科学常识教育时，不是仅仅进行知识教育，而是始终要坚持用思想品德教育和思想政治教育统率各个知识点，用相应的知识点支撑德育教育，以达到培养学生“具有独立的公民意识，形成良好的道德品质和心理素质，养成遵纪守法和文明礼貌的行为习惯，逐步形成正确的世界观、人生观和价值观”的根本目的，这是其他一般文化课程所不具备的。

(二)思想政治(品德)课程性质的特点

思想政治(品德)课是一门特殊性质的课程，其性质具有以下特点：

第一，思想性和政治性。思想性和政治性是思想政治(品德)课程的根本性质和灵魂，它决定着课程的方向，规定着课程的基本特征。本课程以马列主义、毛泽东思想、邓小平理论和“三个代表”重要思想为指导思想和核心内容，紧密联系与学生息息相关的经济、政治、文化生活和学生思想实际，对学生进行马克思主义基本观点和方法教育，帮助学生逐步形成良好的道德法纪素质和健康的心理品质，逐步树立中国特色社会主义的共同理想，初步形成正确的世界观、人生观和价值观，为学生终身发展奠定思想品德和思想政治素质基础。对思想政治(品德)课程的这种性质规定，是我们社会主义教育性质最突出的表现。在某种意义上，思想政治(品德)课程的其他性质，都是围绕着这个性质的规定产生的，并且决定着人们对其他性质的理解。

对思想性和政治性这一思想政治(品德)课程根本性质的理解，需要把握以下内容：①这一性质规定了思想政治(品德)教育的科学性——正确的世界观基础和理论指导，即马列主义、毛泽东思想、邓小平理论和“三个代表”重要思想的指导；②这一性质规定了思想政治(品德)教育甚至全部基础教育的社会主义性质；③这一性质规定了思想政治(品德)教育的民族形式，如爱国主义、集体主义和中国特色社会主义的共同理想；④这一性质规定了对学生进行思想政治(品德)教育的基本任务，如初中强调思想品德、健康心理、遵纪守法和良好习惯养成教育；高中强调进行马克思主义基本观点教育，提高学生认识及参与当代社会生活的能力。总之，思想政治(品德)课程要为学生逐步形成正确的世界观、人生观和价值观奠定思想品德和思想政治基础。

第二，人文性。强调人文性是思想政治(品德)课程改革发展的一大亮点。它要求思想政治(品德)课程注重以中华民族优秀的文化和民族精神培养学生，关注学生的成长需要与生活体验，尊重学生的学习与发展规律，不断丰富学生的思想感情，引导学生确立积极进取的人生态度，培养坚强的意志和团结合作的精神，促进学生人格健康发展，激励学生弘扬人文精神。同时，要立足我国改革开放和现代化建设的实践，着眼于世界先进文化发展的前沿，弘扬中华民族的优秀文化传统，吸取世界各民族的长处，培育新时代的民族精神。

从学生自主成长的角度看，我们必须尊重学生的个性，为他们的全面发展提供帮助。人文精神就是以人为本，而以人为本就是以人的全面发展为最高追求。培养人文精神必须尊重一切学生的个性，关心一切学生的社会性发展。应该以开放的眼光看待学生思想品德和思想政治素质的养成，承认学生素质发展的过程性和差异性。无论学生之间先天资质差异多大，发展进程快慢，都要欣赏他们的优点，尊重他们的个性特点，鼓励他们的自主发展。

从社会发展与学生自主成长相统一的方面看，进行思想政治(品德)教育，必须加强思想引导。引导学生在遵守基本行为准则的基础上，追求更高的思想政治(品德)目标。对青少年尤其要坚持以科学的理论武装人，以正确的舆论引导人，以高尚的精神塑造人，以优秀的作品鼓舞人。教师要注意春风化雨，润物无声，耐心细致，潜移默化，运用生动活泼、学生喜闻乐见的形式，引导学生形成与社会主义相适应、与社会主义法律规范相协调、与中华民族传统美德相承接的，适应社会主义经济、政治、文化生活的社会主义思想品德素质和思想政治素质。

第三，德智共育性，更加突出德育性。思想政治（品德）课程的性质规定着课程的教学内容，教学内容又反映了课程的性质。本课程的教学内容既包括知识教育，又包括做人教育，而且更加突出做人教育。就知识教育来说，主要对学生进行马克思主义基本理论知识和其他社会科学知识教育。初中阶段侧重对学生进行心理健康常识、伦理道德常识、法律常识和我国国情常识等方面的教育；高中阶段侧重对学生进行马克思主义经济学常识、政治学常识、文化学常识、哲学常识、科学社会主义常识、科学思维常识、生活中的法律伦理道德常识等方面的教育。在进行知识教育的同时，更加强调对学生进行马克思主义基本立场、观点、方法和相关行为规范的教育，重视对学生做人的引导，把智育教育和德育教育有机结合，同时更加突出德育教育。

第四，实践性。实践性是很多课程的追求，思想政治（品德）课程更加关注这一点。思想品德和思想政治要着力强调言行一致。

强调实践性，即要求思想政治（品德）课程注重与学生生活经验和社会实践的联系，通过学生自主参与的、丰富多样的活动，扩展知识技能，完善知识结构，丰富生活经验，促进正确思想观念和良好道德品质的形成和发展。

实践既能够增强思想政治（品德）教育的实效性和针对性，又可以加强和巩固思想政治（品德）教育的成果。思想政治（品德）教育必须从身边的生活点滴做起，从日常行为的养成做起，从具体小事做起。同时，要持之以恒，常抓不懈，注重从学生的日常言行开始，力求真善美，力戒虚假空。

倡导思想政治（品德）教育的实践性，应该提倡让学生通过自己的自主活动，通过适当形式参与公共生活，体验社会生活，达到思想的升华和品德的内化。教师要创设一定的形式和情景，让学生逐步了解社会，扩大人际交往，参与公共生活。思想政治（品德）教育的实践性应该与课程改革探究性学习的追求有机结合。要引导每一个学生积极行动起来，参与教学活动，积极思维，学会体会行动和创造的快乐，努力在实践活动中提升自己的思想品德。同时，要尽可能地创造条件，引导学生积极主动地去尝试、探索和抉择，充分发挥学生个体的创造潜能，把学生培养成为课堂学习和社会成长的主人。教师要尊重每一个学生的独特个性、兴趣、爱好和知识结构，引导学生独立思考，培养学生在自主选择中增强发现问题、分析问题和解决问题的能力，让学生在积极的成长体验中敢于承担责任，乐观面对挫折，学会健康快乐地生活。

第五，综合性和选择性。综合性和选择性的课程形态是新课程背景下思想政治（品德）课程独特的构建方式，这是以对社会公共生活本身的综合性和学生发展选择性的理解为基础的。

思想政治（品德）课程从学生适应社会公共生活和思想政治（品德）形成与发展的实际出发，在初中，突出综合性，以成长中的我，我与他人的关系，我与集体、国家和社会的关系为主线，对心理健康、道德、法律和国情等方面的学习内容进行有机整合；在高中，把综合性和选择性有机结合，以模块形式分设必修课和选修课。必修课程以“三个代表”重要思想作为灵魂统领课程，分设四个模块，每一模块以宽泛的学科知识为背景，把理论教育、社会认识、公民教育和学生生活有机整合，形成不同于初中的综合性课程；选修课程基于学生未来不同发展方向的实际需要和学生情趣、兴趣、志趣方面的选择，分设六个模块。

思想政治（品德）课程新的逻辑构建，实现了有关知识在生活主题上的有机整合，更加有利于学生的发展。

第二节 思想政治（品德）课程理念

课程理念是构建课程的哲学基础和理论追求，它反映了研制课程标准的指导思想。

一、初中思想品德课程理念

（一）初中学生逐步扩展的生活是本课程建构的基础

人的思想品德是通过对生活的认识和实践逐步形成的。本课程正是在学生逐步扩展的生活经验的基础上，为他们正确认识自我，处理好与他人、集体、国家和社会的关系，使思想品德获得健康发展，提供必要的帮助。

青春期是由儿童成长发育为成年的过渡期，是以性成熟为标志的一系列形态、生理及心理行为的突变阶段。青春期是个人或群体身心健康、人格健全发展极其重要的阶段。

初中生生活范围逐渐扩展，需要处理的各种关系日益增多。我们必须注意在公共生活方面对他们进行养成教育。①日常生活和学习行为规范的养成，培养学生良好的生活习惯，促进学生自觉性、独立性、自制力等良好品质的形成；②社会交往中的行为规范和公德意识的养成；③遵纪守法习惯的养成；④关注社会的积极态度的养成。

本课程增加了人格平等、社会责任和社会公正方面的内容，目的是在青春期这个关键时期加大对学生品德培养的力度。在课程设计的顺序上，尽量做到按照学生生活扩展的逻辑顺序去安排。

（二）帮助学生学习做负责任的公民、过积极健康的生活是本课程的追求

初中学生正处于青春期，他们的自我意识和独立性逐步增强。在初中阶段帮助学生形成良好的品德，树立责任意识和积极的生活态度，对学生的成长具有基础性作用。本课程的任务是引领学生感悟人生的意义，逐步形成正确的世界观、人生观、价值观和基本的善恶、是非观念，学做负责任的公民，过积极健康的生活。

具体来讲，每一所学校都要把思想品德课程作为主导渠道，并且在其他课程和教育环节中，运用言语和行动等对学生进行爱国主义、集体主义和社会主义思想教育，进行诚实、尊重他人、负责、自律、坚忍和奉献等传统美德的教育，进行进取、乐观和开放的现代美德教育。同时，要面向全体学生进行思想品德教育。学生的认知能力、思维敏锐度和接受能力是有差异的，但是培育优良的思想品德的要求是一致的。应该保护学生的自信心和自尊心，引导学生正确地理解和把握自己与他人、集体、国家和社会的关系，使他们学会生活、学会学习，为将来走向社会，做负责任的公民打下良好的思想品德基础。

（三）坚持正确价值观念的引导与启发学生独立思考、积极实践相统一是本课程遵循的基本原则

思想品德的形成与发展，需要学生的独立思考和生活体验；社会规范也只有通过学生自身的实践才能真正内化。本课程将正确的价值引导蕴涵在鲜活的生活主题之中，注重课内

课外相结合,鼓励学生在实践的矛盾冲突中积极探究和体验,通过道德践行促进思想品德的形成与发展。

思想品德不是纯粹的客观知识,而是世界观、人生观和价值观,是人们对国家、社会、集体、他人、自己的理解,反映的是人们深层的内心世界。这样的精神层面的培育,必须在平等、开放和安全的氛围下才能进行,让学生在对知识和生活的体味中,逐渐形成自己的思想观念、行为原则和品德。因此,在教学过程中,我们应该营造民主的教学氛围,课堂上尽量给学生留有自由支配、自主发挥的时间和空间,创造情景使学生生动活泼地锻炼和展示自己的才华,发展自己的个性品质。教师应该把学生学习、探索和活动的主动权交给学生。具体注意以下几个方面:

(1)知识教育与实践教育并举。思想品德教育需要知识的传递,但是思想品德不只是纯粹的知识,而是一个人言行的表现。为了培养优秀的"四有"人才,必须创设一定的条件,让他们投入社会实践之中,在实际生活和活动中经风雨、见世面,在实践中得到锻炼。

(2)引导教育与自我教育并重。思想品德教育需要引导,放任自流是不行的。但是,思想品德是人的自觉成长过程,只有建立在自律基础上的品德才是稳定的。因此,我们要改变过去说教式、命令式的做法,激发学生的自主意识和自律精神,让他们学会自我反思、自我约束和自我生成。

(3)说理教育与体验教育结合。思想品德教育需要具有理论上的说服力,但是思想品德不只是纯粹的理论,而是一个人的思想倾向和行为习惯。为了培养优秀的品质,必须借助于实际的生活体验,让生活体验升华为自己的追求。学生应该逐步学会承担社会责任,直到能够独立把握自己生活的方向舵。为此,应该创造某种情景,让他们学习自己作出决定,养成承担义务的意愿,锻炼能够承受成功与失败的毅力。

二、高中思想政治课程理念

(一)坚持马克思主义基本观点教育与把握时代特征相统一

这一理念要求思想政治课要着眼于社会发展阶段的特点,既坚持马克思主义基本观点教育,又体现马克思主义与时俱进的品质。教学中,必须坚持以邓小平理论和"三个代表"重要思想为指导;必须贯彻"少而精、讲管用"的原则;必须紧密联系我国社会主义现代化建设的实际,采用马克思主义的新思想、新观点和新论断。

(二)加强思想政治方向的引导与注重学生成长的特点相结合

这一理念要求思想政治课要着眼于学生成长阶段的特点,处理好"坚持灌输"与"讲求实效"的关系。

"加强思想政治方向的引导",首先要鲜明地提出正确的价值标准,把握正确的政治方向。"注重学生成长的特点",就是要坚持贴近实际、贴近生活、贴近高中学生群体的原则。坚持贯彻"三贴近"的原则,重点要在充分体现时代性、准确把握规律性和大力增强实效性上下功夫。即:一要适应不断发展变化的客观实际,努力增强课程的时代感。要根据学生接受信息途径发生的新变化,善于运用互联网等现代传媒,丰富对学生进行思想政治教育的手段。二要体现"区分不同年龄层次,各有侧重,循序渐进"的原则,不断探索和把握高中阶段学生自身发展的规律。从高中学生身心成长的实际出发,紧紧抓住影响他们思想政治观念形成和发展的关键环节,确定思想政治教育的重点内容。

(三)建构以生活为基础、以学科知识为支撑的课程模块

这一理念是思想政治课程整合的追求,是思想政治课程建构的方法论。要求思想政治课程要立足于学生现实的生活经验,着眼于学生的发展需求,把理论观点的阐述寓于社会生活的主题之中,构建学科知识与生活现象、理论逻辑与生活逻辑有机结合的课程模块;在开设必修课程的同时,提供具有拓展性和应用性的选修课程,以满足学生发展的不同需要。

这种课程,强调学生从现有的知识经验出发,自主获取新知识的过程与方法;主张用富有意义的案例来呈现问题,提供问题发生的情境和分析问题的思路,以帮助学生在解决问题的过程中活化知识;注重认知工具的给予,注重以学生的生活逻辑为主导,以促进学生知识、能力、态度及情感的和谐发展;体现基础性与选择性的统一,既坚持综合素质的培养,又提供基于兴趣、情趣、志趣进行自主选择的机会。

(四)强调课程实施的实践性和开放性

这一理念是思想政治课程改进教学方式和学习方式的追求。

"实践性"要求思想政治课教学要切实加强实践环节,牢固树立实践育人的理念,不断拓展和更新课程资源,精心组织开展主题鲜明、内容丰富、形式新颖、吸引力强的实践活动,在自觉广泛的社会实践中使学生的思想情感得到熏陶、精神生活得到充实、道德境界得到升华、政治觉悟得到提高。

"开放性"要求思想政治课教学要给学生呈现一个真实的世界,使他们掌握走进社会、面对挑战、规划人生的真实本领。要实现从以"教"为中心转向以"学"为中心。比如,提出有意义的问题,促进学生在解决问题过程中成为学习活动的主体;要提供机会,使学生能够对学习的内容和过程进行反思和调控。要倡导研究性学习的方式。比如,设计真实的、具有挑战性的、开放的学习环境,引导和推动学生积极主动的探究,使他们感悟读书是学习、实践是更重要的学习。要创建学习共同体。鼓励师生之间相互信赖、平等沟通,学生之间乐于分享、勇于参与、寻求共赢,引导学生在学习中学会合作,在合作中实现发展。

(五)建立促进发展的课程评价机制

这一理念是改进思想政治课程评价的追求。它强调评价的目的不是为了排队,而是为了促进学生的发展,要重视探讨一种科学、有效的评价机制。具体包括:探讨对思想政治素质进行评价的途径;探讨把形成性评价与终结性评价结合起来的方法;探讨学生、教师和家长共同参与评价的方式;探讨多种多样的评价形式,等等。

第二章　思想政治(品德)课教学设计

第一节　思想政治(品德)新课程教学设计的指导思想和总体要求

教学设计是研究教学系统、教学过程和制定教学方案的系统方法。思想政治(品德)课是一门兼容人文社会科学和德育双重特点的课程，其教学设计有着自己的个性特点。它必须以社会实际和学生的生活及其所遇到的问题为基础，以课程标准和教材为依据，以党和国家对中学德育的要求为价值取向，以学习理论、教学理论和德育理论等为指导，运用系统的方法分析教学问题，确定教学目标，制定解决教学问题的策略方案，以及对方案进行修改和完善。

一、思想政治(品德)新课程教学设计的指导思想

(一)以学生的发展为本

新课程的核心理念是“为了每位学生的发展”，强调要以学生发展为本，思想政治(品德)课程的性质特点决定了其教学设计也必须以促进学生发展为本。为此，思想政治(品德)课的教学设计要突出“学习者”这个中心，要为每位学生创造合适的学习条件。

1. 立足于促进学生的最佳发展

思想政治(品德)新课程构建了一个符合素质教育要求的，具有普及性、基础性和发展性特点的课程体系，为教学设计提供了一个很好的平台。教学设计必须以全面提高学生的思想政治品德素质为目标，面向全体学生，使他们在原有基础上取得最大限度的发展。面向全体学生的实质是面向每一个有差异的学生个体，因此，在教学设计中，教师要把基本要求同特殊要求结合起来，努力使每个学生得到最佳发展。

2. 着眼于学生基本素养的全面提高

思想政治(品德)新课程将学生视为具有鲜活生命的个体，是一个完整的人。因此，教学设计不仅要重视对学生“双基”的训练，发展学生的智慧和能力，而且要促进他们积极的情感态度和正确价值观的形成。

3. 引导学生生动活泼地主动学习

思想政治(品德)新课程教学设计要充分发挥学习者的主体作用，创设合适的教学情境和条件，激发学生的学习热情，引导他们主动参与，勤于思考，乐于探究，在自主活动中理解、掌握和运用所学的基础知识、基本立场、基本观点和方法。

(二)系统分析、综合考虑各种教学因素

在思想政治(品德)新课程的教学设计中，要把教学过程视为一个由若干要素构成的系统，用系统的方法对课程标准、课程计划、教材、教师、学生和教学环境等教学要素进行分析、判断和调控。

(1)教学设计要从“为什么教，为什么学”入手，确定教学目标。思想政治(品德)课教学，特别强调三维目标的统一，初中思想品德课教学强调要把情感态度价值观目标放在首位，因此，教学设计中要善于将三维目标转化并落实到每一课的具体目标之中。教学中，教师要重视培养学生对思想政治(品德)课积极的情感和态度，引导学生树立正确的价值观。

(2)教学设计要根据教学目标,进一步确定实现教学目标的具体教学内容,即"教什么,学什么"。教材作为思想政治(品德)课教学的基本教学资源,应予以高度重视,但是不能完全囿于教材。新的课程理念倡导"用教材教",而不是"教教材",教师在教学设计中,可以依据课程目标,对教材内容进行大胆取舍,尤其是要根据思想政治(品德)课程生活化的特点,进一步拓展教学内容的空间,把相关社会热点、学生关注焦点和生活事例与教学内容有机结合。

(3)教学设计要认真解决"怎么教,怎么学"的问题。教学设计中,教师要根据教学目标、教材内容、学生特点和具体环境,选择合适的教学策略和方法,把教师的教和学生的学有机结合起来。

(三)理解新课程理念,明确新课程要求

教师进行教学设计时,要深入理解新课程理念,明确新课程的要求。要结合教学实际把初中思想品德新课程的"三个基本理念"和高中思想政治新课程的"五个基本理念"有效地落实到教学设计中,而不是把这些理念作为一种摆设。

二、思想政治(品德)新课程教学设计的总体要求

(一)重视对学生具体情况的分析,是思想政治(品德)课教学设计的出发点

在实际生活中,学生的知识基础、情感发展、性格特征和兴趣爱好等方面都表现出差异性。在教学活动中,要将学生的主体地位落到实处,教师必须认真分析学生的特征,重视学生的共性和差异性,创造有利的学习环境,为每位学生提供发展的机会,重视激发和促进每一位学生积极参与教学。因此,思想政治(品德)课教学设计必须认真分析学生的具体情况,做到"目中有人"。

(二)依据思想政治(品德)课现行课程标准和现有的教材资源进行教学设计

思想政治(品德)课现行课程标准对课程的理念、目标、内容、实施和评价等都提出了明确的要求,是课程的规范性纲领。而思想政治(品德)课现有的教材是依据课程标准编写的教学用书,是思想政治(品德)课最基本的课程资源之一。教师的教学设计要依据课程标准和教材并对其进行认真研究和分析,以确定教学的具体目标。

(三)努力创造适宜的教学情境,鼓励学生积极参与思想政治(品德)课教学

思想政治(品德)课的教学设计要依据课程标准和学生实际,突出课程综合化、生活化和活动化等特点,理论联系实际,优化教学内容,努力创设生活情境、问题情境和学生思想冲突情境等,激发学生的学习兴趣和欲望,充分调动学生参与教学的积极性。同时,要努力营造民主的教学氛围,选择开放性的教学模式,变"一言堂"为"群言堂",努力培养学生的自主意识和独立思考的能力。

(四)优化思想政治(品德)课教学过程,努力提高教学的有效性和针对性

优化思想政治(品德)课教学过程,提高思想政治(品德)课教学效率,是提高思想政治(品德)课教学质量的关键。在思想政治(品德)课教学设计中,必须重视教学过程的优化。

(1)优化教学内容。思想政治(品德)课教材给教师留有很大的自主创新的空间,教学设计时,教师要在吃透课程标准和教材的基础上,根据学生的实际水平和具体教学条件,对教材进行加工处理,适当删减或补充相关内容,适当调整教材内容顺序,适当变换知识的呈现方式等,以优化教学内容。

(2)优化教学方法。在教学设计中,教师要依据教学内容、教师、学生、教学环境等相关

教学因素的特点，选择最适宜的教学策略和方法，以有效调动学生学习的主动性和积极性，顺利完成知识传递、能力培养并促进学生情感态度价值观的形成。

(3)优化课堂提问。教学中，课堂提问对学生思维的开发、能力的培养和重点难点的突破等起着重要的作用。在进行思想政治(品德)课教学设计时，教师要根据具体情况，精心安排设问的问题、设问的时间及频率，要注意通过设问激活学生思维，问题设计要符合学生实际，既不过难也不过易，要提高提问水平，有效解决教学的重点和难点。

第二节　思想政治(品德)课教学设计的基本内容

一、思想政治(品德)课教学目标设计

思想政治(品德)课教学目标设计必须以思想政治(品德)新课程理念和课程目标为指导，依据《新课程标准》对思想政治(品德)课的教学要求、教材的具体内容和所教班级学生的具体情况进行，并根据情况的变化适时作出调整。

(一)目标设计的内容全面并且有明确具体的指向性

依照《思想品德课程标准(实验)》和《思想政治课程标准(实验)》的要求，思想政治(品德)课教学目标设计应当包括学生在“知识与技能”、“过程与方法”、“情感态度价值观”三方面的素质发展指标，而且每一个方面都有不同层次的发展指标，并且这些指标都明确指向自己所教班级的学生。也就是说，要把课程标准对本节课的法定要求具体化为本节课对某一具体班级学生素质发展目标的要求。因此，目标设计就应当防止和克服两种错误的倾向：一是脱离所教班级学生的实际和个性发展要求，只是简单地照搬照抄课程标准和教学参考资料上的教学目标，造成教学目标缺乏针对性和个性；二是偏重认知领域的教学目标，忽视情感领域和过程领域的教学目标，造成教学目标设定的片面性。

(二)目标设计坚持预设与生成的统一，教学目标兼容表现性和生成性目标

思想政治(品德)课属于人文社会科学，不同于自然科学。自然科学知识具有客观性和普遍性，它可以完全脱离主体而独立存在，作为教学过程之外的结果性目标预先设计，而人文社会科学知识不是关于事实和规律的纯粹学问，它对事实和规律的叙述已经经过价值解释、理解和选择，它是被意义化、价值化了的事实和规律。人文社会科学知识价值性、主观性的特点，以及新课程内容的生活化，决定了其学习过程具有体验性、情境性和个体性特点，也决定了其内容和目标不能完全脱离主体而独立存在，不能完全作为教学过程之外的结果性目标预设。只有当过程展开后，在教师与学生的交互作用中，目标才能不断生成并随着过程的推进而不断演进。因此，本课程的课时教学目标设计应该兼容表现性和生成性目标。

(三)依托教材知识，紧扣学生认知和思想教育目标，设计情感教学目标

虽然思想政治(品德)新课程标准在总目标和分类目标中对情感教育目标做出了规定，但这种规定十分宏观，加上我们过去在情感教学目标设计上积累的经验很少，这就给思想政治(品德)课的课时情感教学目标设计带来了很大的困难。我们要在实践中不断探索和研究。我们认为，思想性和政治性是思想政治(品德)课的根本特性，而德智共生性、实践性和综合性是思想政治(品德)课程的重要特点。据此可以利用“抓住两头定中间”的方法来设计本课程的课时情感教学目标。

（四）学生是教学目标的行为主体，要用合适的行为动词描述学生素质发展变化的状态，使教学目标具有可测评性

在传统的教学观念下，教师在陈述教学目标时，往往采用如下用语："拓宽学生知识面；提高学生判断是非和分析、论证问题的能力；培养学生的创新意识。"等等。这些目标陈述用语强调了教师在教学过程中扮演的角色，体现出目标行为的主体是教师，而且这些目标显然是教师的主观愿望。由于对这些目标无法进行测评，所以这次新课程采用的是教学目标行为主体学生化和素质发展动词描述化的表达，即让学生"懂得事物是变化发展的基本原理，能正确理解发展概念，把握发展实质，理解和掌握判断新旧事物的客观标准，并在教师的指导下，学生能就自己所熟悉的问题，以及个人成长中和社会主义现代化建设中的有关现实问题，运用所学的知识加以分析说明，并发表富有哲理的见解"。这样的表达不仅突出了学生是主体，而且目标明确具体，具有可测评性。

【案例1】　"我和父母"的教学目标（《思想品德》）

知识目标：认识生命是父母赋予的，体会父母为培育自己付出的辛劳。知道孝敬父母，能够尊重父母和长辈。

能力目标：学会与父母平等沟通，学会换位思考，正确认识与父母之间的矛盾，克服"逆反"心理。

情感态度价值观目标：老师应要求学生联系实际，启发学生孝敬父母，学会爱，学会理解，学会感恩，规范学生孝敬父母的言行。

【评析】　案例中设计了三维目标，但顺序不符合思想品德新课程标准的要求。思想品德新课程不仅突出了教学的三维目标，而且要求把情感态度价值观目标放在首位，置于更加突出的位置。案例中三维目标的顺序应该是：情感态度价值观目标→能力目标→知识目标。同时，新课程要求目标的行为主体必须是学生，而不是教师。在案例中，知识目标和能力目标虽然是从学生角度叙述的，但是情感态度价值观目标却从教师角度叙述，目标行为主体不一致。

【案例2】　"情绪是可以调适的"教学目标（《思想品德》）

能力目标：增强自我调适、自我控制的能力，学会理智地调控自己的情绪。

知识目标：了解情绪是可以调适的，认识到情绪与个人的人生态度是紧密相连的。

情感态度价值观目标：体验情绪的作用，体会生活的美好，感受生活的乐趣，自觉培养乐观、健康的心态和健全的人格，学会做情绪的主人。

【评析】　在本案例中，三维目标的设计顺序，不仅符合《思想品德新课程标准》的要求，而且行为主体一致，突出了学生的主体地位，目标指向性明确，具有可操作性。

【案例3】　"传统文化的继承"教学目标（《思想政治》）

知识目标：了解文化的继承性；分析传统文化的相对稳定性和鲜明的民族性；解析中华民族传统文化在现实生活中的双重作用；阐述继承传统文化的正确态度是"取其精华，去其糟粕"。

能力目标：学会感受和认识优秀传统文化的积极作用；自觉培养分辨传统文化中精华和糟粕的能力；尝试用全面辩证的观点看问题。

情感态度价值观目标：学生通过赏析生活中的传统文化，学会分析当代中国传统文化对社会进步和人的发展的积极作用，积极领悟中国传统文化的价值，自觉树立“正确看待中国传统文化价值”的态度。

【评析】 在本案例设计中，三维目标清晰，符合《思想政治新课程标准》的理念和目标要求，突出了学生是目标的行为主体，目标内容全面，指向性明确，兼顾预设与生成，具有可操作性。

二、思想政治(品德)课教学重点和难点设计

确立教学重点和难点，目的是使教师在教学过程中能把握住教学的主要方面和关键问题，同时，也有利于引导学生有主有次、有重点地掌握知识、发展能力、形成正确的情感态度价值观。

所谓“教学重点”，是指教材中经常出现并且是目前和今后非常有用的知识，它是教材中关键性的知识，如关键性的概念、观点和原理等。教学重点在教材中具有重要的作用，它能统率其他知识，是基础知识中的主要部分，把握它们就能提纲挈领地掌握知识的基本思路，它在形成学生知识、能力、情感态度价值观方面具有比较重要的作用。确定教学重点应从以下三个方面来考虑：

(1)要根据课程目标的要求和教材的知识体系来确定。

(2)学生中普遍存在的、带有倾向性的思想理论认识问题。

(3)教材中与学生的实际生活以及现实的社会实际密切联系的有关知识。

所谓“教学难点”，是指学生在学习过程中遇到的主要障碍，即多数学生难以理解和掌握的知识或理论问题，以及在情感态度价值观形成过程中碰到的困惑。教学难点的确立应以学生的接受程度为依据。确定教学难点应从以下三个方面来考虑：

(1)教材内容中学生最难接受、最难理解的知识或思想理论观点，特别是比较抽象的教学内容，如“物质”概念等。

(2)学生在理论上容易理解，但是在思想上却难以接受的理论认识问题，如“资本主义民主的狭隘性”等问题。

(3)容易混淆的概念也可以作为教学的难点，如“违法”与“犯罪”等概念。

在教学设计中，教师要集中精力解决重点和难点问题，而不要平均使用力量，对于学生容易理解的问题，一般不要花费太多的时间。

三、思想政治(品德)课教学方法设计

教学方法是组织运用教材实现教学目标的思想、途径、程序、策略、手段和教与学的相互作用方式。能否根据思想政治(品德)课的性质和教材内容的特点以及师生的实际情况，恰当设计和选择教学方法，直接影响着思想政治(品德)课堂教学的质量。

思想政治(品德)课教学有多种多样的方法，主要有启发明理、激情促信、导行致用、检查评价等四大类教学方法。这些教学方法都具有自己独特的功能、使用范围和起作用的条件。因而，教学方法必须根据当前的教学任务、教学内容的特点、学生的实际、教师的经验和特长、教学条件，以及课程标准规定的时间和进度，进行设计和选择，并力图将优选出来的教学方法组成一个切合实际、结构合理、特色鲜明、素质教育和德育功能强大的教学方法系统。

教学方法的设计除了要遵循上述要求外，还应注意以下内容：

(1)要体现新课程的基本理念,有助于推进本课程学习方式的转变和优化。教学方法设计要注意宏观规划和学习方式转变的策略,要在思想政治(品德)课中逐步引入自主学习、合作学习、体验学习和探究学习的理念和方式,实现现代教学方法和传统教学方法的优势互补。

(2)要坚持情理互动原则,把引趣、激情、体验、熏染与逻辑认知、推理论证、实践论证有机地结合起来。

(3)要精心设计问题和情境。以问题和情境为机制,启发学生思维,激发学生的情感,调动学生全身心参与,实现启发诱导与学生主体参与的有机结合。

(4)要关注学生生活,坚持理论联系实际。教学方法设计要注意从学生关注的社会生活现象及其所遇到的具体问题入手,经过抽象,达到理性,然后引导学生运用所获得的理性知识去分析、研究和解决实际问题。

四、思想政治(品德)课教学过程设计

思想政治(品德)新课程的内容特点决定了其教学过程应该是一个教师引导下的学生自我建构过程,具有互动性和动态生成性,而且要呈现出预设与生成、确定与灵活相统一的过程状态。同时,要求从过程性和结果性上实现"三维一体"教学目标的课程理念,要求思想政治(品德)课教学既要注重基础性知识和技能的给予,更要着力于形成知识过程的体验,致力于获取知识的能力的培养;既要注重思想观点的灌输,更应着力于相应情感体验的形成和价值观的生成。因此,思想政治(品德)课教学过程的设计必须尽可能地加强"内容活动化"或"活动内容化"的设计,将体验性、研究性活动设计作为教学内容呈现的基本方式,将学习过程的步骤、程序和策略与知识学习、能力培养、情感体验有机结合,引导学生在动手和动脑、认知和体验有机结合的活动过程中,提炼、归纳和把握概念、原理、观点和方法。

(1)概念、原理的教学要让学生经历其形成过程,并在此基础上帮助学生掌握概念、原理的内涵、外延、层次结构和精神实质。

(2)概念、原理的教学要融入一点概念、原理的发展史和问题解决史。

(3)教学过程要凸现动态性,体现预设与生成相统一的原则。根据思想政治(品德)课教学过程的基本规律和动态生成的教学过程观,教学过程应当遵循辩证唯物主义认识论两次飞跃的过程范式进行设计。

(4)教学过程要留有空白,体现弹性化的原则。由于教学过程的基本环节、内在逻辑结构都是动态的,因此教学过程设计只能形成一个弹性化的方案,应留有较多的时间和空间,是一个粗线条的方案。

(5)对教学过程的设计,一般采用活动元设计法进行设计,即首先根据教学目标要求、教材内容的特点、教学资源情况和学生实际等因素,选择恰当的教学模式;再根据教学模式的程序,将教学过程划分为若干个活动单元,分别对活动元进行设计;最后,再将活动元有机组合成教学活动过程。

【案例 4】 “身边的诱惑”教学过程(《思想品德》)

教学过程		活动元名称	活动主体	教师作用
导入新课		设疑激趣显问题	学生	提出问题,激发兴趣,引入课题
活动探究	活动一	放眼生活寻诱惑	学生	引导学生把书本知识和生活经历进行联系,提取生活化资源
	活动二	激情飞扬谈诱惑	学生	创设情境,引导思维,充分开发具有地方特色的教学资源
	活动三	文韬武略辨诱惑	学生	组织辩论,调控课堂秩序,开发学生智慧潜能,引领学生树立正确的价值观
	活动四	明察秋毫析诱惑	学生	精选组合典型事例,培养学生辨析、判断和选择的能力
	活动五	足智多谋明诱惑	学生	回归生活,再创情境,引导学生实践应用,活跃课堂,鼓励生成
课堂小结		寄语警示引观点	学生	引导学生互赠寄语,培养学生互相关爱的情怀;教师寄语,进行正确价值观的引导
实践作业		明知导行促转化	学生	设置行为作业,鼓励学生理论联系实际,促使学生知行转化,增强思想品德课的实效性和针对性

【评析】 本教学过程由若干活动元构成,每个活动元都围绕主题展开,活动元之间环环相扣,层层深入,共同构成一个完整的教学过程。在教学过程设计中,不仅充分注意到学生主体作用和教师主导作用的发挥,而且较好地渗透了思想品德新课程的理念和目标。

五、思想政治(品德)课教学作业设计

思想政治(品德)课作业设计的目的在于巩固课堂教学效果,引导学生应用,督促学生作进一步的学习和思考。在思想政治(品德)课上,教师根据实际布置适量、适度并有教育意义的作业,能够很好地发挥其检查教学效果、及时获得反馈信息、改进教学的功能。因此,教师应当把布置作业作为提高思想政治(品德)课教学质量的有效手段。思想政治(品德)课的作业设计要注意以下内容。

(一)重点与全面相结合

思想政治(品德)课堂上的时间是有限的,只能要求学生重点把握基本概念、基本原理和基本观点。因此,思想政治(品德)课的作业设计既要突出重点,又要尽可能地照顾到面,把那些次要的、零碎的和课堂上未涉及到的知识融入作业,并为掌握重点内容服务。

(二)复习旧课与预习新课相结合

思想政治(品德)课的作业设计既要体现对所学知识、观点和方法的消化吸收,又要照顾到对新课内容的超前感知,即复习旧课与预习新课同时并举,做到温故知新。

(三)学科间知识渗透相结合

思想政治(品德)课作业设计要力求沟通所学知识与其他学科间知识的联系,以帮助学生整体地认识世界,培养学生综合运用各科知识和方法解决社会问题的能力。

(四)教材理论知识与社会实际、学生生活实际相结合

思想政治(品德)课作业设计要坚决贯彻理论联系实际的原则,引导学生体验生活、了解

社会，并且能够运用自己所学的理论知识去观察、分析和说明社会现实，评价事物，指导人生和实践。

（五）一般要求与不同层次要求相结合

思想政治（品德）课作业设计要考虑到学生的兴趣和水平差异，要根据不同班级和学生的情况，设计适当分量和层次的作业。

【案例 5】 “世界文化之旅”的作业设计（《思想品德》）

探究性作业：

“有朋自远方来，不亦乐乎。”2010 年，广州举办亚运会，假如有外国朋友住你家，你会怎样接待他？如何与他和谐相处？

【评析】 案例中的作业设计，不仅有利于学生巩固教材所学内容，而且有利于引导学生正确看待世界不同文化的差异，学会借鉴和包容。同时，结合重大社会热点问题引导学生设计行为方案，既具有探究意义，又有利于学生的知行转化和正确情感态度价值观的树立。

【案例 6】 “防范侵害保护自己”的作业设计（《思想品德》）

生活化作业：

根据本节课的学习，请结合自己的生活体验，编写“三十六计新编——我的自护小妙招”，下节课在班内交流。

例如：假如在公交车上看见小偷在偷乘客的钱包，我该怎么办？

假如在人迹罕至的地方遇到抢劫，我该怎么办？

假如在家遇到不认识的人敲门，我该怎么办？

……

【评析】 本案例的作业设计，注意把教学内容和学生的生活实际紧密联系起来，引导学生做生活中的有心人，启发学生不仅要做学习的主人，还要做生活的积极体验者，学会学以致用。同时，有利于引导学生学会见义智为、见义巧为，自觉珍爱生命，提高防范侵害保护自己的警惕性，可以有效地落实思想品德新课程的理念。

【案例 7】 “人民代表大会：国家权力机关”的作业设计（《思想政治》）

背景材料：

近期，北京人大常委会发布了《关于公开征集北京市人大常委会 2008 年至 2012 年立法规划项目建议的公告》，向社会公开征集市人大常委会 2008 年至 2012 年立项规划项目建议。《公告》的前两条内容是：(1)公民和社会组织均可以就本市需要制定、修改和废止哪些地方性法规，提出立法规划项目建议；(2)提出立法规划项目建议应当坚持科学发展观，从本市经济社会发展和改善民生的实际需要出发，体现广大人民群众的根本利益。

要求：

请同学们课后想一想自己以及自己的家人有没有相关的权利诉求，并以一名北京市民的身份，对北京的法制建设提一条合理化建议。（建议同学登陆 http://www.bjrd.gov.cn，了解并参与“北京人大常委会开门立法”活动）

【评析】 本案例的设计是在教师引导学生理解“人民代表的权利和义务”以及“人民代表的能力”的基础上，进一步引导学生进行角色模拟，实施“公民的参与”，把自己融入“关心北京人大的工作”中去。此项作业源于教材，又不拘泥于教材，既能够较好地拓展学生的能力，又能够充分体现《思想政治·政治生活》“贴近学生、贴近生活、贴近社会”的主旋律。

第三节　思想政治(品德)课教学设计案例与评析

【案例】　“团结合作，共同进步”教学设计

【教材简析】

“团结合作，共同进步”是广东教育出版社八年级《思想品德》上册第三单元第三课“竞争与合作”的第二课时。主要内容包括合作的重要作用和培养学生的合作精神，正确理解合作与竞争的关系。立足于培养学生的合作精神和能力，增强学生关心集体、为集体作贡献的意识。同时，为第四单元“胸怀天下的学习”奠定基础。

【评析】　通过简析教材，为教学设计做好铺垫。

【教学目标】

(1)情感态度价值观目标：培养学生乐于与他人合作的品质，养成关心集体、重视集体荣誉、积极为集体作贡献的精神。

(2)能力目标：培养学生善于与他人合作的好品质，主动锻炼和培养自己的合作能力。

(3)知识目标：通过学习，逐步认识到社会生活需要团结合作以及知道良好的竞争与合作关系是成功的基础。

【评析】　三维目标设计符合初中思想品德课程理念，目标全面，内容具体，有利于教学操作。

【学情分析】

八年级的学生在学校、家庭、社会上经常接触到合作的情境，已有与他人合作的切身感受和情感体验。随着年龄的增长，参加社会实践、接触社会也将越来越多，与他人交往与合作的机会也将增多。如何全面深入地理解社会生活中的合作，怎样与他人进行合作，将影响他们今后的学习和生活。目前，学生中独生子女较多，他们大都是父母宠爱的“小公主”、“小皇帝”，从小养尊处优，娇生惯养。他们习惯于以自我为中心，“众心捧月”式的生活，缺少合作的精神，合作理念较淡薄，不懂得如何与他人共处共事，不愿意或不屑于与他人合作。他们的这种态度如果不加以改变，不仅影响他们的心理健康，也势必影响今后他们对社会生活的适应性。

【评析】　增加教学设计中的学情分析，是新课程实施以来教学观念革新和教学方式转变的重要表现，有利于体现教学的针对性和实效性。

【教学重难点】

教学重点：懂得合作是人生事业成功的重要条件之一。

教学难点：在日常生活中学会合作、乐于合作和善于合作。

在本节课中将通过“合作大家谈”、“合作体验，共同提高”、“名言赏析”、“案例探究，所思所悟”等活动来突破重点和解决难点。

【评析】　教学重点和难点设计得当，注明突破重难点的方法和措施，有利于教学过程的顺利推进。

【学法】

(1)合作交流法。学生通过一系列活动,发现问题,解决问题,从而培养合作意识,培养思考问题、分析问题的能力,发挥教师的主导作用和落实学生的主体地位。

(2)体验学习法。通过小品演绎、活动体验,进一步激发学生的学习热情,促进学生情感的升华。通过与他人合作,培养合作精神、增强合作能力。体验学习法的优势在于学生能有意识地在活动中获取真实的体验,实现自我发展,可以取得教师直接灌输所无法达到的效果。

(3)材料收集法。通过收集有关团结合作的名言警句,培养学生的动手能力,拓展学生的知识面,并使学生从中感受团结合作的重要性。

【评析】 根据课程理念、教学内容和学生特点,选择合适的教学方法,有利于教学的开展。这些方法不仅有利于学生学习知识,而且能较好地培养学生的能力。

【教学过程】

本节课教学过程采用活动元设计法,力求贯彻“把课堂交给学生,教师作为学生的引导者”的教学理念,努力让课堂焕发生机和活力。

<table>
<tr><th colspan="2">教学环节</th><th>师生活动</th><th>点评</th></tr>
<tr><td colspan="2">小品激趣,导入新课</td><td>多媒体播放音乐故事《三个和尚》。请同学们思考:一个和尚有水喝,为什么三个和尚就没有水喝了呢?请同学们帮帮他们好吗?同学们讨论交流后进行故事续演。在同学们的劝说下,三个和尚分工合作,终于喝上了水,日子过得开开心心。可见团结合作的重要性。从而引出合作,导入新课。</td><td>兴趣是最好的老师,观看音乐故事和小品续演这两个活动都非常吸引学生,能充分激发学生的学习兴趣,把学生的注意力快速转移到课堂上,进入所创设的情境中。</td></tr>
<tr><td rowspan="2">活动探究</td><td>活动一:合作大家谈</td><td>三个和尚的故事生动地告诉我们:不团结合作不仅害苦了别人,也害苦了自己。在我们的现实生活中,有哪些事情也需要团结合作才能完成呢?让学生交流分享。</td><td>八年级的学生在学校、家庭和社会上经常接触到合作的情境,教师通过这一活动培养他们收集信息的能力,让学生从中体会社会生活中合作无处不在。</td></tr>
<tr><td>活动二:合作体验,共同提高</td><td>一、传气球
以小组为单位,同桌两人用头夹着气球往后传,最先传到最后一张桌子的为胜利者。
学生通过这个活动初步体验竞争中的合作。在这个活动中将充分体现小组与组员的优势或缺点,活动结束后,队员对自己在活动过程中的表现进行反思,为下一次活动做好铺垫。反思结束后,进行难度较高的第二个活动,由小组竞争合作上升到集体的通力合作,即全班同学通过合作,共同达到一个目标。
二、“救生船”
地上的报纸就是一艘“救生船”,全班同学要齐心协力不让一位同学掉到“海里”。活动结束后,引导学生进行活动反思:请同学们结合刚才的体验活动,共同探讨生活中如何与他人合作。通过体验活动让学生懂得日常生活中要学会合作,乐于合作,善于合作。</td><td>教师通过活动让学生在游戏中体会合作的快乐,掌握合作的技巧,培养合作的精神和能力,从而达到寓教于乐的目的。同时,在活动中,张扬学生的思维、情感、智慧和行为,使学生在活动中升华认识,形成能力。</td></tr>
</table>

续表

活动探究	活动三：名言赏析	通过前面两个活动，同学们共同认识和亲身体验了合作，接下来让我们进入名言赏析，进一步认识合作。教师课前布置学生收集关于团结合作的名言警句，与学生共同赏析，并让学生挑选几句自己喜欢的名言作为座右铭。	教师培养学生动手收集资料的能力，让学生体会到劳动的快乐，使学生从中感悟到，我国劳动人民自古以来就知道团结合作的重要性，也非常重视团结合作，知道团结合作是中华民族的优良传统。
	活动四：案例探究，所思所悟	探究一： 多媒体展示：材料一："神七"的图片及相关资料。 材料二：2008年诺贝尔获奖者的获奖感言。 请同学们共同探讨：这两则材料给了我们什么启示？（全班交流分享） 探究二： 多媒体展示："龟兔赛跑新传"。 学生根据故事讨论： 竞争＋合作＝？（双赢） 竞争－合作＝？（双败） 学生通过讨论、交流，得出结论。在此基础上，教师再在多媒体上展示竞争与合作的关系图，帮助学生进一步理解竞争与合作的关系。	教师锻炼学生的阅读能力，让学生从典型的事例中，通过探讨，认识到合作的重要性，日常生活中只有有了合作，才能取得事业的成功。并从中感悟到要成就一番事业，就要主动培养合作的能力，相互友爱宽容，从而更加重视合作。 "龟兔赛跑"是学生们耳熟能详的故事，对于它的新传，同学们一定非常感兴趣。通过新旧两个故事的对比，让学生从中体会到对待竞争的两种不同的做法，会带来截然不同的两种结果。通过竞争与合作的"加减法"及竞争与合作的关系图，让学生更直观地体会竞争与合作的关系。通过这一活动，使同学们对竞争与合作的关系有了更深刻、清晰的认识。
课堂回顾，好歌共赏		通过前面四个活动的学习，请同学们谈谈：这节课你有什么收获？进入课堂小结：学习收获大家谈。 学生欣赏歌曲《众人划桨开大船》，结束新课。	教师通过学习收获大家谈，可以了解和掌握学生的学习情况，也可以引导学生巩固本节课所学的知识。 学生共赏歌曲，不仅可以放松身心，还可再一次体会合作的力量。

【总体评价】

教学过程设计流畅，以活动探究方式，层层推进教学，三维目标落实到位，教师主导作用和学生主体作用充分发挥。教学方案采用表格方式，突破了传统的表达方式，表达清晰，操作方便。

【板书设计】

团结合作，共同进步

- 团结合作的重要性
  - 1. 社会生活离不开团结合作
  - 2. 团结合作成就伟大事业
  - 3. 团结合作是中华民族的优良传统
- 培养团结合作能力
  - 1. 主动合作、宽容、相互理解、在竞争中合作
  - 2. 提高自身素质，在合作中奉献力量
  - 3. 在生活中培养合作精神，锻炼合作技巧
- 竞争与合作的关系："竞争加合作"等于"双赢"

【评析】 板书设计采用演绎方式，概括性强，既能较好地巩固教学内容，也给学生一目了然的感觉。

第三章　思想政治(品德)教学技能训练与测评

第一节　思想政治(品德)课堂教学导入技能训练与测评

思想政治(品德)课的课程性质决定了其教学必须走出从知识教学到知识教学的怪圈，要重视对学生的价值引领和人文关怀。要达到这样的目的，思想政治(品德)课教学自始至终都要渗透对学生的德育教育。其中，思想政治(品德)课教学的导入起着非常重要的作用。一个好的思想政治(品德)课的导入，不仅能迅速引起学生对课程的兴趣，激起学生的学习欲望，而且能引起学生思想的转变，促使学生情感态度价值观的转化。

一、思想政治(品德)课堂教学导入的基本形式

(一)时事评述导入

这是结合思想政治(品德)课的特征，借助对时事新闻热点的评述引发学生思考的导入方式。这种方式不仅有利于学生较好地理解思想政治(品德)课的内容，而且能较好地在教学中渗透对学生的时事政策教育，引导学生在平时的学习生活中关心时政，科学分析时政，做个学习的有心人。

例如，在讲解“国家利益是决定国际关系的主要因素”时，教师通过评价“小泉主意的改变”导入新课。

“2005 年 4 月 21 日，日本内阁官房长官细田博之宣布，日本首相小泉纯一郎将出席在莫斯科举行的反法西斯战争胜利 60 周年庆典。细田博之说，日本已成为国际社会负责任的一员，日本领导人与各国领导人一起出席庆典具有重要性。在第二次世界大战结束 60 周年之际，日本将本着追悼与和解的精神，呼吁国际社会保持广泛的团结。小泉突然变脸意味着什么呢？日本‘争常’出现波折，遭遇巨大阻力。与此同时，日本与俄罗斯因领土争端而采取的强硬政策，也收效甚微。在此状况下，小泉必须寻求解套之策。于是，5 月 9 日在莫斯科举行的反法西斯胜利 60 周年庆典，不失为一次难得机遇。如此，小泉改变主意也就不难理解了。但必须看到并指出，小泉改变主意可能不是出于其对二战认识上的转变，而更多的是出于日本外交利益上的权衡，甚至只是小泉政府应对当时外交局势的权宜之举。”

教师运用时事评述导入，既活跃了课堂氛围，也有利于学生正确认识国内外重大时事，增长知识，开阔眼界，学会辨别是非，增强责任感和使命感。

(二)图片漫画导入

这是教师在思想政治(品德)课教学时借助对图片漫画等的赏析，引导学生在感受漫画的讽刺意味的同时，以较好地领悟思想政治(品德)课内容的导入方式。

例如，在讲解“唯物主义与唯心主义的根本分歧”时，教师借助欣赏“存在即被感知”的漫画导入课程。

漫画的大意是：英国大主教、著名的主观唯心主义哲学家贝克莱，正在向他的学生讲授“存在即被感知”这一命题。谁知他的学生反问他：当你还没有出生之前，也就是你还没有感觉的时候，你的生身父母是不是客观存在的呢？贝克莱说，该死，这正是我所不能回答的！漫画形象地揭示了主观唯心主义的愚蠢可笑。当教师出示这幅幽默生动的漫画时，学生会兴趣盎然，议论纷纷，教师可趁势推导：贝克莱还用得着上街买牛奶、面包吗？他只需闭上眼睛感知一下，牛奶和面包就会从天而降。学生会根据自己的生活经验，悟出唯心主义的荒谬。教师可适时导入：唯心主义是荒谬的，唯心主义的根本观点是什么？与唯物主义的根本分歧又有哪些？

教师运用图片漫画导入，可以激发学生的学习兴趣，活跃课堂学习气氛，同时也有助于培养学生的抽象思维能力和发散思维能力。

（三）名言名句导入

这是教师在思想政治（品德）课教学中，运用一些脍炙人口、内涵深刻的经典名言和诗词警句启发学生思维的导入方式。这种方式既可给学生以感染力，也能启发学生思维，增强思想政治（品德）课教学的吸引力和艺术魅力。

例如，教师在讲“在奋斗中实现理想”的内容时，设计了如下的导入：

“俄国寓言大师克雷洛夫曾说：‘现实是此岸，理想是彼岸，中间隔着湍急的河流，行动则是架在川上的桥梁。’大师的话生动地启发我们：理想与现实有严格的区别，但又有密切的联系。那么，理想与现实有什么样的关系？理想又如何转化为现实呢？这就是我们本节课要探究的内容。大师的话有道理吗？”

名言名句式导入，有利于引导学生在潜移默化中熟悉并了解思想政治（品德）课的内容，可以防止学生因为课程内容的抽象而失去学习兴趣，给教学锦上添花。不过，选择名言名句时，要注意其针对性和典型性。

（四）角色扮演式导入

这是教师在思想政治（品德）课教学中，根据教学内容，设置情境让学生进行角色扮演，通过学生的活动、体验、感悟，教师进行引导的导入方式。这种方式可以充分发挥学生的主体作用，激发学生的学习欲望，特别适宜于有强烈表现欲望的低年级学生。

例如，教师在进行“公民依法享有选举权和被选举权”内容教学时，可采用角色扮演式导入。

教师上课时，设置情境分别让学生扮演四种人：①外国人；②未满18周岁的人；③被剥夺政治权利的人；④满18周岁，没有被剥夺政治权利的中国人。然后，让其他同学来判断：这些角色中，哪些人有选举的资格？对学生的角色扮演和评判，教师加以点评导入新课。

角色扮演式导入，充分尊重了学生的主体地位，给学生提供了展示自己才华的机会和舞台，既能培养学生的活动体验能力，也能培养学生的有效合作能力。教师在运用这种导入方式时，要注意对学生扮演能力的培养，同时，在学生扮演过程中，教师要做好组织调控和适时引导。

（五）故事导入

这是教师在思想政治（品德）课教学中，运用讲故事、激发学生学习兴趣进行教学的导入方式。中学生求知欲强，对奇闻趣事有强烈的好奇心，思想政治（品德）课教师在教学时，可以利用学生这一心理，运用讲故事的形式导入教学，把学生的好奇心转化为学习兴趣，引导学生积极投入对问题的探索中。

例如，在进行“主观符合客观”内容教学时，教师讲述了一个“画家画牛”的故事，以引起学生学习兴趣，导入教学。

“古时候，有一位画家画了一幅两牛相斗图，甚为得意。他给朝廷的一些官员看，他们也都称赞不已，可是当他把此画给一位农民看时，这位农民却哈哈大笑，他说两牛相斗，为了用力击倒对方，它的尾巴永远是夹着的，绝不会高高翘起来。画家听了之后面红耳赤，不敢出声。那么画家为什么会闹这样一个笑话呢？这又说明了一个什么问题呢？这就是我们今天将要学习的内容——主观必须符合客观。"

故事导入有利于吸引学生的注意力，激发学生的学习兴趣，开阔学生视野，引导学生在轻松愉快的氛围中进入学习情境。故事导入要求教师在选择故事时，要紧密联系课题，做到贴切、典型。

（六）生活实例导入

这是运用学生生活中熟悉或关心的事例导入新课的方式。

思想政治（品德）新课程特别强调课程的生活化，教师教学中，把学生生活中的典型现象提出来并给予科学解释，不仅使课程贴近学生生活实际，也有利于激发学生的学习兴趣。

例如，教师在进行"文化创新的途径"内容教学时，设计了这样的导入：

播放视频《喜洋洋与灰太郎之牛气冲天》主题曲后，请学生思考：《喜洋洋与灰太郎之牛气冲天》为什么赢得了广大观众的喜爱？对于文化的发展而言，这表明了什么道理？学生发表意见后，教师分析：《喜洋洋与灰太郎之牛气冲天》一改往日国产动画片人物造型呆板、说教味极浓的缺陷，以幽默的语言、搞笑的剧情、鲜活的人物造型，赢得了广大观众的喜爱，成为当之无愧的"国产动画第一片"。由此可见，文化要想发展，要想符合人民群众的需求，就必须进行文化创新。今天，让我们来共同探究文化创新的途径。

生活实例导入中的事例既源于学生生活，又用于分析学生生活，引领学生生活，需要教师在认真分析学生生活状况后精心选择。

（七）设疑导入

这是教师在思想政治（品德）课教学中，利用上课开始几分钟的最佳时间，通过设疑、制造悬念，集中学生注意力，引发学生思考问题的导入方式。设疑导入充分考虑到中学生善思好问的心理特点，可以激发学生主动探究的学习动机，为新课教学做好铺垫。

例如，教师在进行"价值与价值观"内容教学时，这样导入：

"同学们想一想：假如你是一个人在沙漠中旅行，口渴难耐时你会选择一杯水还是一大堆金子呢？（学生议论、交流）教师点评：无论是选择水还是金子，都是根据人的需要及事物在不同环境中的价值而做出的。人们的生活离不开有价值的事物。那么，哲学意义上的价值及其价值观是什么呢？我们本节课将要对此进行探讨。"

思想政治（品德）课教师运用设疑导入时，要注意设置的悬念具有"新"、"奇"的特点，同时，要紧密结合教学内容，并能击中学生的兴奋点，以取得好的教学效果。

（八）音乐导入

这是教师在思想政治（品德）课教学中，引导学生欣赏音乐，导入教学的方式。音乐导入有利于创造让学生心情舒畅的学习环境，活跃学生思维，增强教学的吸引力和感染力，以提高教学效果。

例如，教师在进行"加强思想道德建设"内容教学时，这样设计导入：

"课前 5 分钟，教师播放歌曲《公仆赞》，介绍孔繁森是全国人民的骄傲，是我们学习的榜样和典范。然后引导学生思考自己心目中的道德典范，教师点评导入新课。"

音乐导入，需要思想政治（品德）课教师在充分研究教材和学生基础上，选择学生爱听爱唱并且有针对性的歌曲，同时，在引导学生欣赏音乐时，教师要注意适时的旁白和提出问题，让学生在放松身心的同时，有所思，有所悟，努力使教学事半功倍。

总之，思想政治（品德）课教学的导入方式有很多，除上述导入方式外，还有调查导入、实验导入、剖析关键词导入等等。教师要根据学生和实际教学情况选择，灵活运用，努力让思想政治（品德）课堂教学充满情趣，以调动学生学习积极性，提高教学效率。

二、思想政治（品德）课堂教学导入的案例与评析

【案例】　“民主管理：共创幸福生活”的导入

教师：很高兴能成为我们班的任课老师，虽然我只是大家的任课老师，但我一直非常关注我们班。我也知道我们班是一个非常融洽、凝聚力非常强的班。（展示班级集体照片）我曾向你们班主任老师取经，你们班主任说，这都是班委民主管理和每一位同学自我管理的功劳。

今天，趁着给大家上课的机会，我想请教一下，我们班是如何做到这么融洽的？我们班在管理上有什么特色？请最了解班级管理的班长来介绍一下吧！

（班长介绍略）

教师：（根据班长发言总结）原来，我们班是通过民主选举班委、共同制定班级公约等来实现自我民主管理的。一个班级管理如此，那么如果我们把民主管理的范围扩大一些，想象一个村庄、一个社区该如何进行民主管理呢？民主管理对我们的生活会产生什么影响呢？这节课，我们一起来探究了解。

【评析】　本案例导入是生活实例导入。教师从学生熟悉的班级管理经验入手，把它作为沟通学生已有生活经验与所学知识的桥梁，并通过这一桥梁找到课堂教学与学生生活的最佳结合点。教师通过引入学生身边熟悉的生活实例，特别是展示班级学生的集体照片，不仅增强了学生对老师的崇敬感，提高了老师的威信，而且激发了学生的荣誉感和学习兴趣，为课堂教学探究做了较好的铺垫。

三、思想政治（品德）课导入技能的微格训练与反馈（测评）

（一）思想政治（品德）课堂导入技能训练

（1）选择思想政治（品德）一课时的教学内容，对其导入方式进行设计。设计导入方案后，对方案进行分组讨论、交流、评议。主要评议内容：

①你所选择的导入方式属于什么类型？它与所选的思想政治（品德）教学内容、教学目标是否符合？

②运用这种导入方式是否有利于思想政治（品德）教学内容的有效衔接？

③运用这种导入方式能否让学生迅速了解思想政治（品德）的教学目标？能否激发学生学习思想政治（品德）的兴趣？

④运用这种导入方式的依据和优点是什么？

⑤能否运用其他方式进行导入？如何运用其他思想政治（品德）导入方式？

（2）选择一种优秀的思想政治（品德）课导入方案进行实践练习，组织5分钟左右的导入技能微格教学。

（二）思想政治（品德）课堂导入技能测评

参照第一部分教学一般技能测评指标体系制定思想政治（品德）导入技能评价量表进行测评。

第二节　思想政治(品德)课堂教学讲解技能训练与测评

思想政治(品德)课堂教学讲解是教师运用口头语言对思想政治(品德)教学内容进行逻辑性叙述,以向学生传授知识、培养学生正确情感态度价值观的教学技能。思想政治(品德)教学内容理论性、抽象性较强,恰当运用讲解技能,不仅有利于学生较好地理解知识,也有利于激发学生的学习兴趣和拓展学生的思维,以提高思想政治(品德)课教学的效果。

一、思想政治(品德)课堂教学讲解的基本形式

(一)描述讲解

这是教师在思想政治(品德)课教学中,运用语言陈述内容、描述情节、形象分析材料的讲解形式。它大多用于讲授具体知识,要求教师能清晰有序地交待内容,详略得当,重点突出,语言生动形象有趣。

例如:教师在进行“价格变动的影响”内容教学时,这样描述:

中秋佳节是中国的传统节日,我们了解了中秋节前后月饼的价格变化:节前是月饼销售的旺季,月饼处于供不应求的状态,价格上涨,导致人们对月饼的需求减少;节后是月饼销售的淡季,月饼处于供过于求的状态,价格下跌,导致人们对月饼的需求增加。这说明:商品价格的变动对人们的生活和生产会产生影响。

这里,教师通过对中秋节前后月饼价格变化的形象描述,自然引出了“价格变动影响”的表现,给学生理解学习内容提供了具体的表象。

(二)解释讲解

这是教师在思想政治(品德)课教学中,用精确的语言阐释、分析基本概念和原理,揭示事物本质特征的讲解形式。它比描述讲解具有更强的逻辑性和理论色彩。解释讲解要求观点明确,论据充分,符合学生认知规律,解释有逻辑性,语言精练准确。

例如:教师在进行“丰富多样的情绪”一课中“情绪来源于具体的情境”内容教学时,这样讲解:

生活中,我们每个人会遇到许多不同的事情,会处于不同的情境中,自然也就会产生各种不同的情绪。人们就在这五彩缤纷的情绪世界里,品尝着人生百味。也就是说,人的情绪感受不是无缘无故地产生的,而是来源于具体的情境。

在不同的情境中,不同的人会有不同的情绪体验;在相同的情境中,不同的人也会有不同的情绪体验。一旦情境变化了,人们的情绪也会发生变化;一旦情境消失了,情绪就会很快消失。可见,丰富多样的情绪与具体的情境是密切相关的。

这里,教师的精彩讲解,让学生很容易就明白了情绪与具体情境的关系。

(三)问题中心讲解

这是教师在思想政治(品德)课教学中,以问题解答为中心的讲解方式。它常用于训练学生的能力,引导学生探究和解决教学问题。问题中心讲解适合于重点和难点内容的教学,往往需要提问、讨论等教学技能的配合。

例如:教师在进行“我国的基本经济制度”一课中关于“混合所有制经济”、“股份制”和“公有制的主体地位”内容教学时,设计了这样的讲解:

展示背景材料:中国铁道建筑总公司前身是中国人民解放军铁道兵,组建于1948年,

1984年集体转业，并入铁道部。1990年成立中国铁道建筑总公司，现为国资委管理的国有特大型建筑企业集团。2007年11月，中国铁道建筑总公司发起设立中国铁建股份有限公司，在深化企业改革和转换经营机制上迈出关键步伐。2008年1月，中国铁建在证监会顺利通过，中国铁建发行28A亿股和17.06H亿股（未含超额配售），中国铁建正式迈入资本市场。中国铁建是中国乃至全球最具实力、最具规模的特大型综合建设集团之一；自2004年起，工程承包业务收入连续三年位居全国首位，是中国最大的工程承包商。

设问①：中国铁建是什么性质的企业？是公有的还是非公有的？

（学生答略）

教师讲解：除了国有经济和集体经济，公有制经济中还有一种形式——混合所有制经济。由此可得出：中国铁建的性质是一种混合所有制经济。

设问②：中国铁建为什么要进行国有企业改革，建立股份有限公司？

（学生答略）

教师讲解：中国铁建通过改革，建立股份有限公司，可以筹集资金，壮大实力，提高竞争力。

设问③：不仅中国铁建从一个国有特大型企业变成一个股份有限公司，很多企业都进行了类似的改革。这样还能保证我国公有制经济的主体地位吗？我国公有制经济的主体地位怎样才能保证呢？

（学生答略）

教师讲解：要保证公有制经济的主体地位，就要看控股权掌握在谁的手里。如果是国家或集体控股，公有制的主体地位就不会变。但是，不是所有的国有企业国家都有精力去经营，例如许多销售类的企业可以进行改革转制，而对那些关键领域，例如铁路、石油等，国家应该采取国有经济方式。实际上，如果某种形式有利于公有资产的发展壮大和取得最好效益，就应该被采用。要确保公有制经济的主体地位，必须使公有资产在社会总资本中占优势，国有经济控制国民经济命脉，对经济发展起主导作用。

这里的讲解，教师把讲解和提问等教学技能有机结合，引导学生对问题的认识逐步深入，充分发挥了讲解理解教学重点的作用。

二、思想政治（品德）课堂教学讲解的案例与评析

【案例】　“创新的含义、角度和作用”的讲解

师：大家都知道“三个和尚”的故事吧？

生：知道。

师：“三个和尚”故事的结局如何？

生：三个和尚没水吃。

师：今天我们来帮这三个和尚想想办法，给他们设计有水喝的方案，好吗？

生：挖井；接管子装水龙头；挖蓄水池；一人挑一天且规定挑多少，实行奖罚制度；买水；把庙搬到河边等有水的地方，等等。

师：大家的想象力真丰富，大家再看看这些办法能解决他们没有水喝的问题吗？

生：能。（有学生说和尚买不起水，立马有学生说和尚有香火钱）

师：那么，对于和尚们来说，我们的方案是什么？

生：突破和创新。

师：对。创新是指思维活动具有突破性、新颖性和创新性。（教师板书）那么，这些创新

的角度相同吗？

生：不同。

师：我们给和尚设计的方案分别属于哪些角度呢？你同意教材说的“科技创新和教育创新”的创新角度的说法吗？

生：不完全同意，教材所说的“创新角度”只是从落实科教兴国战略角度而言的。从我们的方案看，还有技术创新、制度创新和思维理论创新等。（教师板书）

师：非常好。大家想一想，毛泽东领导中国革命取得成功，走的是一条什么样的新民主主义革命道路呢？

生：农村包围城市，武装夺取政权。

师：这是不是创新？

生：是。

师：对，这是一种创新。以前只有列宁创造的城市包围农村的道路，中国曾尝试这条道路但没有取得成功。正是有了创新，中国革命的道路才越走越顺，直至取得最后的胜利，缔造了伟大的中华人民共和国。十一届三中全会以后，我党实施了什么国策，让全国人民富裕起来了呢？

生：改革开放政策。

师：这说明创新是人类最宝贵的精神财富，是一个民族进步的灵魂，是一个国家兴旺发达的不竭动力。（教师板书）一个人、一个单位、一个地区乃至一个国家，如果没有创新精神，就难以适应时代的发展。

师：通过交流，我们知道创新具有重要作用，那么，我们应该怎么做？

生：从小培养创新精神。

【评析】 这是教师在进行“培养创新精神”一课教学中关于“创新的含义、角度和作用”内容的讲解，教师借助师生对话把解释讲解和问题中心讲解有机结合的讲解方式。教师从要求学生给三个和尚出谋划策开始，步步深入，引导学生探究思考，不仅讲清了问题，还用活了教材，如对创新角度的开发拓展等，把教师的主导作用和学生的主体作用发挥得淋漓尽致，给学生留下了深刻印象。同时，在讲解中不知不觉地激励学生要从小培养创新精神，较好地实现了三维目标的有机整合。

三、思想政治(品德)课堂教学讲解技能的微格训练与测评

(一)思想政治(品德)课堂讲解技能训练

(1)选择思想政治(品德)一课时的教学内容，对其讲解方式进行设计。然后，分组讨论、交流。要能明确回答以下问题：

①你所选择的讲解方式属于什么类型？它是否有利于思想政治(品德)教学目标的实现？

②运用这种讲解方式能否突出思想政治(品德)教学内容的重点和难点？

③运用这种讲解方式能否培养学生正确的情感态度价值观？

④运用这种讲解方式的依据和优点是什么？

⑤能否运用其他方式进行讲解？

(2)选择一种优秀的思想政治(品德)课讲解方案进行实践练习，组织8～10分钟左右的讲解技能微格教学。

(二)思想政治(品德)课堂讲解技能测评

参照第一部分教学一般技能测评指标体系制定思想政治(品德)讲解技能评价量表进行测评。

第三节　思想政治(品德)课堂教学提问技能

思想政治(品德)课堂教学提问是教师根据教学需要设计的向学生提出问题的教学技能。它是课堂教学中使用最频繁的课堂教学技能之一,是思想政治(品德)课有效教学的重要组成部分。

一、思想政治(品德)课堂教学提问的基本形式

(一)导入式提问

这是教师在思想政治(品德)课教学中,进行有效导入的提问方式。它对明确教学目标,激发学生兴趣,有机连接教学内容具有重要意义。

例如,教师在"体味文化"的教学导入中,设计了这样的提问:

同学们,请把记忆倒回到2008年8月8日晚那个激动人心的难忘时刻,第29届夏季奥林匹克运动会在北京开幕。开幕式让中国骄傲,让世界震撼!新华社发表时评,说"这是举世瞩目的盛会,这是激动人心的时刻,放飞理想,激情迸发,辉煌的古都今夜无眠"。是的,北京奥运会开幕式向世人呈现了中国文化意在言外的神韵;不仅向世人展示了中国五千年优秀文化的魅力,向世人证明了中国日益增强的综合国力,更让爱好和平的中国人民赢得了世界人民的尊重。

文化的魅力就在于此!

那么,什么是文化?文化与经济、政治的关系怎样?文化对人的影响如何?如何继承和创新中华优秀文化?今天我们就来共同探讨。

这里,教师以奥运会开幕式富含浓郁文化的背景材料作为铺垫,一气呵成提出四个紧密相连的问题,教学目标明确,提问有启发性,有利于成功导入教学。

(二)激趣式提问

这是教师在思想政治(品德)课教学中,为激发学生兴趣而设计的提问方式。

例如,教师在"价格变动的影响"一节的教学中,当讲到"价格变动对生产经营的影响"时,提问学生:"假如你是一家公司的总裁,你认为怎样才能把公司经营好?"教师的提问一石激起千层浪,学生情绪高涨,讨论热烈。

激趣式提问在培养学生思维、突破教学重难点方面具有独特的作用,但是,有效的提问需要紧密结合教学目标和内容而展开。本例中的提问,对激发学生兴趣和活跃课堂气氛都产生了较好的作用,但在教学内容理解的精细上还有欠缺,学生在讨论时可能会完全不考虑本节教学的内容,因为要经营好一个公司需要综合考虑多方面因素。如果提问改为:"假如你是一家公司的总裁,你如何处理好价格变动和公司经营的关系?"这样,既能达到激发学生兴趣的目的,又能引导学生深入理解教学内容。

(三)探究式提问

这是教师在进行思想政治(品德)课教学中,根据内容,引导学生逐步探究而设计的提问方式。它需要教师提出的问题既符合学生的认知和能力水平,又能激励学生进一步探究。

例如，在“走进哲学问辩人生”的教学中，教师通过提问引导学生思考哲学对人生的影响。

教师问：“如果没有高考，你还学习吗？”

学生讨论交流，最终多数同学认为不高考也要学习。

教师问：“我们要好好学习，那么应该学习什么呢？”

学生回答，有人说学科学，有人说学做人，等等。内容广泛，气氛热烈。

教师问：“我们要好好学习，天天向上，怎样才能做到天天向上？”

学生回答的内容逐步涉及人生的价值取向。

教师问：“我们学习是为了什么呢？”

学生回答是为了祖国，为了幸福。

教师问：“那么，什么是幸福呢？”

学生对幸福的理解各不一样，有些理解很肤浅，甚至是错误的，但是已经在思考哲学与人生的关系了。

这里，教师结合学生的学习、生活，以“学习就是为了应付高考”这一问题为立足点，通过提问和对话，引导学生理解“对人生的思考就是哲学问题，问辩人生就是走进哲学的开始”。既避免了平铺直叙讲哲学意义的枯燥性，又教会了学生在学习哲学时，要对人生和世界不断追问和思考，这样，能有效地培养学生的探究能力。

（四）悬念式提问

这是教师在思想政治（品德）课教学中，根据实际情况或学生课堂反应而设计或临时生成的提问方式。它有利于激发学生兴趣，刺激学生的探究欲望，能取得良好的教学效果。

例如，教师在进行“消费及其类型”的教学时，当教师对“影响消费水平的因素”总结时，（“影响消费的因素主要有居民的收入和物价的总体水平，这两个因素我们可以称为客观因素。”）一个学生突然说道，既然有客观因素，那还应当有主观因素呀？其实学生提出的主观因素正是教材下一节课要讲的“消费心理”问题。教师没有急着回答学生的问题，而是随机设置了一个悬念：“是啊，影响消费水平会不会有主观因素呢？如果有，会有哪些因素呢？请大家课后思考探究，我们下一节课来交流和解决，好吗？”这里，教师用商量的口气，通过悬念式提问，把学生的问题又抛给了学生，既肯定了学生的质疑精神，又鼓励学生通过自己的探究构建知识，这比教师直接把答案给学生更有效。

（五）发散式提问

这是教师在思想政治（品德）课教学中，为发散学生思维、引导学生深刻理解教学内容而设计的提问方式。它对培养学生良好的思维、提高学生分析和解决问题的能力具有重要意义。它需要教师在围绕中心问题的解决上下功夫。

例如，教师在进行“永恒的中华民族精神”的教学时，在给学生提供了一组背景材料后，设置了两组问题，引导学生思考。

背景材料：

材料一：土尔扈特东归事件。

材料二：胡锦涛总书记接见连战率领的中国国民党大陆访问团。

材料三：改革开放以来我国留学人员掀起回国创业热潮。

提问：

第一组：

①材料一、二共同体现了我国怎样的民族精神？

②请用生活与哲学、政治生活和文化生活的相关知识，分析为什么要弘扬和培育这种民族精神？

③从国家和公民两个角度分析如何维护这种民族精神？

第二组：

①除了团结统一，还有哪些民族精神？

②从历史、现实和将来三个方面分析，为什么要弘扬和培育中华民族精神？

③材料三启示我们在新时期应该怎样弘扬中华民族精神？

教师在这里设计的两组提问，从引导学生认识"团结统一的民族精神"开始思考，逐步展开对整个中华民族精神的分析，请学生围绕"是什么"、"为什么"、"怎么样"综合运用生活与哲学、政治生活和文化生活的相关知识分析和思考，并从历史、现实和将来三个维度进行拓展，既能有效引导学生进行知识迁移，又训练了学生的综合思维和逻辑思维能力。

（六）时政播报式提问

这是教师在思想政治（品德）课教学中，通过播报时政新闻，提出问题，引导学生理论联系实际的提问方式。它有利于学生学以致用，并在教学中有机渗透时事教育，对引导学生关注社会、关注生活、活学活用具有重要意义。

例如，教师在讲解"当合法权益受到非法侵害时，应该怎么办"时，通过播报一段法制新闻，提出问题，引导学生思考。

法制新闻内容：公民建俊霞曾被李自超打成重伤，一直怀恨在心。这天，她发现李自超5岁的女儿李敏敏独自一人在家门口玩，便哄着将她和自己9岁的女儿带到村里的蓄水池边，唆使女儿将李敏敏推入深达6米的水池，致李死亡。事后，建俊霞想以3000元私下了结此事，但李自超夫妇没有同意，及时向公安机关报了案。犯罪嫌疑人很快被逮捕归案，最后人民法院以故意杀人罪判处建俊霞死刑。

教师提问：建俊霞没有亲自杀人，为何要判处她死刑？李自超夫妇报案的做法是否应该？建俊霞当初被李自超打成重伤后，应该怎样来维护自己的合法权益？李自超将人打伤，能否因女儿已经死亡而逃脱法律责任？这则新闻启示我们在日常生活中应该注意什么？

这里，教师以播报法制新闻案例的方式提出问题，拉近了新闻和学生生活的距离，让学生在分析新闻事件中理解教学内容，从而树立正确的情感态度价值观。同时，也有利于教学内容的有效延伸。教师在运用这种提问方式时，要注意结合教学内容，选择典型的时政新闻，并且用合适的方式展示新闻，以发挥时政新闻的最大效用。

二、思想政治（品德）课堂教学提问的案例与评析

【案例】 "竞争？合作？"教学的导入提问

为了激发学生兴趣，教师在导入时，设计了这样的提问："在我们的生活中存在哪些竞争？"意欲阐明"竞争无处不在"的问题。可是，当教师刚一提出问题，一位学生立马回答："刚刚结束的学校田径运动会充满竞争"，并且还很得意地告诉老师："我们班在运动会上取得了团体总分第二名的好成绩。"面对意想不到的学生回答，教师没有给予制止，转而是热情地采访这位同学：(1)你有没有参加运动会？如参加了，你取得了什么成绩？(2)经过运动会，你有什么感受？(3)你觉得班级获得团体总分第二名的好成绩靠的是什么？(4)这次参加比赛对你个人有什么影响？在教师提问学生的过程中，全班同学都很激动，特别是对第三个问题纷纷进行了回答，如“运动员的实力和拼搏”、“拉拉队的加油鼓劲”、“班主任的有效组织和鼓励”、“较好的后勤服务”等等，最后得出一个结论：“合作有利于竞争成功，成功的喜悦全班共享，合作需要很好的分工协作。”

【评析】 这是教师在教学中生成的导入式提问，教师没有按照预设的要求否定学生的回答，而是根据学生的兴趣巧妙设问，一连串提问，引导学生对身边的事进行理性思考，把教学内容与学生生活有机结合，为教学进程的推进和教学重难点的突破做了很好的铺垫。

三、思想政治(品德)课堂教学提问的微格训练与反馈(测评)

(一)思想政治(品德)课堂教学提问技能训练

(1)选择思想政治(品德)一课时教学内容，对其提问方式进行设计。设计提问方案后，讨论、交流、评议以下内容：

①你所选择的提问方式属于什么类型？

②运用这种提问方式能否启发学生思维？

③运用这种提问方式能否帮助学生深入理解思想政治(品德)教学内容？

④运用这种提问方式的依据和优点是什么？

⑤能否运用其他方式进行提问？如何运用其他思想政治(品德)提问方式？

(2)选择一种优秀的思想政治(品德)课提问方案进行实践练习，组织5分钟左右的提问技能微格教学。

(二)思想政治(品德)课堂提问技能测评

参照第一部分教学一般技能测评指标体系制定思想政治(品德)提问技能评价量表进行测评。

第四节 思想政治(品德)课堂情境创设技能

思想政治(品德)新课程的理念要求教师在教学中要突破传统的灌输教学方式，重视教学情境的创设，把课程教学与学生生活、社会生活有机联系起来，让学生置身于教学情境中，体验、探究和感悟，以提高思想政治(品德)课教学的针对性和实效性。

一、思想政治(品德)课堂情境创设的类型和基本要求

(一)生活化情境

这是教师在思想政治(品德)课教学中，根据教学内容和学生特点，精选学生生活中的典型素材，设置情境，引导学生联系生活，促进学生发展的情境创设方式。它需要教师关爱学生，关注学生生活，把学生生活中具有普遍、典型意义的素材进行加工提炼，变成教学中的有效场景，并在教学中提出有针对性的问题，引导学生思考和探究。

例如，在“建设社会主义精神文明”的教学中，教师通过给学生看四幅图画，提出问题，引导学生思考。

在生活中，我们可能遇到这样一些行为：

图一：上公交车时，你推我搡，互不相让；

图二：在公共场合，有人因为一点小事大吵大闹；

图三：上学路上，遇到困难向人求助时，无人理睬；

图四：在网络聊天室里，有人恶意谩骂他人。

提问：你是否遭遇过上述经历？当时的感受如何？面对这些情况，我们应该怎么做？

这里，教师运用四幅图画，再现了学生生活，为学生提供了丰富的感性材料，有利于激发学生兴趣，集中学生注意力，调动学生学习的积极性。在教学中，教师根据具体的生活场景提出问题，既不局限于只给学生还原生活场景，又能围绕中心，有针对性。

（二）时事问题情境

这是教师在思想政治（品德）课教学中，通过给学生介绍时事内容，提出问题，创设情境的方式。时事教育既是思想政治（品德）课教学的重要任务，又是丰富和补充思想政治（品德）课教学的重要方式。运用这种方式，教师要精选典型的有意义的时事内容，用合适的方式展示时事材料，用有针对性的问题引导学生学习。

例如，在“权力的使用需要监督”的教学中，教师设计了这样的教学情境：

首先，运用多媒体，播放视频《谁来监督交通厅长》及相关文字材料。

紧接着，教师讲解：近年来，交通厅长接连落马，已成为一个引人注目的现象。自 1997 年以来，我国已有十几个省份的交通厅长纷纷“落马”，河南更是出现了连续三任交通厅长“前腐后继”的现象。请大家根据材料思考下面的问题：

(1)作为我国的交通厅长——这个“苹果”为什么总是腐烂？

（学生答略）

教师：这既有苹果自身的原因，也有筐子的原因即机制的原因。没有制约、缺乏监督的权力必然导致腐败。

(2)为防止“苹果”（交通厅长）腐烂，应该怎么办？

（学生答略）

教师：“苹果”总烂，得检查“筐子”。要把“筐子”编织好，即关键是建立健全制约监督机制。

(3)苹果选好了，筐子编好了，“苹果”（交通厅长）就肯定不会腐烂吗？

（学生答略）

教师：苹果选好了，筐子编好了，还必须将“苹果”放置在通风干燥处，即政府必须实施“阳光工程”。

这里，教师借助多媒体展示时事材料创设情境，并运用形象的比喻（把交通厅长比作“苹果”，把监督机制比作“筐子”，把政府阳光工程比作“通风干燥”），提出了三个层层深入的问题，将时事材料和教材内容有机连贯，引导学生思考，既明确了教学目标，又突出了重点和难点，有利于提高课堂教学的实效。

（三）体验式情境

这是教师在思想政治（品德）课教学中，创设情境，开展活动，引导学生在活动中做一做、想一想，体验和感悟教学内容达到情感升华的方式。思想政治（品德）课教学一直重视活动的开展，倡导让学生通过体验达到知行统一。教师设计这样的情境时，要考虑学生的特点和教学内容，注意活动体验的新颖性、互动性和多样化，并给学生提供有效的思考问题。

例如，教师在进行“维护国家统一和民族团结是公民的义务”的教学时，创设了这样的情境：

课堂上，教师问同学们愿不愿意做游戏，大家都表示乐意。教师拿出一把筷子，先请一位同学上台折一根筷子，同学很容易就折断了筷子。接着，教师又请一位同学上台折一把筷子，同学无论怎么使劲，甚至请几个同学帮忙，那一把筷子都完好无损。学生好奇而又兴奋。教师趁机提问学生：(1)为什么一根筷子很容易被折断，而一把筷子却不易折断呢？(2)国家统一和民族团结对一个国家有什么意义呢？学生思考讨论。

这里，教师通过做游戏，给学生设计了一个生动有趣的体验活动，充分调动了学生的积极性。同时，通过提问，引导学生把游戏感悟和教材内容联系起来，有效地促进了教学。

（四）名言佳句赏析情境

这是教师在进行思想政治（品德）课教学中，通过介绍名言佳句，设置情境，引导学生进行赏析，感悟教学内容的方式。在选择名言佳句时，需要教师深刻理解其内容和寓意，开发其中的教育因素，并运用恰当的方式展示给学生。类似这样的情境也可变成漫画赏析、诗歌赏析、美文赏析和音乐赏析等形式，教师应根据情况灵活运用。

例如，教师在进行“追求人生自由”的教学中，给学生创设了一个名人名言赏析的情境：

历史上，许多仁人志士为追求人生自由苦苦追寻和探索着，许多人甚至为此奉献了宝贵的生命。不仅如此，他们还留下了许多至今仍令人震撼的名言。

例如，马克思：“在科学上没有平坦的大道，只有那些不畏劳苦，沿着陡峭山路向上攀登的人，才有希望到达光辉的顶点。”

屈原：“路漫漫其修远兮，吾将上下而求索。”

鲁迅：“希望是无所谓有无所谓无的，正如地上的路，其实地上本没有路，走的人多了就变成了路。”

请学生声情并茂地诵读，同时思考：这些名言今天还有意义吗？给我们有什么启发？

这里，教师通过引导学生诵读名人名言，设计教学情境，让学生通过赏析受到强烈的心灵震撼，并在愉悦放松的心境下，较好地理解和内化理论性和抽象性比较强的思想政治（品德）课内容。

二、思想政治（品德）课堂情境创设的案例与评析

【案例】 “树立正确的消费观”的情境设计

学生表演小品：家境较好的中学生小惠花钱大手大脚，喜欢购买名牌服装、手机和自行车。父亲对其进行批评教育，说自己小时候日子艰苦，从不乱花钱，希望小惠能养成良好的生活习惯。对此小惠不以为然，认为现在条件好了，不需要节衣缩食，作为现代人，应该能挣会花。

小品后学生讨论交流：你如何看待小惠的观点？小品给我们什么启发？

教师点评引导：我们提倡艰苦奋斗，不是要我们去过苦日子，也不是不要消费，而是要树立正确的消费观，做一个理智的消费者。

【评析】 这是一个把生活和体验有机结合的教学情境。教师通过情境创设，复原学生的生活，激活了学生的生活经验。通过小品表演方式进一步刺激学生的感官，把政治课与学生的生活紧密地联系起来，有利于提高学生分析问题和解决问题的能力，引导学生适应生活，学会生活。同时，体验式的教学情境丰富了政治课堂，让政治课堂变成了学生的生活，让学生在真实的体验中获得知识和感悟，这样，可以大大提高政治课教学的针对性和实效性。根据实际教学情况和学生特色，本案例中的小品表演可以改为讲故事或中学生消费小调查等形式。

三、思想政治(品德)课堂教学情境创设的微格训练与反馈(测评)

(一)思想政治(品德)课堂情境创设技能训练

(1)选择思想政治(品德)一课时的教学内容,设计其课堂教学情境。然后,围绕以下问题对设计方案进行分组讨论、交流、评议:

①你所选择的情境创设方式属于什么类型?

②运用这种情境方式是否有利于提高思想政治(品德)教学的针对性?

③运用这种情境方式是否有利于学生体验生活、升华情感?

④运用这种情境方式的依据和优点是什么?

⑤能否设计其他情境方式? 如何设计?

(2)选择一种优秀的思想政治(品德)课情境创设方案进行实践练习,组织5～8分钟左右的情境创设技能微格教学。

(二)思想政治(品德)课堂情境创设技能测评

参照第一部分教学一般技能测评指标体系制定思想政治(品德)情境创设技能评价量表进行测评。

第五节　思想政治(品德)课堂教学结束技能

教学结束技能是教师顺利并有效地结束课堂教学的行为方式,是课堂教学的重要组成部分。一节课有了合适的结束,既能使教学内容系统化,又能使学生牢固掌握和深刻领会内容并向更高层次升华。思想政治(品德)课教学不仅仅在于授知,更要注重导行。因此,有效的思想政治(品德)课结束技能就显得更加重要。

一、思想政治(品德)课堂教学结束技能的基本形式

(一)归纳总结式结束

这是教师在思想政治(品德)课教学时,引导学生运用归纳、推理等逻辑方式,对教学内容进行全貌式归纳总结的结束方式。它既可以是教师讲解,又可以由教师引导学生或师生共同讨论来完成。归纳总结时,必须提纲挈领,全面准确,简明扼要和生动有力,但是不能简单重复或机械再现前面的教学内容。

例如,教师在“商品经济中无形的指挥棒”的教学中,这样结束:

“这节课学习,我们知道了商品经济中无形的指挥棒就是价值规律。什么是价值规律呢? 价值规律的基本内容概括地说,就是‘价值决定’和‘等价交换’。价值规律发生作用的表现形式,也就是等价交换原则的贯彻:供不应求,价格上涨;供过于求,价格下跌。价格反过来又会影响供求关系,使之达到供求平衡,实现等价交换。价值规律在商品经济中的作用主要是:调节劳动力和生产资料在社会生产各部门的分配;刺激商品生产者改进技术,改善经营管理,提高劳动生产率;导致商品生产者优胜劣汰。”

这里,教师没有对教材内容进行平铺直叙的结束,而是抓住价值规律的“基本内容”、“表现形式”、“主要作用”进行归纳总结,特别是将价值规律的内容概括为“价值决定”和“等价交换”,强化了教学重点,突出了教学主题。

(二)行为评价式结束

这是教师在思想政治(品德)课教学时,通过对学生的课堂学习行为进行评价结束的方

式。对于课堂上学生的学习行为，要及时关注、评价，并给予反馈，这样，有利于培养学生的综合素质。评价学生的课堂学习行为，可以是教师评价，也可以是学生自评或互评。无论哪种评价，都要做到公正、准确，不伤害学生，教师要努力让评价成为促进学生奋发向上的动力。

例如，教师在“坚守诚信的绿洲”的教学中，这样结束：

“这节课，同学们发言热烈，说出了自己的肺腑之言。同学们敢说真话，不说假话，表现了较好的诚信品质，非常难能可贵。在现实生活中，由于人们的道德水准参差不齐，在我们的身边难免会有一些诚信缺失的现象，但是，绝大多数人是诚实守信的。诚实守信是市场繁荣、经济增长和社会和谐的坚实基础。美国前总统林肯说过：‘你可以在所有时候欺骗某一个人，也可以在某一个时候欺骗所有的人，但是，你不能在所有的时候欺骗所有的人。’让我们记住这位名人的话，学做一个诚实的人，诚恳待人，诚实学习和生活，共同为我们的社会成为信任和友谊的绿洲而努力！”

这里，教师通过对学生课堂上的行为表现进行评价，并且借助林肯的名言给学生提出希望，结束新课。既肯定了学生的良好表现，又较好地完成了教学任务，实现了教学目标，同时，又给学生的未来行为进行了较好的引导。

(三)师生对话式结束

这是教师在思想政治(品德)课教学时，以师生对话来结束教学的方式。运用这种方式结束教学，可以使课堂气氛活跃和谐，有利于实现教师主导作用与学生主体地位的统一。它可以是老师提问、学生回答，也可以是学生质疑、老师回答。无论采用哪一种具体表达方式，都要围绕教学内容展开，不能随意问答。

例如，教师在进行“揭开商品之谜”的教学时，这样结束：

教师：我们学完了“揭开商品之谜”的内容，现在，大家考虑一下：两种不同的商品为什么需要交换？

学生：它们具有不同的使用价值，并且属于不同的所有者。

教师：那么，它们为什么能够进行相互交换呢？

学生：因为它们都凝结着无差别的人类劳动，具有价值。价值是商品所共有的东西。

教师：它们为什么要按照一定的比例进行相互交换呢？

学生：因为商品价值的大小，即价值量是由生产该商品的社会必要劳动时间决定的。双方交换商品是以价值量或社会必要劳动时间为基础的。

教师：同学们回答得很好！通过学习，我们明白了商品并不神秘，商品交换要以价值量为基础进行等价交换，现实生活中，人们应努力提高自己的劳动生产率。

这里，教师通过师生问答结束教学，既较好地完成了教学任务，又引导学生在巩固教学内容的同时深化了认识，取得了良好的课堂教学效果。

(四)比较异同式结束

这是教师在思想政治(品德)课教学时，将教学内容中那些形式相似、意义相近或相异的概念和原理进行分析比较，同中求异或异中求同，以深化理解所学内容进行结束的方式。

例如，教师在进行“民族区域自治政策”教学时，通过比较“民族自治区”和“一国两制”构想下的“特别行政区”而结束教学。

“民族自治区”和“特别行政区”有何异同？

共同点：两者都是中华人民共和国的地方行政区域，都必须服从中央政府的统一领导，都享有自治权。

不同点：①对象不同。民族自治区是为了解决我国的民族问题，在少数民族聚居的地区实行区域自治，设立自治机关，行使自治权的地方行政区域；特别行政区是指为了解决香港、澳门的历史遗留问题和台湾回归祖国的问题而分别在香港、澳门和台湾设立的地方行政区域。②社会制度不同。民族自治区是在中国共产党领导下走社会主义道路，特别行政区将保持原有的资本主义制度。③自治权的内容不同。特别行政区享有的自治权比民族自治区所享有的自治权大。

比较异同，不仅有利于学生深化理解民族区域自治政策，也使他们进一步认识了特别行政区的相关内容，同时，还培养了学生比较分析问题的能力。

（五）图表式结束

这是教师在进行思想政治（品德）课教学时，运用图式或表格概括总结教学内容的结束方式。它可以把教学内容化繁为简，使知识联系脉络清晰，一目了然。它需要突出教学的重点和难点，可以在教师精心设计的板书基础上进行。

例如，教师在讲解“依法纳税”时，运用以下表格结束教学。

比较纳税人和负税人的区别和联系

名称	区别			联系
	含义	对象	特点	
纳税人				
负税人				

这里，教师通过表格总结教学，引导学生综合学习内容，教给了学生较好的学习方法。

（六）激励感召式结束

这是教师在进行思想政治（品德）课教学时，引导学生确立正确的政治方向，培养学生的社会主义思想政治道德品质的结束方式。思想政治（品德）课有教人做人的特殊功能，因此，需要教师在教学中有鼓动性，能给学生以感召力。这种结束方式，需要教师把教学内容与学生实际有机结合，运用教学语言的魅力，提出目标和使命呼唤，或者给予榜样、信任，激励感召学生，在晓之以理的基础上，动之以情，导之以行。

例如，教师在进行“弘扬中华民族精神”的教学时，设计了这样的结束：

“同学们，没有坚强民族精神的民族是没有前途的。中华文明得以延续几千年，有赖于民族精神的支撑；建设中国特色社会主义伟大事业，实现中华民族的伟大复兴，同样有赖于民族精神的支撑。你们作为新时代的青年，作为国家的希望和民族的未来，希望你们能勇敢挑起民族精神传播、弘扬和建设的重任，努力为续写民族精神新篇章贡献自己的才智和力量！”

这里，教师用一段感人肺腑的语言，既巩固了教学内容，又对教学内容进行了延伸和升华，激励学生承担责任，把情感态度价值观目标落在实处。

二、思想政治（品德）课堂教学结束的案例与评析

【案例】 “丰富多样的情绪”的结束

教师：希望大家能够拥有一个良好的情绪，使自己健康地成长。事实上，生活犹如一面

镜子，你对它哭，它就对你哭；你对它笑，它也对你笑。因为我们在生活中时时会受到各种情绪的影响。今天，我认为同学们在课堂上的表现就是一种积极的情绪，老师感到同学们是开心的、快乐的、幸福的。老师祝愿你们在今后的学习和生活中永远这样开心、快乐、幸福！最后让我们一起伴随着音乐齐唱一首《幸福拍手歌》，再一次来感受积极情绪带来的快乐。（教师展示课件，歌声响起，老师要求同学们站起来跟着画面出现的动作一起做，师生同做同乐）

【评析】 这是行为评价式结束，教师结合教学内容，及时评价了学生的课堂学习行为，不仅活学活用教学内容，而且引导学生学会正确对待自己的情绪。这种结束方式，既满足了学生的心理需求，又较好地渗透了思想品德课的课程理念。

三、思想政治（品德）课堂教学结束的微格训练与反馈（测评）

（一）思想政治（品德）课堂结束技能训练

（1）选择一课时思想政治（品德）的教学内容，设计结束方式。然后，分组讨论、交流、评议以下内容：

①你所选择的结束方式属于什么类型？它是否有利于思想政治（品德）教学目标的实现？

②运用这种结束方式是否有利于升华学生的情感？

③运用这种结束方式能否进一步激发学生探究思想政治（品德）教学内容的欲望？

④运用这种结束方式的依据和优点是什么？

⑤能否运用其他方式结束思想政治（品德）教学？如何运用其他结束方式？

（2）选择一种优秀的思想政治（品德）课结束方案进行实践练习，组织 5 分钟左右的结束技能微格教学。

（二）思想政治（品德）课堂结束技能测评

参照第一部分教学一般技能测评指标体系制定思想政治（品德）及结束技能评价量表进行测评。

参考文献

语 文

1. 教育部基础教育司:《全日制义务教育语文课程标准》,北京师范大学出版,2001。

2. 教育部基础教育司:《全日制义务教育语文课程标准解读》,武汉:湖北教育出版社,2002。

3. 朱慕菊:《走近新课程·与课程实施者对话》,北京师范大学出版社,2002。

4. 苏立康:《中学语文教学研究》,北京:中国广播电视大学出版社,2003。

5. 刘永康:《语文教育学》,北京:高等教育出版社,2005。

6. 倪文锦:《小学语文新课程教学法》,北京:高等教育出版社,2003。

7. 钱威、徐越化:《中学语文教学法(修订版)》,上海:华东师范大学出版社,2000。

8. 韩雪屏、王松泉、王相文:《语文教学技能训练》,北京:高等教育出版社,1999。

数 学

1. 中华人民共和国教育部制定:《全日制义务教育数学课程标准(实验稿)》,北京师范大学出版社,2001。

2. 郑君文、张恩华:《数学学习论》,南宁:广西教育出版社,1990。

3. 季素月:《数学教学概论》,南京:东南大学出版社,2000。

4. 罗新兵、罗增儒:《数学教育学导论》,西安:陕西师范大学出版社,2008。

5. 曹才翰、章建跃:《中学数学教学概论》,北京师范大学出版社,2008。

6. 吕世虎:《初中数学新课程教学设计与特色案例评析》,北京:首都师范大学出版社,2003。

7. 庞国维:《数学学习与教学设计》,上海教育出版社,2005。

8. 郭思乐:《数学素质教育论》,广州:广东教育出版社,1991。

9. 张奠宙、宋乃庆:《数学教育概论》,北京:高等教育出版社,2009。

10. 李求来、昌国良:《中学数学教学论》,长沙:湖南师范大学出版社,2006。

11. 王尚志主编:《数学教学研究与案例》,北京:高等教育出版社,2006。

12. 叶雪梅:《数学微格教学》,厦门大学出版社,2007。

13. 王秋海:《数学课堂教学技能训练》,上海:华东师范大学出版社,2008。

14. 叶尧城、向鹤梅:《数学课程标准教师读本》,武汉:华中师范大学出版社,2002。

15. 涂荣豹、王光明、宁连华:《新编数学教学论》,上海:华东师范大学出版社,2006。

16. 张景斌:《中学数学教学教程》,北京:科学出版社,2000。

英　语

1. Farrell, Thomas S. C. *Planning Lessons for a Reading Class*, Beijing: People's Education Press, 2007.

2. Nation, Paul *Managing Vocabulary Learning*, Beijing: People's Education Press, 2007.

3. Richards, Jack C. *Communicative Language Teaching Today* Beijing: People's Education Press, 2007.

4. Richards, Jack C. & Rodgers, Thoedore S. *Approaches and Methods in Language Teaching*, Beijing: 5. Foreign Language Teaching and Research Press, 2000.

6. 程晓堂:《英语教材分析与设计》,北京:外语教学与研究出版社,2002。

7. 林立等:《任务型学习在英语教学中的应用》,北京:首都师范大学出版社,2005。

8. 教育部基础教育司、教育部师范教育司:《新课程的理念与创新》,北京:高等教育出版社,2003。

9. 教育部基础教育司、教育部师范教育司:《英语课程标准研修》,北京:高等教育出版社,2004。

10. 鲁子问:《中小学英语真实任务教学实践论》,北京:外语教学与研究出版社,2003。

11. 鲁子问:《英语教学设计》,上海:华东师范大学出版社,2008。

12. 鲁子问、王笃勤:《新编英语教学论》,上海:华东师范大学出版社,2006。

13. 张正东:《中国外语教学法理论与流派》,北京:科学出版社,2000。

14. 左焕琪:《英语课堂教学的新发展》,上海:华东师范大学出版社,2007。

政　治

1. 教育部:《思想品德课程标准(实验稿)》,北京师范大学出版社,2003。

2. 教育部:《普通高中思想政治课程标准(实验)》,北京:人民教育出版社,2004。

3. 韩震主编,思想品德课程标准研制组:《全日制义务教育思想品德课程标准(实验稿)解读》,北京师范大学出版社,2003。

4. 思想政治课程标准研制组:《普通高中思想政治课程标准(实验)解读》,北京:人民教育出版社,2005。

5. 谢树平等著:《新编思想政治(品德)教学论》,上海:华东师范大学出版社,2006。

6. 唐晓杰等编著:《课堂教学与学习成效评价》,南宁:广西教育出版社,2000。

7. 宋鲁闽主编:《思想政治微格教学》,厦门大学出版社,2008。

8. 齐佩芳等主编:《高中思想政治课程实施与案例分析》,桂林:广西师范大学出版社,2007。

后　记

研究教学技能，编写适合高师学生在校学习和毕业后继续提高职业技能的《教学技能训练与测评》一书是我们长期以来的心愿。它既适应新时期高等师范院校教师教育课程改革的需要，又适应蓬勃发展的基础教育实践对新型教师的需要，同时也适应高师学生获得教师资格、进行教师编制考试的需要。

进入新世纪以来，随着基础教育课程改革的深入，我国中小学一线课堂从教学理念——教师观、学生观、师生关系观、教学观、学习观、课程观、教材观，到教学设计——教学目标、教材的分析、学习情况的分析、教学过程的设计、教学模式教学方法的确定、多媒体教学手段的选择、板书，再到走上讲台上课的各项技能、课后教学反思、无生上课等等都发生了深刻的变化。作为新一代教师必须在掌握现代教育理论的同时，掌握教学技能。

当然，教师是一个古老的职业，教学技能是一代又一代教师长期积累的经验精华。教学技能是一个多层次、多角度、多因素构成和制约的系统，掌握它需要经历一个不断学习、训练、积累、模仿、感悟、提高的过程。从基本掌握教学技能，到熟练掌握教学技能，再到形成教学艺术、风格，是教师专业发展的必然路径，也是优秀教师一生的追求。

《教学技能训练与测评》是合肥师范学院（原省教育学院）长期以来培养、培训中小学教师教学技能的理论研究和实践探索的产物，是学院教师技能中心教师合作的成果。《教学技能训练与测评》也是李继秀教授主持的安徽省2008年高校精品课程《课程与教学论》的重要组成部分，它的问世完成了《课程与教学论》实践部分教学大纲的研究编写及教材建设。全书由李继秀担任主编，傅文茹、汪昌华担任副主编，参加编写的人员及分工如下（按章节先后顺序）：第一部分，教学一般技能训练由教育系李继秀、汪昌华执笔；第二部分，学科教学技能训练与测评，分别由政法与管理系傅文茹（思想政治（品德）教学技能）、中文系姜忞（语文教学技能）、数学系栾庆芳（数学教学技能）、外语系蒋道华（英语教学技能）执笔。全书由李继秀、汪昌华统稿。

本书在写作过程中参考、引用了国内外有关研究成果和文献资料，在此对这些著作权人和作者表示感谢！

由于我们水平的限制，本书的不足和问题一定存在，敬请各位同仁和读者提出宝贵意见和建议。

编著者

2010.4.15